• 学术经典导读丛书 •

一本书读懂
30部教育学经典

郭泽德　宋义平　关佳佳　编

清华大学出版社

北京

图书在版编目（CIP）数据

一本书读懂 30 部教育学经典 / 郭泽德，宋义平，关佳佳编 .—北京：清华大学出版社，2024.2

（学术经典导读丛书）

ISBN 978-7-302-64865-9

Ⅰ.①一… Ⅱ.①郭… ②宋… ③关… Ⅲ.①教育学—通俗读物 Ⅳ.① G40-49

中国国家版本馆 CIP 数据核字 (2023) 第 215269 号

责任编辑：顾　强
装帧设计：方加青
责任校对：王荣静
责任印制：沈　露

出版发行：清华大学出版社
　　　　　网　　　址：https://www.tup.com.cn，https://www.wqxuetang.com
　　　　　地　　　址：北京清华大学学研大厦 A 座　　　邮　　编：100084
　　　　　社 总 机：010-83470000　　　　　　　　邮　　购：010-62786544
　　　　　投稿与读者服务：010-62776969，c-service@tup.tsinghua.edu.cn
　　　　　质 量 反 馈：010-62772015，zhiliang@tup.tsinghua.edu.cn
印 装 者：三河市东方印刷有限公司
经　　销：全国新华书店
开　　本：148mm×210mm　　　**印　张：**9.375　　　**字　数：**215 千字
版　　次：2024 年 2 月第 1 版　　　**印　次：**2024 年 2 月第 1 次印刷
定　　价：68.00 元

产品编号：103180-01

前　言

唤　醒　心　灵

真正的教育不在于灌输知识，而在于激发心灵。如何理解教育，既关系到个体生存与发展，也关系到国家与社会的运行与革新。研究教育学经典，洞悉教育本质，是实现良好教育的必经之路。当我们站在教育的巨人肩上俯瞰历史，我们不仅见证了知识的积累，更感受到了思想的力量。《一本书读懂 30 部教育学经典》是一次对教育学精髓的探索之旅，旨在将教育学的深邃理论以平实的语言传递给每一位读者，传递给每一位关心教育的人。

本书的初衷，是为了打破学术经典与大众之间的隔阂，通过重新诠释这些经典作品，将它们的智慧和见解以更加通俗易懂的方式呈现。在这个过程中，我们有幸邀请到一群卓越的高校教授和博士们，他们以自己的专业知识和深刻洞察，为经典著作注入新的活力，让每一篇作品都充满教育的温度和光芒。编写团队认真讨论了编写思路，将每一本经典缩编为 8000 ～ 10000 字的精华，使读者能够在短时间内了解经典著作的撰写背景、主要内容、理论观点与知识体系，进而引发阅读全书的兴趣。

读者既可以止步于此，将其作为了解经典的抓手，也可以探步向前，通过阅读全书获得深度给养。本书精选了 30 部教育学经典，读者既可以在《把整个心灵献给孩子》中感悟人文关怀和教育的热情，也可以在《高等教育哲学》中洞悉大学教育的本质与目标，还可以在《教学勇气》当中感受作为师者的信念和勇气。

　　值得一提的是，这本书既可以用来"读"，也可以用来"听"，本书专门配备了音频，方便更多不同场景下读者的学习需求。

　　理论素养的提升、学识水平的提高非一日之功，站在巨人肩膀上思考问题，能够帮我们建立洞察教育本质的思维方式，本书是在此方向上的一种尝试。

　　鉴于解读人学科背景与学识水平的差异，解读经典需要极大的勇气与自信，也难免出现一定程度的偏颇与不足，编写团队对此文责自负，也欢迎广大学友批评指正。

宋义平

2023 年 11 月 10 日

目　录

教育的内涵是什么

教育孩子的出发点

教育理论的探索

教育教学的具体实践

学校教育改革的方向

教育发展的新方向

教育与社会的联结

教育的内涵是什么！！！

01

《什么是教育》：
关于教育本质的哲思

存在主义哲学家——卡尔·雅斯贝斯

卡尔·雅斯贝斯（Karl Jaspers，1883—1969），德国存在主义哲学家、心理学家和教育家，存在主义教育思想的代表人物，与马克斯·韦伯（Max Weber）比肩，被誉为"二十世纪两大重要思想家"。雅斯贝斯的《什么是教育》是教育学的经典著作，也是存在主义教育思想的代表作。本书出版于1977年，并于1991年由生活·读书·新知三联书店引进出版中译版本。其与雅斯贝斯另一重要著作《大学的观念》（1946年出版）共同阐释了存在主义教育思想，对当今教育的观念有着深远影响。尤其是《什么是教育》一书，至今仍然不断被人们研讨，每个有志从事教育事业之人或身负家庭教育重任的为人父母者都可以从中汲取智慧养分。

一、为什么要写这本书

雅斯贝斯最初以精神病理学家的身份开始其学术生涯，受聘于德国海德堡大学，担任心理学专业教授；1922 年转入哲学专业并以此为终生志业。1937 年，由于德国纳粹的反犹政策，而雅斯贝斯的妻子是犹太人，他被迫离校，且严禁出版著述；1945 年雅斯贝斯夫妇差点儿被关进集中营。雅斯贝斯身体与精神遭受纳粹分子双重折磨的同时，目睹人们在这场惨无人道的迫害中遭受苦难，这迫使他思考：为何经过理性主义启蒙后的西方社会仍会陷入反复的战争危机？理性和科学似乎并未改善人类的生存状态，反而为人类社会制造了更深的苦难。可以说，二战后有良知的知识分子皆开始对西方现代社会危机根源进行思考，并提出各种理论。

雅斯贝斯认为，西方社会的进步取决于三种因素：一是"现代人"，来自希腊哲学智慧的启蒙和犹太先知教义的洗礼；二是科学的理性主义；三是进步的意识，即认为社会是不断进步和完善的。在三种因素的共同作用下，西方社会在近代崛起并获成功。其中，建立在科学理性主义基础上的技术进步创造了前所未有的物质财富。人们过着衣食无忧的生活，人口数量大增。医疗技术的进步又征服了能够导致人类灭绝的诸多疾病，延长着人类寿命。置身现代社会的人们逐步进入安逸的阶段，于是开始迷信"技术能够克服一切困难"，并不加节制地发展科技。同时，信息传播技术（报纸、广播、电报等）又方便了人们之间的超时空交流，人们越来越依赖广告和新闻媒体获得对世界的认识。于是在政治上，人们迷信"民主则是通过大多数的统治而走向所有人的自由的正确道路"。然而，先后两次世界大战如同两记重拳，打破了人们建构的美丽童话，导致人类自身百孔千疮，一时难以自愈，这不能不说是莫大的悲剧。雅斯贝斯认为，西方现代社会的危机就隐藏在这两大"迷信"之中。具体来说，人们运用现代科学思维制造各种模式化的社会规范制度，人在遵从这些制度的同时沦为工具。举例来说，人类开创流水线型生产工厂和管理规范，极大地提升了生产效率；但同时，工人成了流水线上的"螺丝钉"，日复一日地重复着拧螺丝这一单调工作。人不再是人，只是流水线上的工具，这就是"人的异化"。而同时，看起来民主的大众文化又制造了"技术性的群众秩序"。简单来说，就是人们盲目遵从大众传媒的高声呐喊，失去了独立思考的精神，沦为容易被洗脑的"庸众"，助纣为虐而不自知。

最突出的表现是，现代社会的教育通常被科学主义影响，指向知识传递，仅将教育视为知识传递的手段，以培养"科学技术接班人"为宗旨。教育者和受教育者都不再追问"人是什么""人该如何完美地生活"等有关生命价值的问题。教育的目标变成培养"人力资源"，而不再关心人的灵魂。学校越来越多，学生越来越多，整个社会的教育似乎是越来越卓越。但雅斯贝斯指出，这种卓越，只是"失去灵魂的卓越"。这样的结果必然是人们精神日渐迷茫，人生价值日渐虚无，直至丧失爱与创造的能力。想想二战期间，多少受过高等教育的社会精英却沦为纳粹的帮凶。这些掌握人类顶尖科技，本该造福人类的精英，竟会认可纳粹的种族思想，在屠杀人类的残酷战争中丧失人性、助纣为虐。因此，也就不难理解教育理念也"迷失"了。

二、主要脉络：教育是现代社会的救赎之道

雅斯贝斯认为，在西方现代社会里，民族与个人精神价值的日益失落、爱与创造力的日渐衰退，导致了人类文化与精神的危机。能解救这种危机的，只能是教育。教育的目的是让人重返生命之本真，摆脱现代性危机。教育最终指向的是复兴民族与时代精神的救赎。

教育如何实现社会救赎呢？首先得厘清什么是真正的教育。雅斯贝斯认为，"所谓教育，不过是人对人的主体间灵肉交流活动（尤其是老一代对年青一代），包括知识内容的传授、生命内涵的领悟、意志行为的规范，并通过文化传递功能，将文化遗产交给年青一代，使他们自由地生成，并启迪其自由天性"。简单地说，教育的本质是对人的灵魂的教育，而非知识的堆集。要清晰地理解这点，我们可以从现实社会中的不同教育形式来辨别。

雅斯贝斯认为，人类社会大概有三种教育形式：经院式、师徒式和苏格拉底式。经院式教育中，教师照本宣科，毫无创新精神，教学仅仅限于传授知识。教师往往采用听写和讲解的方式教授教材中固定的内容；学生到学校去只是学习固定的知识。师徒式教育的特色是完全以教师为中心，学生对教师绝对服从，学生和教师的关系具有从属性质。这种教育形式满足了人类不愿为自己负责而愿意依附别人的需要，或者是甘心归属一个群体去实现个人力所不能及的事情。在苏格拉底式的教育中，教师和学生处于平等的地位，既没有固定的教学方式，也没有固定的教学内容。教师的作用是激发学生对探索求知的责任感，唤醒学生的潜力，促使学生主动学习，因而这种教育也被称作"催产式教育"。师生之间只有善意的辩论关系，没有屈从依赖关系。苏格拉底从不给

学生现成的答案，而让学生自己通过探索去下结论。在这种教育中，师生共同寻求真理，互相帮助，互相促进，围绕真理对话并被真理所指引。师生平等地自由思索，教师的职责是唤醒学生沉睡的潜能，激发学生内在的力量，反对外部对学生施加压力。教师是学生追求真理的领路人，因此学生对教师抱有一颗敬畏之心。教师以深邃的思想打开学生的眼界。在教育中，师生获得极度精神享受，远离现实纷扰进入澄明之境。

雅斯贝斯认为，苏格拉底式的教育才是"真正的教育"，是对人的灵魂的教育。如果一个人真正体会了苏格拉底的教育思想，他的基本思维方式就会受到影响。这是因为，当今社会的不合理现象，是无法通过政治行为来消除的。每一种社会的改善归根到底取决于每个人的改善。而教师的职责正是唤醒人潜在的本质，使人们能够逐渐自我教育、探索道德。一个真正的人，同时也会是一个正直的公民。一个民族的将来如何，在于父母教育、学校教育和自我教育如何；一个民族如何培养教师、尊重教师，以及按照什么样的价值标准生活，决定了一个民族的命运。因此可以说，真正的教育是广义的政治，是现代社会危机的救赎之道。

在现代社会，知识以各种门类、各种学科为形式建构了各种界限，任何一种学科都无法实现全面的认识。人们不断地追求知识，以寻求世界的确定性。然而在这个过程中，人就成了"他者"，成为知识的限定对象，知识体现的是人的分裂。最终也就产生了机器统治人和群众压抑个人的局面。然而，人之所以为人，在于人可以成为认识的主体，成为自己之所是，即本真的存在。真正的教育正是通过精神唤醒、生命生长和自我超越来摆脱被异化的局面，实现人的解放。现代社会危机的根源在于教育功能的弱化，也就是教育沦为知识传承的工具。因此，要实现教育的重建，就必须澄清教育的本质。要振兴教育，就必须让教育的内涵超越实用的技术教育和宗教限制。科技追求的是生产力和强大的武器，而教育要求的是人的转变。科技制造装备，把人变成工具，并导致人类的毁灭；教育使人变成真正的人，才能掌握技术装备，挽救人类的生存。

三、主要观点：什么是真正的教育

雅斯贝斯的这本书像是哲思式的漫谈，大量真知灼见散布在19个章节之中，显得比较零散。总括起来，主要有三个核心观点。

1. 教育的任务是唤醒

"教育是人的灵魂的教育，而非理智知识和认识的堆集。"这句话振聋发聩，其真正的意思是：教育应该体现对人类命运的终极关怀，尊重人的尊严和价值、唤醒受教育者灵魂深处的道德本能，并激发受教育者对完美生活的无限向往。

知识内容和技能虽是人生存所必需的，但却不是最重要的。真正的教育要能够唤醒人的自我意识，使人在教育的境域中实现自我的连续不断的"生成"，使人意识到人是多维度的统一的存在。科学技术无非是人实现自我的有效工具，除了科学技术，还有情感、态度、意志、德行和价值等。所以，真正的教育是自我教育，是人的一种存在方式，它给人以信仰和虔敬之心，使人在顿悟中意识到自我发展的无限可能性。

如果不能意识到这一点，那么所谓的教育只是庸俗的教育、不完全的教育。而对那种在教学活动中让学生处于被动地位、压制学生发展的现象要严厉抨击，并积极呼吁教育体制的改革，实现人在教育中的主体性。换个角度来看，教育并非只是国家和家庭的任务，也是每个人自身的任务；教育并非只是一个阶段的任务，也是人终生的任务。

体现在具体的教育实践中，雅斯贝斯反对过分的教育计划，认为教育绝不能按人为控制的计划加以实行。强行的教育计划是对人性的扼杀。这是因为，人只能自己改变自身，并以自身的改变来唤醒自己。在这个过程中如有丝毫的强迫之感，那教育的效果就会丧失殆尽。打个比方来说，在真正的教育中，教师是在"养成"，学生是在"生长"。谁能强行规定一棵树什么时候开花结果呢？但只要是阳光、雨露、肥料等条件充足，这棵树就会自然而然地开花结果。

作为教师，在教室里有对自身负责的自由，不应被官僚计划者和学校"君主"控制。教师需要安静的环境，通过优质的教材，并以良好的教学手段，在孩子心中播下种子，这一种子将贯穿于孩子的一生。在教学活动中，读、写、算的学习并不是技能的获得，而是参与精神生活，细心地把握其中的美。如果将计划和知识变成教育的目的（比如规定必须考多少分、会做多少题），教育就会成为训练机器人的工具，人的生命力就会萎缩，而无法实现自我的超越。

2. 爱是教育的原动力

雅斯贝斯认为，想要真正地了解一个人，只有通过爱；现代心理学通过心理测试来了解别人的方法是不可靠的。"真正的爱不是盲目的，它让人的眼睛明亮。"当然，这种认识和雅斯贝斯秉持的唯心主义哲学思想相关。他用诗意的语言表达对"爱的教育"的赞颂和期许，读起来很有感染力，在这里和大家分享一下。

"柏拉图眼中的苏格拉底才是真正的苏格拉底。"

"爱把生命提升到真正存在的境界，它超越了感官的直观。"

"爱只会在相同的水准上与爱相遇；爱在与爱的交往中成为自己。"

"升华、实现潜能、成为你自己，是爱的三个维度。"

"爱的施与，例如在教育中对年轻一代的爱护不是降低格调，而是达到自我升华。"

"爱在彼此存在中实现，一个真实的自我与另一个真实的自我在彼此互爱中联系起来，这样，一切事物才能在存在的光辉中敞亮。"

这些语言可以看作"哲学诗"，描述一个让人心动的教育理想。这个教育理想是建立在"存在交往"的存在主义哲学基础之上的。雅斯贝斯认为，人与人之间的交往是人类历史文化的核心，而在交往的过程中，爱是核心。人的存在与交往都建立在人对一切事物、对一切人、对世界和智慧本身的爱。"哲学"一词的原意就是"爱智慧"。在基于爱的存在交往中，一个灵魂唤醒另一个灵魂，犹如一棵树摇动另一棵树。人在基于爱的交往中，形成一种命运的共通感，并由此充分运用理智自觉去寻求人类的共识，这便是教育。人只有通过这种"爱的教育"才能理解他人、理解自己、理解历史、理解现实，人的精神就不会萎靡，不会成为别人意志的工具。简单地说，在教育实践中，师生之间的交往是基于"爱智慧"的共同理想，基于人类之间的互爱与信任，没有"爱"的心灵，既无法成就自己，更无法成就他人。

具体在教学中，教师不应该直接给出答案或指明道路，那样会剥夺学生思考和提问的机会；教师不应局限固定的思维路线，而是要开放问题库，激发学生展开有分量、发散性的思考和探讨。师生间的真正平等应从问题和现实处境出发，而不是其中一方的居高临下。师生之间的爱是社会交往和理解他人的基础，只有爱的交流才能达到灵魂塑造的目的。

进一步讲，如何区分什么是"教育"、什么是"控制"呢？当父母、教师以"爱"之名对孩子（学生）进行控制的时候，往往会造成隐蔽且深刻的悲剧。怎么判断什么是真正的"爱的教育"呢？就看教育者和受教育者是否有共同的"爱智慧"的理想，双方是否在教育过程中能够共同完善自我，双方的关系是否基于了解、平等、尊重与信任。也就是说，"爱的教育"是"敞亮"的。

3. 教育的过程是陶冶

哲学是从事真理的研究，那么什么是真理？雅斯贝斯认为："真理是对命运的共同体验的清晰表述。"真理不会简单存在于每个人的生命体验中，而需要在一定时代背景下，人们通过对自身的培植才能够获得。这个培植的过程就是教育的过程，即"陶冶"。

根据功能的不同，陶冶教育分为自然科学陶冶和人文科学陶冶，自然科学陶冶是指受教育者通过观察自然和实验，获得精确而实际的理解训练，这个训练的过程具有陶冶的价值。在自然科学的陶冶下，人们培养了清晰、开放和公正的意志，这种潜移默化的陶冶对儿童来说，将作为一笔精神财富伴随他们一生而受用不尽。雅斯贝斯非常重视人文科学陶冶的教育作用。如艺术的陶冶教育，可借助具体的艺术形象使纯粹意识和抽象的内容得以具体化，从而带给人震撼、心驰神往、愉快和慰藉的审美体验，人们的心灵就会得到净化。比如，人们看戏并不是简单地看戏，而是看戏后的感动，在看戏中接触耸人听闻的事件，获得极度的精神享受。人们评价剧中人，喜怒哀乐皆与他们情感共鸣，于是就逃离了纷扰的现实，进入澄明的境界。又如古代文化中的经典诗作是对人进行精神陶冶的重要力量，一个人如果受了这种古代文化的熏陶，那么，他就拥有一个净化后的精神世界，而这个世界充满活力。

通过对陶冶的分析，雅斯贝斯将教育视为一个过程而不是结果，这是伟大的贡献。这意味着教育始终在征程中，师生的精神成长也处于不断完善的状态中。因此，学校应该为师生携手走上精神成长之路创造条件；社会应该为每个人成为"真正的人"提供机遇；而我们每一个人更应该为自己的精神世界负责，主动寻求陶冶的机会。这就是"终身教育"思想的来源。

02

《教育的目的》：
激发"活跃的智慧"，引导学生走向自我发展之路

近代三大教育哲学家之一
——艾尔弗雷德·诺思·怀特海

《教育的目的》作者是英国著名数学家、逻辑学家、哲学家和教育理论家艾尔弗雷德·诺思·怀特海（Alfred North Whitehead，1861—1947），他在很多领域都颇有建树。比如，在哲学领域，他创立了 20 世纪最庞大的形而上学体系，他也是"过程哲学"的创始人；在数学领域，他和罗素合著了《数学原理》，标志着人类逻辑思维的巨大进步；等等。除了哲学和数学领域外，怀特海在教育领域也是一位巨匠，被西方评论家列为近代三大教育哲学家之一，其代表作《教育的目的》首次出版于 1929 年，不仅在 90 多年前振聋发聩，即便在当今社会也有很大的研究价值。

一、为什么要写这本书

怀特海出身教育世家，他的祖父是家乡一所私立中学的校长，是当地有名的教育家。他的父亲也曾从事过教育、宗教等工作。受到家庭环境影响，怀特海从小就对教育事业很感兴趣。19岁那年他考入了剑桥大学中规模最大、名声最响的三一学院，并在24岁毕业后留校任教。后来，他又到英国伦敦大学、美国哈佛大学担任教授，直到去世。这些丰富的教育经历让他深刻认识了英美等国家的教育体系模式，并发现其中存在的弊端和问题。

怀特海在教育领域最著名的代表作就是《教育的目的》。这本书被世人认为是一本奇书，因为它早在90多年前就一针见血地指出了教育的目的，并且影响了欧美，甚至整个西方国家的命运。受到当时工业文明影响，物质主义、机械主义盛行，英国的教育也出现种种僵化的弊端，譬如对应试教育的片面追求、教育过程的僵化、对个性和自由的扼杀等问题，怀特海在他一系列有关教育的论文，包括这本《教育的目的》中对这些问题给予了批评。这本书一经问世，便震动了英美教育界，曾不断再版，被翻译成各个语种。这本书中有对英美教育的观察与总结、指导和推动，除了第四章"大学"之外，其余内容由怀特海在一些教育和科学团体中的演讲汇编而成，其中有实践证明的经验之谈，也有教育实践后的反思，凝结了怀特海教育思想的精华。

二、回归学生中心，教育的目的是什么

怀特海认为："教育的全部目的就是使人具有'活跃的智慧'。"所谓"活跃的智慧"是指可以加以利用的知识，不是死板的知识。怀特海认为人天生的大脑机制不是被动地接受知识，而是永恒活动着的，能对外部刺激做出最精密的反应。他认为学生的大脑不是简单的工具，不能把学生大脑当成工具一样，试图通过简单传递知识把大脑打磨锋利，那只会让思维僵化，消减大脑活力。怀特海指出，如果一堂课或者一个讲座的目的是要让学生能够记住所有在下次考试中可能出现的问题，那么这是一条邪恶之路，而不是教育。

怀特海认为教育是教人如何运用知识的一种艺术。他指出学生是有血有肉的人，教育的目的是激发和引导学生的自我发展之路。他十分反对教育体制中僵化教条的教育模式，比如传统的灌输式教育，比如在课堂上过于强调教师权威、过于强调纪律等。他认为这种教育就是无活力的教育，教师仅仅把大量无活力的知识灌输到学生脑子里去，完全达不到让人活跃智慧的目的，比如学生看似学会了如何解二次方程，但他们很可能并没有真正理解应该如何在实际中运用。以数学学科为例，其核心是数学思维，而其他繁杂的公式等则是数学思维的具体呈现和衍生，我们要侧重的是对学生数学思维的养成，这样他们才可以通过举一反三，利用所掌握的数学思维去解决实践中遇到的各种问题。

那么从国家和社会的角度来看，教育目的又是什么呢？怀特海首先指出英国一直存在的两种主流意见：一种是培养业余爱好者，他们有一定的鉴赏力，可以出色地完成常规工作，但是缺乏专业知识所赋予人们的预见能力；一种是培养专家型人才，他们只在某个领域有专长，但有一定预见能力。

在怀特海看来，应该兼顾两者。他认为教育工作者的目标是要塑造既有广泛的文化修养又在某个特殊领域有专业知识的人才，他们的专业知识是他们进步、腾飞的基础，而他们所具有的广泛的文化修养，使他们既有哲学的深邃，又有艺术的高雅。

教育的目的是使学生具有"活跃的智慧"，既要激发和引导学生走向自我发展之路，又要兼顾学生在知识广度与深度两方面的发展。那应该如何去做呢？

怀特海从人本角度出发，提出两条值得注意的教育戒律：一是不要同时教授太多科目；二是如果要教，就一定要教得透彻。

在怀特海看来，如果教授学生大量的科目，却只是蜻蜓点水地教授一点皮毛，只会促使学生被动接受一些毫不相干的知识，不能激发任何思想火花。相反，如果教授给学生少而精的科目，则会促使他们举一反三，对所学的知识进行想象和自由组合，进而利用所学的现有知识去探索和认识世界，在生活中灵活运用。这样他们会发现所学的知识可以帮助他们理解生命周遭发生的一切，进而也会在探索中感受到发现世界的喜悦，进入一种良性循环。所以怀特海在书中写道："把学校学到的知识忘掉，剩下的那一部分才是教育。"

要达到这样的教育目的，除了少而精的教学，还要打破科目、学科的壁垒，为学生提供与实际生活相结合的学习情境。怀特海认为教育应该与生活实际相结合，教育的唯一主题就是多彩多姿的生活。他极力主张应该根除科目之间毫无关联的状态。他认为这种局面扼杀了现代课程中的生动性，因为这只会让学生只见树木不见森林，看似学了一些知识，但是知识之间毫无关联。比如，我们教给学生代数，教给学生几何，教给学生历史，教给学生语言，但是并未教过他们如何将知识综合起来运用。所以，应该为学生提供学习情境，促进学生生成"活跃的智慧"。比如，在教学生拉丁语的时候，需要为他们提供欧洲历史的背景知识，同时也可以从中介绍欧洲几何的知识。这样学生就会在大的时空背景下综合了解所学的知识，可以既见树木也见树林。

三、掌握成长规律，把握教育的节奏

怀特海认为接受教育的学生是充满活力的有机体，教育者是在与人的大脑打交道而不是与僵死的物质打交道，所以尊重人的成长规律至关重要。所谓"教育节奏"就是在学生心智发展的不同阶段，应该采用不同的课程，采用不同的授课方式。很多人错误地认为学生个体的进步和学习是一种匀速发展的、持续稳定的进程，形式不变，速度一致，所以对学生的教育也可以简单地遵循从易到难的过程。比如，人们可能会认为一个小男孩在 10 岁的时候开始学习拉丁语，按照匀速、持续稳定的发展，他在 18 岁或者 20 岁的时候，就会成长为一名古典文学的专家学者。怀特海认为这种观点是极其错误的，是对人类智力发展的错误理解。怀特海认为生命是有周期性的，人的智力发展也有循环往复的周期性，每一个循环周期各不相同，而且每一循环期中还会再生出循环的附属阶段。

怀特海把人的智力发展划分为三个阶段，分别是浪漫阶段、精确阶段和综合阶段。

浪漫阶段就是开始有所领悟的阶段。在这一阶段，各种新鲜的知识和信息对于孩子来说，都新奇而生动，这些知识和信息本身包含着各种未经探索的可能存在的联系，孩子们懵懂地对待各种若隐若现的内容，不知所措但又兴奋异常。

精确阶段代表了一种知识的积累。在这个发展阶段，知识之间的广泛联系处于次要地位，从属于系统阐述的准确性。这是文法和规则的阶段，包括语言的文化和科学的原理。

综合阶段是综合运用阶段，这是在增加了分类概念和有关技能之后又回归浪漫。这是精确训练的目的，也是最后的成功。

怀特海认为教育应该是浪漫阶段、精确阶段和综合阶段的周期持续不断地重复。比如，以智力发展的第一个循环周期——幼儿自然习得母语为例，幼儿从感知到语言能力的获得，再从语言能力的获得到分类思维和更敏锐的感知。等到循环周期结束了，孩子能够说话了，他们的观念可以归类了，他们的感知变得更加敏锐了，这个循环周期就达到了目的。

但是在目前的教育体制下却往往难以获得这样的成功，一是因为我们给学生定了不适宜的目标，没有找到一个适合发展的循环周期，比如匀速线性的目标，没有节奏，没有中间阶段的成功带来的鼓励。二是因为学生缺少专注集中的过程，例如婴儿学习母语，他们是全身心专注于发展循环周期的训练，没有其他东西打扰他智力发展的进程。而在教育体制中，过多的学科科目间相互竞争，脱离了多姿多彩的生活世界，也打乱了学生智力循环周期的自然发展。所以怀特海极力呼吁应该调整教学内容，适应学生的循环发展周期，就像在合适的季节收获合适的作物一样，遵循自然规律和教育节奏。

怀特海又把人的智力发展的三个阶段，从年龄的角度进行了具体的划分。

0～12 岁是浪漫期，人生中最重要的教育应该是在 12 岁之前从母亲那里所受到的教育。其中 0～8 岁是智力发展的幼儿期，完成获得感知到语言学习，同时儿童利用母语，利用已经掌握的观察能力，应对周围环境，并从环境中继续学习。儿童在这一过程中受到的干扰较少，是一种自然状态下的学习。8～12岁是青春期的浪漫，这个年龄段是人类最重要的浪漫阶段，一个人的品性在此期间基本固化。一个人的青春期如何度过，胸怀什么样的抱负，拥有什么样的梦想，将会决定这个年轻人往后一生的道路。

12～15岁是语言的精确学习阶段，也是科学的浪漫阶段。这一时期儿童需要越来越专注于精确的语言知识。比如，这一阶段儿童掌握了英语，同时可以流利地阅读比较简单的法语文章，还可以欣赏一些难易度比较合适的拉丁语作家的作品片段，等等。怀特海认为，这时候其他科目应该占次要位置。对于那些半文学性的科目，例如历史，可以融合于语言学习中，两者互补融合发展。因为如果学习语言却不了解语言背后的历史文化，那么即使会说英语、法语、拉丁语，也几乎读不懂英国文学、法国文学和拉丁文学。当然，怀特海也不是否定专门的历史课学习，只不过在这个阶段更应该采用浪漫的态度来学习历史，而不是进行大量系统化的要求准确记忆细节的考试。

15～16岁语言的综合阶段和科学的精确时期。怀特海认为这虽然是个短暂的时期，但是至关重要。他认为这个时间段应该集中于科学课程学习，大大减少语言学习。这时候应该使每一个学生了解力学、物理学、化学、代数学和几何学等诸多学科发展的主要原理；同时应该让学生知道，他们不是开始学习这些科目，而是通过真正系统阐述这些学科的主要概念，来把以前分科学习的东西融合在一起。

除了要遵循教育节奏，怀特海认为还要在教育实践中注意把握"自由"和"纪律"这两个重要的教育要素。怀特海认为通往智慧的唯一途径是在知识面前享有绝对自由，而通往知识的唯一途径是在获得知识时保持纪律。教育中自由与纪律的对立，并不像我们理解的那么明显。儿童的大脑是一个不断发育的有机体。一方面，它并不是一个要被塞满各种陌生思想的匣子；另一方面，用有序的方式掌握的知识，对正在发育的大脑是天然的养料。因此，一种完美的教育，其目的应该是使纪律成为自由选择的结果，自由则因为纪律而成为可能。"自由—纪律—自由"构成了三重循环周期。同样地，一个具有理想结构的教育体系中，其目的应该是使纪律成为自由选择的自发结果，而自由则应该因为纪律而得到丰富的机会。教育的节奏就是重视儿童身心发展过程中对自由和纪律的调节。在教育的开始和结束阶段，主要的特征是自由，但中间会有自由居于次要地位的纪律阶段。对应起来，第一个自由阶段为浪漫阶段，中间的纪律阶段为精确阶段，最后的自由阶段为综合运用阶段。

所以，在怀特海看来，只有明确了教育目的，并且在教育实践中注重把握教育节奏，处理好自由和纪律的关系，才能保障教育目的的顺利达成。

03

《教育过程》：
教师应该如何教给学生新知识

美国教育改革运动的倡导者之一
——杰罗姆·布鲁纳

杰罗姆·布鲁纳（Jerome Seymour Bruner，1915—2016）是美国著名的教育心理学家、认知心理学家，他是真正将目光投向教育学的杰出的心理学家。布鲁纳也是一个会不断反省、利用其他相关学科和先进思想的具有哲学头脑的思想家。他一直致力于儿童认知结构和智慧发展等方面的研究，提出了认知结构学习理论和结构主义教学论。

1941年，布鲁纳在获得哈佛大学心理学博士学位后，先后担任哈佛大学教授、美国心理学会主席、牛津大学教授、纽约大学教授。他有多部著作，比如，《论认识》《心的探索》《思维之研究》《教育过程》等。

其中，《教育过程》首次出版于1960年，是将心理学研究成果应用在教育学上的一次尝试，被誉为"现代最主要的、影响最大的教育著作之一"。布鲁纳作为美国教育改革运动的一名倡导者，他的影响远远超越了国界，他在书中提出的"发现法"教学理论，"发掘学生智慧潜力、调动学生思维"的教学主张，正日益为各国教育界所认识并产生积极影响。

一、为什么要写这本书

每一本教育学或心理学理论著作都能体现一定的时代精神，都是当时的社会背景和学理背景的缩影，《教育过程》这本书也不例外。

1. 关于《教育过程》出版的社会背景

1957 年苏联人造卫星发射成功后，引起了美国国内众多人士的恐慌和对现行中小学课程的不满，许多美国人认为他们当时培养的人才不能适应未来的发展，大批的科技人才缺失是必须面对的现实。为了解决这一问题，美国兴起了改革中小学数学和自然科学课程的运动。1959 年，美国"全国科学院"在伍兹霍尔召开会议，讨论如何改进中小学数理学科的教育。布鲁纳担任会议主席，《教育过程》这本书就是当时他对这个会议作出的总结报告。布鲁纳认为，如果能够将高深的知识以最直观的方式教给小学生，就能提前奠定知识基础，为学生将来进入大学学习更复杂的知识做好准备。他还表示，要改革美国的中小学课程，必须把活跃在某一领域的著名专家吸引进来，让他们与一线的教师进行合作，以便更好地促进课程改革运动的推行。布鲁纳在《教育过程》一书中详细论述了教学结构的重要性、学习的准备、直觉思维和分析思维、学习动机以及教学辅助工具，这些章节的论述都是为了能构造一个结构主义的教学框架以改进美国中小学的课程。可以看出，布鲁纳之所以撰写《教育过程》一书其实是想推动美国中小学的课程改革运动，为国家培养大量的科技人才，实现教育强国的目的。

2. 关于《教育过程》一书的学理背景

在教育学领域，美国教育家杜威提出的"儿童中心论"，过分地关注儿童的经验，认为儿童的经验在过去、现在和将来的三个时期内都是连续统一的。这种"经验论""儿童中心论"重视的是站在儿童的立场上，以儿童为出发点的社会教育，忽视了教学对儿童认知结构和智慧发展的作用，这是杜威思想在后期被批评得较多的地方。这也是促成布鲁纳结构教学论诞生的重要原因之一。

在心理学领域，美国心理学领域长期以来都是以心理学家华生、斯金纳等人的行为主义理论占据主导地位。行为主义追求的是撇开人的思维、意识等高级心理过程，将全部心理现象归结为环境刺激下的反应，将人类心理学的研究归为纯客观的条件反射的被动方式。行为主义忽视了"刺激—反应"过程中人的认知，也就是说，在外部刺激和人的反应行为之间，其实还存在着人的认知结构和转换的问题。作为认知主义心理学的代表人物，布鲁纳发表了《思维研究》一书，这本书颠覆了以上这些行为主义的观点，将人的内部认知机制的调节作用纳入认知研究之中。

正是在壮大美国科技人才队伍的社会背景和质疑杜威经验论、质疑行为主义学派的学理背景下，布鲁纳的认知理论应运而生。作为伍兹霍尔会议的总结报告，《教育过程》是与会专家们共同参与的智慧成果，体现了一种多方主体共同参与的研究思路。

二、核心思想：倡导"认知—结构主义"教学论

《教育过程》一书的核心思想是倡导一种"认知—结构主义"的教学论，即强调学科结构的重要性，提倡学科结构的教学，认为任何学科都能够用正确的方式，有效地教给任何发展阶段的任何儿童。所谓"认知—结构主义"是指认知心理学派中的分支——结构主义理论，布鲁纳就是认知心理学派中结构主义理论的代表人物。

下面从结构学习理论和结构教学理论两个方面具体阐述本书的核心思想。

第一个方面是结构学习理论，主要包括学习实质、学习过程、学习方式和学习结果四个内容。

一是学习实质。布鲁纳认为，学习就是学生通过认知表征获得内部认知结构系统的过程。所谓认知表征，就是指学习者通过知觉将外部事物转化为个体内在心理事实的过程。随着学生的年龄增长，学生的认知表征也逐渐发展，而这种发展大致要经过三个阶段：第一阶段是动作性表征阶段，儿童的脑力劳动主要是建立经验和动作之间的联系，他们关心的是依靠动作去应对世界；第二阶段是映象性表征阶段，主要是通过心理表象脱离具体事物来进行心理运算；第三阶段是符号性表征阶段，相当于瑞士儿童心理学家皮亚杰的形式运算阶段，这一阶段的儿童不必依靠动作或表象的帮助，只需依靠符号、语言文字即可发展出抽象思维，进而去推理或者解释这个世界。

二是学习过程。布鲁纳认为，学习过程是类目化的过程。所谓类目化就是形成类别编码系统，说的是学生能够将一些新习得

的知识进行分类，纳入已有的认知结构中去。布鲁纳十分强调学生在学习过程中对新知识的分类，他认为，只有当新知识经过分类这一过程时，学生才能将新知识与已有知识放到同一个认知结构中去，如此往复多次，他们才能形成系统的、有结构的认知。在布鲁纳看来，学习实际上就是学生将新知识主动分类的过程，学生通过分类，形成以类别编码系统为主的认知结构。

三是学习方式。布鲁纳认为，学生学习知识的最佳方式应当是发现学习。所谓发现学习，是指学生利用教材或教师提供的条件进行独立思考，自行发现知识，掌握原理和规律的学习方式。发现学习强调学生自己主动探索的过程，认为学习的内容必须由学生自己来发现，学生通过一步步地尝试，或许会有一些正确答案或错误答案，这些答案都是具有反馈价值的。这种"发现学习法"有助于激发学生的发现潜能和创造欲望，培养学生独立思考、自主解决问题的能力，激发起学生的内在学习动机。在《教育过程》一书中，布鲁纳也分析了学习动机的问题，他主张学生应当对学习本身有兴趣，学习过程应当是一个积极主动的、从个人内部欲望出发的探索过程，这和灌输式教学的基本理念是完全不同的。

四是学习结果。布鲁纳认为，学生通过发现学习的方式，最终可以形成金字塔式的认知结构。所谓金字塔式的认知结构，就是指在知识结构的顶端是最一般、最抽象、包容性最广的概念和原理，从顶部到底部依次按照抽象层次排列，越靠近金字塔底部的知识，越具体、越细化，越靠近金字塔顶端的知识，越抽象。学生通过"发现学习"的方式逐步构建和改造自己的认知结构，以不断深化和扩展自己的知识框架，这就是布鲁纳认知结构学习理论的核心主张。

第二个方面是结构教学理论。结构教学理论重视的是结构式的教学观、发现式的教学模式、螺旋式课程的设计。

一是结构式的教学观。在布鲁纳看来，教学的最终目标是促进学生对学科结构的一般理解。所谓学科结构，是指学科内部的基本概念、基本原理、基本规律等内容，布鲁纳一直希望能够将大学里要教授的课程以直观的方式教给中小学生，让他们在接受更高难度的课程时有一个比较好的学科基础。而要达到一个好的学科基础，必定要有良好学科结构的教材，所以中小学的教材编排问题也是《教育过程》书中讨论的主要议题之一。布鲁纳认为，教材的编排要体现出结构性和层次性，要像"螺旋式上升"那样来编排中小学的教材，以此呈现出学科的基本结构。

这种结构主义教学观需要遵守动机原则、结构原则、程序原则和强化原则。动机原则是指学习的动力来源于学生的内部动机，教师在进行教学时要善于激发学生的好奇内驱力、胜任内驱力、互惠内驱力三种内部动机，这样才能更有效地达成学习目标；结构原则是指任何知识结构都可以通过动作、图像和符号来呈现，教师要根据学生的情况，适宜地进行选择；程序原则是指不同的学科有不同的程序，语文有语文的程序，数学有数学的程序，历史有历史的程序，教师一定要根据学生的知识背景、智力阶段、所教科目的性质以及个体差异等方面设计适合学生的教学程序；强化原则是指教师要帮助学生巩固和强化已经学到的知识。

二是发现式的教学模式。发现式的教学模式，即学生是通过发现学习来获得知识的，教师应当为学生提供一定的材料，创设问题的情境，引导学生独立自主地发现解决问题的方法，从中发现事物之间的联系和规律，获得相应的知识，以形成和改造学生的认知结构。这里所强调的教学模式是以问题情境为中心展开的，在教学中始终以"学生自己'发现学习'"为主，教师仅是支持和引导的角色。这种"发现式"的教学模式虽然可以大大地促进学生在学习活动中创造性的发挥，体现学生在学习活动中的主体性，但会浪费大量的学习时间，尤其是当学生在尝试错误的过程中耗费了太多时间后，学生的积极性和能动性都会下降，甚至可能在缺少教师有效指导的情况下，学生会降低求知欲和探索欲。

布鲁纳认为，在"发现式"的教学模式中，教师应当通过这几个基本步骤来实施教学：教师明确提出一个让学生感兴趣的问题；学生对问题的不确定性感到好奇，以激发学生的探究欲；教师提供解决问题的各种线索和资料；教师帮助学生分析资料和证据，提出可能的假设；教师引导学生验证假设并得出最后的结论。

在实施"发现式教学法"的时候，布鲁纳尤其重视对学生的直觉思维（不经过有意识的逻辑推演，以顿悟或灵光一现等方式思考问题、提出假设的一种思维）的培养，因为直觉思维往往是"发现学习"发生的前兆。

三是螺旋式课程的设计。螺旋式课程，是指课程的基本原理性的知识应当在不同年龄阶段的教材中呈现出不同的抽象程度，随着学生年龄的逐步增长，不断拓宽加深学科的基本结构，使之在课程中呈现螺旋式上升的态势。举个例子，学习数学时，在小学阶段，会有认识数、加减乘除等内容的学习，在中学阶段，要学会求解更复杂的方程，甚至需要自己列方程、解方程，在大学阶段，会接触到线性代数、微积分的学习，这其实就是一种螺旋式上升的课程。同样是学习数学这门学科，但通过在动作、图像和符号三种水平上的螺旋式上升，课程的结构化更为明显，学生学习的知识也越来越高深，学生的知识结构也在螺旋式课程学习的过程中被一次次地改造和更新。

教育孩子
的出发点

04

《把整个心灵献给孩子》：
以心灵的力量走进儿童世界

教育思想泰斗——瓦·阿·苏霍姆林斯基

瓦·阿·苏霍姆林斯基（1918—1970）是苏联著名教育家、人学家、坚定的共产主义者，因为富有远见的教育思想和兢兢业业的教育实践，荣获了"功勋教师"等众多称号。1948年，年轻的苏霍姆林斯基开始担任巴甫雷什农村中学的校长，直到1970年去世，他都没有离开过学校和课堂。二十多年来，他在巴甫雷什中学进行了大量的教育实验和教育研究，观察记录了3700多名学生的成长历程。《把整个心灵献给孩子》便是他的杰出研究成果之一，此书为苏霍姆林斯基的晚期著作之一，曾获得乌克兰共和国国家奖和乌克兰教育协会一等奖。这本书自1969年首次出版后又再版了六次，中文版于1981年发行。1998年，人民教育出版社把这本书和苏霍姆林斯基的其他两本著作《公民的诞生》《给儿子的信》合编成《育人三部曲》，让读者对苏霍姆林斯基"个性全面和谐发展"的教育思想有了系统的认识。

一、为什么要写这本书

在巴甫雷什中学教学时，苏霍姆林斯基深深地意识到，虽然苏联卫国战争已经结束，但战争带来的创伤并没有消失。战争过后的苏联物资匮乏，大量人民在战争中死去，许多孩子成了孤儿。由于缺乏基本的生活保障和父母的精神关怀，一些孩子变成问题儿童、难教儿童。苏霍姆林斯基认为只有学校和教师用深厚的爱感动他们、融化他们，这些儿童才能成为善良和自立的人。

于是，苏霍姆林斯基开设了一个特殊的班级，称为"快乐学校"。为什么要创办这样一个班级呢？因为苏联的儿童当时是 7 岁上小学，苏霍姆林斯基确信，6 ～ 10 岁这一时期，也就是学前准备阶段和学习初期，是儿童成长中的一个重大转折时期，这一时期的成长与变化在很大程度上决定着一个人的未来。当时孩子们的家庭条件千差万别，如果让他们在情况复杂、条件各异的家庭中度过这一重要阶段，可能会对孩子的成长和发展不利。为了让孩子们顺利地度过这一重大转折阶段，引导他们未来正常发展，苏霍姆林斯基招收了 31 位学生，开办了这个叫"快乐学校"的班级。

《把整个心灵献给孩子》这本书记录的就是这个班级一年小学预备班和四年小学班的日常教育和教学工作。5 年的时间里，苏霍姆林斯基与这个班级的 31 名学生朝夕相处，从校长、教师、朋友等不同的身份出发，全面、细致地考察和研究教育现象、研究儿童，将观察和实验贯穿于教学过程之中。

二、核心问题：什么样的教育才是好的教育

问题儿童、难教儿童的出现，除了有社会和家庭的原因之外，很大程度上也与学校的教学方式和教学内容有关。比如，有一些孩子在刚进入学校时很想与教师保持亲密的关系，对学习也充满热情，但是几个月之后，甚至仅几周之后，他们眼中的光彩就消逝了，学习也变成了他们的苦恼。这不禁让苏霍姆林斯基思考：什么样的教育才算得上好的教育？在教学实践中，苏霍姆林斯基最终给出的答案是关爱和尊重孩子、关注孩子们精神世界的教育才是好的教育。

关爱和尊重孩子的教育才是好的教育。苏霍姆林斯基曾发出感慨："我生活中什么是最重要的呢？我可以毫不犹豫地回答说：爱孩子。"在 31 位孩子进入学校之前，他对孩子们的家庭进行了详细的了解，对那些不幸家庭的孩子十分同情，期盼着自己能够治愈他们幼小的心灵。比如，苏霍姆林斯基了解到学生科里亚的父母在战争时期投机倒把，干了很多对国家不利的坏事。苏霍姆林斯基对科里亚既怜悯又担忧，他曾说："从科里亚的眼神里看到的是孤僻、恐惧和怀疑，科里亚，怎样才能在你的心灵中唤醒善良人的情感，应该拿什么来对抗你所处的畸形环境？"又比如，当学校果园里的葡萄成熟时，他会对孩子们说："托利亚和科里亚能不能把葡萄带给妈妈？我给妮娜多分了几串，为的是带给她生病的妈妈、妹妹还有外婆。"可见，苏霍姆林斯基是在真正了解孩子点点滴滴的基础上对孩子们有着无微不至的关怀，同时也感染着孩子们，让他们懂得如何去爱人。

关注孩子们的精神世界的教育才是好的教育。在指导教师工作时，苏霍姆林斯基发现，即使一些有经验的教师在讲课时也存

在着不小的问题，比如，只顾着输出自己事先准备好的知识，关注自己的教学方式，而与孩子们没有丝毫互动，也不关注孩子们是否能跟上进度。学生们对这样的教师感到厌烦，对知识的记忆也因为没有与周围生活相联系而属于无效记忆。苏霍姆林斯基认为，在小学时期，儿童掌握知识，为以后的思维发展奠定基础固然重要，但前提是必须教会学生如何观察和思考，而不能把掌握知识归结为死记硬背。比如，他带儿童去观察自然，儿童写出了充满想象力的作文，他意识到，儿童精神世界的发展比教给他们如何遣词造句更重要。这是因为，儿童观察自然，能够把耀眼的阳光、白色的花瓣、忙碌的蜜蜂和悠闲的小蝴蝶这些事物通过思维联系起来，在头脑中构建出一幅美丽的画卷，这样写出优美的作文就不是一件难事。

三、主要内容："个性全面和谐发展"教育思想的实践

德国哲学家、教育家卡尔·雅斯贝斯有这样一句话：真正的教育，是一棵树撼动另一棵树，一朵云推动另一朵云，一个灵魂唤醒另一个灵魂。巴甫雷什中学的教育就是这样一种"唤醒人的灵魂"的教育，苏霍姆林斯基在学校里践行着他"个性全面和谐发展"的教育思想。

苏霍姆林斯基认为，教育应当是个性的，每个孩子多种多样的才能、天赋、意向、兴趣和爱好等个性特点都应该得到充分展示，这样找到喜爱的活动和工作之后，才能发挥出创造性的才能；他也认为教育应当是全面的，应当对学生进行广泛的德育、智育、体育、劳动教育和审美教育，并且让所有的教育都能相互渗透，

呈现出完整的统一的过程；他还认为教育应当是和谐的，要把学生认识世界的活动和改造世界的活动，也就是学习和实践和谐地结合起来，把认识外在世界和理解内在自我的活动和谐地结合起来，让学生成为物质生产领域和精神生活领域的创造者和享用者。

苏霍姆林斯基是如何实践"个性全面和谐发展"的教育思想的？具体来说，可以分为三点。

第一，引导儿童亲近自然，在自然中潜移默化地对儿童进行教育。

在儿童进入"快乐学校"之后，苏霍姆林斯基几乎每天都会带着学生们去和大自然打交道，在大自然中上课。漫天忽闪的星星、茂盛静谧的森林、不停奔流的小河、悦耳动听的虫鸣……这些都让孩子们的心灵受到深深的震撼，大自然的奇妙令他们既感动又惊喜。这时候，儿童的情感和兴趣已经被完全调动起来了，苏霍姆林斯基知道，这是对儿童进行教育的最好时机，比如，就在这时上一堂音乐课、绘画课或者道德教育课。

如果上一堂音乐课，让孩子在童年就感受音乐作品的美，那么孩子们能从音乐声中领略人在情感上多种多样的细微变化，唤起由音乐的形象美所引起的想象，进而激发儿童源源不断的创作灵感。小鸟啾啾、树叶飒飒、雷声隆隆等都是大自然本身就包含的音乐美，教师可以先让孩子们记住这些自然界的声响，再教给他们一些经典乐曲，比如柴可夫斯基的《秋歌·十月》，学生们学着唱歌和演奏乐器，在乐声中表达他们对未来的思考。也可以根据当时的所见所闻，让学生们进行一些童话故事创作，这样，大自然的美能让孩子们知觉更敏锐，激发他们的创作灵感，进而通过优美的语言表达出来。

上绘画课，每次去田野和森林时，苏霍姆林斯基总是提醒孩子们带上图画本和铅笔，以便随时速写。有一次，同学们在户外游玩时，一位同学拉里萨画了一幅画，苏霍姆林斯基也照着拉里萨的作品画了同样内容的画。两幅画内容基本一样，只是勾勒和色彩的运用略有不同，但孩子们的目光没在苏霍姆林斯基的画上停留，反倒是拉里萨的身旁围满了人，大家都表示拉里萨的作品更好。这让苏霍姆林斯基意识到，孩子们有自己观察和思考世界的方式，教师应该为孩子们的想象提供广阔的空间，不能用成人的标准来看待或评判儿童创作的好坏，否则就可能扼杀他们的创造力。

道德教育课，苏霍姆林斯基主张从孩子们入学的第一天开始，就带他们去了解故乡的历史，到田野、森林、河边、邻村去游览，孩子们对大自然发出惊叹的时候，教师就可趁机向孩子们讲述过去这里所发生的事情。比如，教师可以给孩子们讲述，在国内革命战争的艰苦年代，就在这块土地上，几名战士为了抗击一个连的法西斯分子、为了保卫家乡，献出了宝贵的生命，这广阔的田野就是几位无名英雄的墓地。让孩子们明白，如果不是英雄们为祖国而献身，就不可能有今天安稳的生活。苏霍姆林斯基用生动事迹激励儿童，在儿童心里种下热爱生命的种子，让他们懂得维护和平。

第二，创设合适的学校环境并开展体育、劳动教育来促进儿童健康成长。

苏霍姆林斯基认为，对学生健康的关注是教育工作者的首要工作。良好的身体和充沛旺盛的精力，是儿童朝气蓬勃地感知世界、焕发乐观精神、战胜一切艰难险阻的根本保证。苏霍姆林斯基为此提出了三个建议。

一是创设合适的学校环境。在巴甫雷什中学，教师们带领孩子种树，每人每年种十棵左右，所以学校的绿化面积占比很大。春秋两季，一、二年级的一部分课在"绿色教室"上，那是一块四周都是葡萄藤的草地。为了让学生呼吸到新鲜的空气，教师们决定在"教室"周围建起一道绿化屏障，沿着墙壁栽种了葡萄，同时培植了许多柑橘类植物。当然，学校除了创设物质环境之外，也有合理的作息制度。苏霍姆林斯基要求学生早睡早起，晚上不做功课，睡足 8 ～ 10 小时，建议学生春、夏、秋三季在户外或在室内开着窗户睡觉。

二是安排体育课并组织多种体育锻炼。 在巴甫雷什中学，体育课根据学生的体质不同分为特殊组、预备组和基本组，每组都有相应的教学大纲。体育项目主要包括体操和田径，运动的速度和力量是次要目的，主要目的是培养学生经常锻炼身体的习惯，把它变成学生的内心需要，锻炼学生们的意志力和耐久力。苏霍姆林斯基还十分强调平时的锻炼，认为这比上好体育课更重要。他要求学生从春季到深秋都坚持洗冷水澡，12 岁以下的男孩只穿背心、短裤，14 岁以下的孩子打赤脚。据查阅，巴甫雷什中学里 980 名 7 ～ 14 岁打赤脚的孩子，身体素质都非常好。

三是重视劳动教育。 苏霍姆林斯基认为，体力劳动在完美体魄的培养中所起的作用和运动一样重要，人体在劳动过程中表现出的许多动作，既协调又优美，可以与体操相媲美。在学校生活的第一个秋天，苏霍姆林斯基曾带着孩子们种植冬小麦。孩子们用小筐搬运肥料，把它和土掺和在一起，给一行行的小麦挖沟渠，一粒粒地挑选种子……收获时节，孩子们小心翼翼地把麦子割下来，捆成捆，之后再脱粒。苏霍姆林斯基让孩子们通过这样的劳动，理解只有那些善于努力工作、知道什么是汗水和疲劳的人，才能懂得什么是劳动的快乐。只有把劳动教育与美育、情感教育和爱国主义教育等相结合，才能打开儿童的精神世界。

第三，美育、体育和劳动教育等都是小学预科班的教育内容，真正进入小学之后，除了原有的几项教育内容，还需要加上智育。

在智育方面，苏霍姆林斯基有以下几点建议。

智育的知识要与学生的真实生活相结合，才不会造成学生死记硬背的现象。苏霍姆林斯基在书中用了一个有趣的例子进行说明。他曾带着孩子们去野外游玩，在游玩的过程中，大家发现一只振翅欲飞的甲虫，苏霍姆林斯基把甲虫画了下来，并把甲虫的名字这个词教给孩子们，这个词的字形非常像振翅欲飞的甲虫，词的发音也与甲虫起飞时发出的声音相似。之前孩子们在教室里上课，通常都是萎靡不振、不好好学习词语的状态，但在学习甲虫这个词时，全班孩子一反往常冷漠、颓然的神情，一个个满怀笑容、一遍遍地读着甲虫这个词语。苏霍姆林斯基意识到，只有与真实生活相结合的学习才能引导儿童去从事我们所要求的紧张、刻苦和创造性的脑力劳动。他也坚信学生的学习不是死记硬背，而是在游戏、童话、美、音乐、幻想和创造的世界里进行的生机蓬勃的智力活动。

智力活动离不开课外阅读。课外阅读大多是一些不需要识记的阅读材料，苏霍姆林斯基对此提出了两点要求：一是阅读应当给学习和识记创造必要背景，也就是说，阅读材料和必须识记的材料在内容上要有联系；二是不需要识记的材料本身要有趣味，只要学生对材料本身有兴趣，就能引起学生求知、思考和理解的愿望。另外，巴甫雷什中学还有齐全的图书设施。在教学楼里，每层楼都设有阅览室，里面有许多书刊，且定期更新和补充；楼道里设有书籍陈列架，陈列着适合相应年级学生阅读的书籍；校图书馆藏有教学大纲规定要学的全部书籍，凡是世界文学宝库中列出的作品，图书馆都备有足够数量的复本供学生阅读。

以上就是苏霍姆林斯基"个性全面和谐发展"教育思想的实践。苏霍姆林斯基认为，学生应当在德智体美劳各个方面获得全面发展，所以教育也不是孤立和分散的。审美教育可以和道德教育相结合，体育可以和劳动教育相结合，智育与学生的真实生活相结合……总之，要让各种教育相互融合、相互渗透，而不能死板地认为语文课就只能教语文。比如，在语文诗词的学习中让学生感受诗人热爱祖国的情怀，或许比在政治课上直接灌输学生"要热爱祖国"这一口号有用得多。

05

《论教育学》：
什么样的教育成就真正的人

德国古典哲学创始人——伊曼努尔·康德

伊曼努尔·康德（1724—1804）是德国古典哲学的创始人。作为欧洲启蒙运动时期最后一位主要的哲学家，康德有其自成一派的思想体系，他的作品中包含了丰富的教育学、伦理学和美学思想。因为其思想的独特性，康德的哲学吸引并影响了一大批追随者，其中最出名的是德国教育学家赫尔巴特和德国哲学家费希特。赫尔巴特从康德的哲学中发掘出了"统觉"的心理学思想，并把它作为建立自己教育学理论的基础；费希特将康德的批判哲学方法运用到解决德国的社会现实问题上。康德最重要的教育学贡献是在哥尼斯堡大学首次开设的教育学讲座，从此教育学在西方学界开始被确认为一门独立的学科，并于此后深深影响了西方国家乃至世界范围内的教育学研究范式。

《论教育学》和《系科之争》是康德的两部与教育有关的著作：前者是他在哥尼斯堡大学讲授教育学的讲义，首次出版于1803年；后者则是他在不同时期撰写的三篇论文的集合，内容主要是讨论大学中哲学（康德这里指广义的以理性知识本身为目的的理论研究）与实用学科（以及知识界与政府）的关系。

一、为什么要写这本书

康德于 1776—1787 年在哥尼斯堡大学一共进行了四次讲学，留下了内容丰富的教育学授课笔记，在他去世后，由他的学生林克进行整理，形成了《论教育学》一书。这本书的内容深受卢梭思想、敬虔主义、泛爱主义的影响。

卢梭思想对这本书的影响。《论教育学》以自然教育为主线，论述了人在婴儿、儿童（包括青春期）阶段的身体、心灵、品格等方面的教育。虽然康德借鉴继承了卢梭的部分思想，但并不是全盘接受，尤其是对教育的分类，两人截然不同。康德按性质把教育分为自然的教育和实践的教育两种类型。

自然的教育指根据人的自然生长规律所进行的身体和灵魂两方面的训诫和培养，相当于广义的体育和智育。对于自然的教育，我们必须遵循客观不变的自然法则，顺应自然为人类所做的安排，才能取得最好的教育效果。

实践的教育指把人塑造成生活中的自由行动者的教育，相当于广义的德育，旨在引导受教育者学会在不同的情境下如何合理地使用自己的自由。实践的教育影响的是人格，旨在帮助受教育者既成为合格的社会公民，又成为能实现自我内在需求的独立个人。

而卢梭在《爱弥儿》里开篇第一卷就把教育分为了三种类型，分别是自然的教育、事物的教育和人的教育。为什么两位哲学家会出现不同的划分呢？因为两人划分的依据是完全不同的，康德是根据自己所建立的哲学体系来划分的：自然的教育属于他提出的"必然王国"的组成部分，指依据人类的理性所能认识发现的关于人的自然意义的规律；实践教育属于他提出的"自由王国"的组成部分，指依据人类合理的自由意志而行事的准则。"必然王国"说的是人受盲目必然性的支配，特别是受自己所创造的社会关系的奴役和支配的社会状态；"自由王国"说的是人自己成为自然界和社会的主人，摆脱了盲目性，能够自觉地创造自己历史的社会状态。而卢梭对教育的分类是基于他对整个世界的认知，他认为世界由自然、事物和人三部分组成。

敬虔主义对这本书的影响。敬虔派是德国路德宗教会中的一派，敬虔派认为讲道的重点不应是教义而应是道德，只有在生活上做虔诚表率的人才可担任牧师。康德出生于敬虔派家庭，大学之前，他一直接受敬虔派的教育，深受敬虔主义影响。然而，敬虔主义对康德的影响既有积极的一面，也有消极的一面。积极方面在于，敬虔主义要求的诚实、忍耐与节制塑造了康德本人的性格；消极方面在于，康德就读的敬虔派中学过度严格的强制性，给康德留下了恐惧、害怕和被奴役的记忆。这些影响鲜明地体现在《论教育学》中，康德在文中强调了"诚实"与"服从"在儿童早期教育中的重要性，但与此同时，他也指出必须保证孩子拥有充分的自由，以免"强制性"走向极端演变成"奴役性"。

泛爱主义对这本书的影响。泛爱主义是 18 世纪后期在德国兴起的一种教育思潮，宣扬泛爱思想和人道主义，认为教育的目的在于培养幸福、健康、对社会有用和能促进人类幸福的人。在《论教育学》中，康德对道德教育和宗教教育的论述，都带着深刻的泛爱主义烙印。

由此可见，康德的《论教育学》不是自己闭门造车的结果，而是他在借鉴他人成果的基础上撰写而成的集大成之作。同时，《论教育学》集中体现了康德的教育思想，深深烙上了康德个人的印记，是时代造就的伟大教育作品。

二、《论教育学》的分析对象：教育的内容和性质

《论教育学》的内容分为"导论"和"本论"两个部分。在"导论"中，康德着重阐述了他对教育的目的、宗旨及发展方向的看法；在"本论"中，康德主要从体育、智育、德育等几个方面论述了教育的过程、方法、原则等问题。康德认为，**教育就是挖掘人性中的自然禀赋，人只有通过教育才能成为人，并且施行教育的人，本身一定是受过教育的人。**

康德认为，如果按照范围来划分，完整的教育包括三个方面的内容。

第一是道德教育。道德教育是康德教育思想及其哲学思想中非常重要的命题。康德从他的批判哲学出发，企图通过教育建立起一种主体性的道德原则，让个人以自己的是非观为做事的准则和依据。道德作为极其神圣和崇高的东西，需要通过自我的内在品格来巩固。只有具备了崇高的品格，才可能自由地实现价值判断，并且以行动来履行与承担责任。如果没有内心的认同，实践不可能从一而终。

第二是宗教教育。康德认为不能从神学出发进行宗教教育，因为单纯建立在神学基础上的宗教不是真正的道德信仰。面对宗教，我们保持敬畏，但更重要的是敬畏里面包含的善恶观念和道德追求。

第三是性教育。对于现代社会仍然落后的性教育，康德在几百年前就提出了。他认为要让儿童感知到性的差异，年轻人要及早学会体面地尊重异性，通过无邪的举动获得对方的尊敬，并由此来寻求幸福的婚姻。

此外，康德认为完整的教育如果按照性质来分类的话，包括两个部分的内容，即自然的教育和实践的教育两类。此两种类型的教育已于前文"卢梭思想对这本书的影响"中有过介绍，此处不再赘述。

通过康德对教育内容的阐释，我们可以发现，康德眼中的教育是多面立体的，康德所认为的教育的本质也是缤纷多彩的。

教育的性质是一种艺术。康德认为教育只要方式得当，是非常具有魅力的。而教育的目的、内容、模式等，都是需要精心设计的。

教育的内容应该是多维的。教育既然是满足人的需要的手段，就必须正视人的需要是复杂的，因此教育内容不应仅是让学生掌握一些具体的知识和技能，而是应该更多地重视人的道德和情怀，让学生具备自由和独立思考的能力，对宗教教育和性教育都应该一并关注。

教育的模式应该是多元的。康德认为教育者不应仅采取理论说教的手段，而应该根据现实问题进行教育，引起受教育者的情感共鸣和深切关注。

教育的方向应该是人性化的。教育要帮助人类整体走向更好的未来、个体成就更好的自我。

由此可见，康德的教育体系里教育是神圣和多面的，教育对人的灵魂和行为有极强的塑造作用，对全人类的发展具有非常重要的意义。

三、核心思想：教育成就真正的人

《论教育学》开篇指出"人是唯一必须受教育的被造物"，这一思想贯穿本书的始终。康德认为人一来到这个世界就要开始接受教育，如此才能培养出完善的人性和人格，而完善的人性和人格是成就真正的人的必备要素。因此，在教育环节上，康德认为主要有两个层次：第一层次是对心灵各种能力的个别培养，具体就是指对认知、感官、想象力、注意力、记忆力等方面的培养；第二层次是对道德品质的培养，这也是教育的终极目的。

康德对教育的概念也做了详细的说明：教育指的是保育（养育、维系）、规训（训诫）以及连同塑造在内的一切教导。他举了一些例子，来说明这个概念的正确性。例如，孩子啼哭，本来是孩子的本能，但大人如果一听到孩子的哭声就立刻过来看护，其实对孩子是非常有害的，因为孩子一旦发现他通过哭喊可以得到一切，他就可能一再地以哭喊为手段，借此得到他想要的一些东西。所以，当孩子想靠哭喊来迫使大人做什么的时候，应当不予理睬。但是当孩子坦率自然地表露自己的想法时，大人应该满足他的需求，这样孩子就知道以哭喊为手段的胁迫是不正确的，应该坦率而真诚地提出合理的要求。类似这样的例子在书中还有很多，而核心思想其实只有一点，那就是成年人应该让孩子知道哪些行为是正确的，哪些行为是错误的。而孩子的一些要求被拒绝后，他自然就体会到不被满足的失落感，如果孩子能发自内心地明白道理，他就知道这是自己必须接受的。而这种源自内心对正确和错误的认识，就是意识形态，以意识形态为基础的人们在共同生活秩序中的行为准则和规范，就是道德。

为了深化道德教育，康德认为有很多需要注意的细节：儿童说谎时不要惩罚他，但要让他面对因说谎而受到的蔑视，并告诉他人们将来会不信任他；儿童做了坏事大人就要惩罚，做了好事就应表扬，这会使他为了得到表扬而主动做好事，长期这样对他的话，他逐渐会关心自己的行为是善还是恶；要对青少年时期的孩子进行必要的性知识讲解及仁爱之心的培养，向他们指出，他们有必要给自己每天做一个总结。这样有助于青少年养成诚信感、尊严感和义务感，为以后的生活奠定良好的基础。

康德认为，要成为真正的人，就要通过道德教育确立三种品格：一是服从，听从理性；二是诚实，这是品格的本质特征；三是合群，教师要引导孩子学会融入集体。

总之，真正的人在拥有独立人格之余，一定会把不给他人添麻烦，作为自己为人处世的基本准则，这样既可以成为优秀的个体人，也可以成为优秀的集体人。当人的内心深处愿意服从道德纪律的限制，并且这种服从变得自觉自愿时，服从就不再是强制的服从，而是变成了自由意志。此刻，你就成长为了真正的人，真正的人具备理智基础上的自由，会在道德的指引下采取各种行动。

就像康德说的一样："有两样东西，我们愈经常愈持久地加以思索，它们就愈使心灵充满日新月异、有加无已的景仰和敬畏：在我之上的星空和居我心中的道德法则。"由此可见，康德对于道德的重视。在他看来，真正的人一定是有良好道德的人，而崇高道德如同星空一样，美丽浩瀚，令人神往。

康德哲学作为一种"主体哲学"，对于教师提高对学生个人的主体价值的重视具有一定的启发意义，让教育回归到"人"。康德让我们认识到，德育的培养不同于知识性教育，教育的最终目的不仅是让人掌握知识，而且是使人成人成才。

06

《人的教育》：
真正的教育，从读懂"人"开始

现代学前教育的鼻祖——弗里德里希·威廉·奥古斯特·福禄贝尔

德国教育家弗里德里希·威廉·奥古斯特·福禄贝尔（Friedrich Wilhelm August Fröbel，1782—1852），被公认为19世纪欧洲最重要的几个教育家之一、现代学前教育的鼻祖。1826年，他的教育代表作《人的教育》一书问世。福禄贝尔一生的贡献主要在学前教育方面，他曾详细研究了学前教育理论和幼儿园的教学方法，并在教育实践和教育理论研究的基础上创立了完整的学前教育理论体系。他创办了第一所被称作"幼儿园"的学前教育机构，他的教育思想迄今仍主导着学前教育理论的基本方向，对世界各国的幼儿教育体系都产生了深远的影响。

一、为什么要写这本书

大学时期的福禄贝尔爱好广泛，他对哲学、数学、化学、几何学、植物学、矿物学、建筑学等内容有着浓厚的兴趣，那时的他一度想在建筑学方面继续深造，争取未来成为一名建筑师。然而后来，福禄贝尔的思想发生了重大的转变，他对教育的兴趣越来越浓，甚至开始将教育作为自己一生的事业。而促使福禄贝尔思想发生转变的关键，就在教育学家约翰·亨里希·裴斯泰洛齐（Johan Heinrich Pestalozzi）身上。

1805 年，一心想要成为建筑师的福禄贝尔来到了德国西部美因河畔的法兰克福，准备在此继续攻读建筑学。一次偶然的机会，福禄贝尔结识了裴斯泰洛齐的学生、法兰克福模范学校校长安东·格吕纳（Anton Gröner），两人交谈之后，格吕纳对福禄贝尔印象极佳，他也因此邀请福禄贝尔来他的学校任教。

作为裴斯泰洛齐的学生，格吕纳将老师的教育原则充分地融入办学之中。与机械灌输的旧式教学方法不同，在格吕纳的学校里，老师会根据儿童心理的发展规律制订教学计划，整体的课程安排则遵循由易到难的原则，以方便学生接受新的知识。除了传统的"智育"外，格吕纳还将"德育"和"体育"纳入教学之中，学生们在学到知识的同时，还能拥有健全的人格和强健的体魄。因为教学理念超前，格吕纳的学校在当时被看作未来初等学校的"模范"，"模范学校"的名称由此而来。

裴斯泰洛齐先进的教学理念，仿佛为福禄贝尔打开了一扇新世界的大门，他欣然接受了格吕纳的邀请，成为这所学校的教师。在学校任职期间，福禄贝尔认真地研究了裴斯泰洛齐的教育理念，并亲自拜访了裴斯泰洛齐。虽然一年后他就离开了法兰克福模范学校，但教育的种子已深埋在他的心中。

1811 年，福禄贝尔为了完善自己的教育理念，他先后进入哥廷根大学和柏林大学深造。在柏林大学求学期间，福禄贝尔加入了由裴斯泰洛齐的追随者们组成的爱国团体，并与爱国青年一起参加了反抗拿破仑外族统治的德意志解放战争。尽管这次战争最后没能实现国家统一，但经受了炮火洗礼的福禄贝尔，却在心中定下了为民族教育献身的明确目标。

为了实现自己的教育理想，福禄贝尔在 1816 年创办了一所名为"德国普通教养院"的学校，在这所学校中，福禄贝尔遵循裴斯泰洛齐有关儿童天性的教育原则，注重儿童的自我活动和自由发展，他希望通过教育，让学校里的孩子们成为爱国的、有思想的人。凭借先进的办学理念，"德国普通教养院"快速地发展起来，短短几年时间里，学生人数就从一开始的 6 人增加到了 50 多人。

可就在这时，福禄贝尔的教育理想遭到了重创。福禄贝尔创办学校的时候，德意志邦联政府作出了旨在镇压德国国内民族民主运动的"卡尔斯巴德决议"，其中包含严格监督学校、禁止大学生组织活动、加大对书刊报纸的监察力度等一系列的反动措施。在这种情况下，以民族教育为己任的福禄贝尔自然成了反动派们的眼中钉，他们诽谤福禄贝尔的学校是"蛊惑宣传者们的巢穴"和"培养造反精神的温床"，甚至还将福禄贝尔的支持者拘捕起来进行迫害和审问，只为将民主的萌芽扼杀在摇篮之中。

然而，不管形势对福禄贝尔多么不利，他依然没有改变自己的教育初心。为了捍卫和宣传自己的教育理念，福禄贝尔在重重迫害之下，结合自己过去多年的教育经验，写下了他一生之中最重要的一部著作《人的教育》，此书于1826年出版。《人的教育》一经面世，立刻在欧洲教育界引起了不小的反响，尤其是书中关于教育应该适应儿童天性、反对强制性教育、重视发展儿童的创造性等观点，更是引起了人们对专断、刻板的旧式教育的反思，从而拉开了新时代教育改革的序幕。

二、理论基础：从唯心主义哲学观到顺应自然

在唯心主义哲学思想的影响下，福禄贝尔的教育理论也带有一些宗教神秘主义色彩，甚至可以说，福禄贝尔的整个教育体系，都是在唯心主义哲学观的基础上建立起来的。

《人的教育》开篇第一句话，福禄贝尔这样写道："有一条永恒的法则在一切事物中存在着、作用着、主宰着……这条支配一切的法则必然以一个万能的、不言而喻的、富有生命的、自觉的，因而是永恒的统一体为基础……这个统一体就是上帝。"简单来说，在福禄贝尔的理论中，上帝是一切事物的根源所在，一切事物都是在上帝精神的作用和主宰下存在于世上的。在这样的前提下，教育就变成了人们领悟上帝精神的途径和手段，只有通过教育，人们才能更好地表现出自身所具有的上帝精神。由此可见，在福禄贝尔的概念中，教育的本质是唯心的，教育影响的是人们的精神和心灵。

在这个基础上，福禄贝尔又指出，人们无法直接感受他人的

内在精神。比如，面对一个素未谋面的人，如果双方没有交流，彼此之间是很难知道对方的性格、品德是怎么样的。对于人的内在精神，人们常常是通过他人的外在表现加以认识的。比如，一个人将捡来的东西物归原主，通过他做的这件事，人们就能知道他是一个拾金不昧的人。

因为内在精神具有需要通过外在表现来感知的特质，不少人会认为教育就是以人们的外在表现为联系，从外部出发对内部发生作用的过程。但福禄贝尔却认为这样的方式是不对的。因为外部只是内部的外在体现，起决定作用的仍然是内部，如果我们从幼儿和少年儿童的某些外表现象直接推断他们的内在本质，是很容易出现错误的。很多时候，大人会对儿童做一些不必要的抱怨、不适当的指责，也会对孩子抱有愚蠢的期望，原因就在于此。举例来说，我们不能因为极个别的孩子在两三岁的时候表现出极高的天赋，就对所有两三岁的孩子都抱有极高的期待，我们更不能因为一个孩子在三四岁的时候背不下来几首古诗，就断定他天资愚笨。事实上，对于绝大部分孩子来说，他们的学习能力都是符合他的年龄段的，有的时候孩子表现出来的接受困难，只是他当下所处阶段的学习能力还不足以支持他接受这个层面的知识。对此，福禄贝尔得出以下结论。

教育应该顺其自然，我们不能打着教育的旗号去干预儿童的自然发展。在福禄贝尔看来，教育应当是容忍的、顺应的，而不是绝对的、指示性的。为了说明这一观点，福禄贝尔举了园丁修剪葡萄藤的例子："葡萄藤应当被修剪，但修剪本身不会给葡萄藤带来葡萄；相反，不管出自多么良好的意图，如果园丁在工作中不是十分耐心地、小心地顺应植物本性的话，葡萄藤可能由于修剪而被彻底毁灭，至少它的肥力和结果能力被破坏。"这里的葡萄藤指的就是孩子，而修剪就是教育。就像园丁按照葡萄的生长规律来修剪葡萄藤一样，我们也应该按照孩子的成长规律来进行相应的教育，如果只是一味按照我们的主观想法对孩子进行教育，孩子很有可能会像因为胡乱修剪而枯萎的葡萄藤一样，出现我们都不愿看到的结果。当然，这并不是说绝对的、指示性的教育完全不能出现。福禄贝尔认为，当受教育者有了一定的自觉性之后，这样的方式同样是可取的。比如，当学生到达一定的年龄后，能够与老师和家长的意见达成一致，这时就可以采取绝对的、指示性的教育方式。

保证教育顺其自然的关键，在于人的各个发展阶段之间的连续性。简单来说，人的一生有婴幼儿、少年、青年、中年、老年等许多阶段，这些阶段之间并不是相互独立的，而是由一点连续在内部进行，彼此是有关联的。尤其是在教育中，我们不能单纯地以年龄或年级来断定学生的发展阶段，更不能要求他们超越自己所处的发展阶段，而是要从智力、情感等多个方面综合判定他的发展阶段。举例来说，一个孩子到了上初中的年纪，家长和老师便以初中生的标准来要求他，事实上，从心智、性格等多个方面来看，这个孩子还处于五年级的水平，所以对他来说，五年级的教育方式才是最适合他的。而事实是，"要求孩子超越自己所处的发展阶段"这种情况很常见，比如我们熟知的《伤仲永》的故事就是如此。幼时的方仲永展露出了天赋，但是他的父亲没有继续培养他，而是让他早早地像成人一样开始赚钱，没再继续接受教育的方仲永错过了最好的学习时机，最终"泯然众人矣"。

劳动教育是一种重要的教育手段。福禄贝尔认为，劳动是人认识自己的唯一途径，因为人们在劳动的过程中，存在于人们身上的上帝精神，也就是精神本质，会在人们自身之外以一定的形式表现出来，这样人们就能够认识到自身的精神。因此，福禄贝尔认为，无论哪一个成长阶段的教育，都应该把劳动当作重要的教育手段。

三、核心内容：各时期教育的具体论述

《人的教育》共有五章，除了总结性阐述福禄贝尔教育理论的首尾两章外，中间的三章写的是关于幼儿、少年、学生期实施教育的具体内容。在这一部分，福禄贝尔把受教育者的学习阶段按年龄划分为婴儿期、幼儿期、少年期、学生期四个时期，福禄贝尔认为，人们在接受教育的时候，必然会在各个发展阶段表现出不同的特点，教育者如果事先了解这些特点，就能够有的放矢，从而更好地实现教育的目的。

婴儿期。福禄贝尔认为，婴儿期的主要任务是人体各种器官的发育，其中，他首先强调了感官发育的重要性。对于一个刚出生的婴儿来说，出于探索外部事物的天性，他会尽可能地去认识所有他接触到的外部事物，而人的感官就是实现这一过程的工具。比如，某些新生儿的家长会刻意地在婴儿附近发出声响，这时婴儿在听觉的引发和刺激下，会下意识地看向声音的来源，这样他的视觉也就得到了发展。正是通过多种感官的联动配合，婴儿慢慢地对外部的事物产生全面且立体的认识，从而构建起他对外部世界的初步认识。

在感官的发育过程中，婴儿的身体也在发育。举例来说，婴儿通过自己的感官，发现了一些令他感兴趣的事物，比如正在播放着的电视机，又比如悬挂在床边不断发出声响的风铃，在这些事物的吸引下，婴儿会想让这些事物离自己更近一些，于是他慢

慢伸出了手，想要抓住这些东西，这样在潜移默化中，他的四肢就得到了发育。福禄贝尔认为，对于婴儿期的人来说，最重要的是感官、四肢等人体器官的运用和练习，至于这些运用和练习有没有产生结果，是不重要的。为了让孩子在这一阶段得到良好的发育，福禄贝尔认为不能让孩子在没有精神活动的状态下，过久地独自待在床上或摇篮里，为此他提议，可以在孩子的自然视线内挂一只鸟笼，里面关上一只活跃的小鸟，这样就能持续地刺激和引导孩子的感官活动，从而让他在表情和四肢等方面得到全面的发育。

幼儿期。当感官、四肢得到充分发育的儿童，开始自主地向外表现自己的内在本质时，婴儿期便宣告终止，取而代之的是幼儿期。福禄贝尔认为，从幼儿期开始，真正的人的教育便开始了，而这一阶段的教育责任，依然是由家庭来承担。在福禄贝尔看来，幼儿期的教育任务主要在于智力的培育和保护，其中包括保障幼儿的身体健康、扩大幼儿对周围生活的认识范围、提高语言能力和创造力、进行初步的道德教育等。

想要实现这些目标，福禄贝尔认为最好的教育方式是游戏。在福禄贝尔看来，游戏在儿童发育的过程中有着重大的教育意义，因为在游戏中，儿童能够充分地表现出自己的创造力和主动性，并能通过游戏将自己的内在本质表现出来。针对这一阶段，福禄贝尔专门设计了许多能够激发幼儿潜力的游戏，例如绘画、分类计数、讲故事等。

总的来说，幼儿期就是儿童从探索外部世界到自主向外表现内在本质的过程。在前半部分的婴儿期中，感官的发育尤为重要，因为在感官的刺激和引导下，孩子才能在表情和四肢等方面得到全面的发育；而在后半部分的幼儿期中，最关键的教育方式则是游戏，通过游戏，孩子能够充分地发挥自己的创造力和主动性，从而将自己的内在本质表现出来。

少年期。与普遍的认知概念不同，福禄贝尔教育理论中的少年期指的并不是十几岁的人群，而是入学前的儿童。福禄贝尔认为，这一阶段的儿童最主要的特点是，他们会使外部的东西成为自己内部的东西，简单来说就是学习。出于强烈的好奇心和求知欲，少年期的孩子十分渴望从周围的事物中找到内在的联系，于是他们会通过游戏的方式来使自己得到满足，但相对于游戏来说，最能够满足这种渴望的则是家庭生活。

福禄贝尔认为，家庭成员对于儿童来说就是他的生活楷模，在家庭生活的影响下，他会按照家庭成员生活中的样子来表现自己。比如，当孩子看到妈妈在做饭，他也会去尝试模仿妈妈的动作，在这个过程中，可以促进孩子四肢的发育。在福禄贝尔看来，对于孩子想要帮助家长做事的自发要求，家长不应该拒绝，而应该表示肯定和支持，否则孩子的内心活动会被扰乱，他们会觉得自己被密切联系的整体拒绝了，由此产生的孤单情绪，会使他们变得易怒和懒惰。

出于保护儿童做事的积极性原则，福禄贝尔认为，儿童所做的一切自发活动都有积极的意义。比如，孩子爬树、踩水坑等行为，在一些家长眼中是危险且不卫生的，但在福禄贝尔看来，这是儿童敢于冒险的表现。儿童会在冒险的过程中见到很多他们不熟悉的事物，对此他们会提出各种各样的问题，在寻找这些问题答案的过程中，他们的知识和眼界就会不断地得到丰富和开阔。

即便在这个过程中，孩子可能会犯一些错误，这也主要是因为他们年幼无知且没有得到正确的引导，所以才出现了大家都不愿看到的结果。这种时候，教育者不应该把孩子看成"邪恶的、诡计多端的小鬼"，而是应该积极地去引导他们做出正确的行为。为了积极地引导这个阶段的孩子参与正确的活动，福禄贝尔认为，教育者可以为他们提供和创设一些活动条件，比如，让孩子在自己的花园里种植作物，每一个村镇设置一个供儿童使用的公共游戏场所等。

学生期。当孩子成为学生，即进入学校学习时，学生期就开始了。福禄贝尔认为，这一阶段承担主要教育任务的是学校。在进入学校之前，孩子的活动和认知范围基本上都是以家庭为单位，在这个基础上，学校的任务就是使从狭隘的家庭圈子走出来的孩子走向更广阔的世界，帮助他们从以往对客观事物表面的、非本质的观察，转向对客观世界本质的观察，从而对客观世界形成更加全面且立体的认识。

基于学校的教育任务，福禄贝尔认为，一名学校教员的作用在于向学生指出并让他理解事物内在的、精神的本质。从这点来看，只要教员在传授知识的同时，帮助学生理解了事物的内在本质，那么不管他的身份是什么，都可以算是名副其实的教师。对此，福禄贝尔还专门批判了另一种教师，这种教师带领孩子认识了非常多的事物，但却没有指出这些事物之间的内在联系，从而让教育浮于表面，达不到实际上应该达到的教育效果。比如，一名数学老师向学生传授了有关计算的种种知识，却没有将这些计算知识在现实生活中的运用方法进行说明和讲解，这样的教育就是浮于表面的。

07

《儿童的人格教育》：
教育孩子的首要和核心问题

现代自我心理学之父
——阿尔弗雷德·阿德勒

阿尔弗雷德·阿德勒（Alfred Adler，1870—1937）是奥地利心理学家、精神病学家及医学博士，与弗洛伊德、荣格并称为"20世纪三大心理学家"。阿德勒也是人本主义心理学先驱和个体心理学的创始人，被称为"现代自我心理学之父"。1902年，阿德勒参加了弗洛伊德的周三讨论会，成为精神分析学派的核心成员之一。但是，两人的观点却逐渐产生了分歧。1911年，阿德勒公开反对弗洛伊德的泛性论，两人关系由此破裂，随后阿德勒创立了个体心理学。1920年，阿德勒成立了儿童指导中心，随后积累了大量实践经验并逐渐形成了独特的儿童教育理论。1976年，以他的心理学理论为基础而形成的父母效能培训课程风靡整个西方社会。他的代表作有《儿童的人格教育》《自卑与超越》《理解人性》《生活的科学》等。

《儿童的人格教育》首次出版于1930年，是阿德勒的代表作之一，也是世界儿童教育领域经久不衰的名著。他认为，人的人格结构形成于童年期，童年期的认知是对一个人一生造成影响的关键因素，而教育的关键就在于使孩子在童年期得到正确的指导。因此，帮助儿童形成正常的、健康的人格是教育儿童的首要和核心问题。阿德勒反复强调，要用正确的方法帮助儿童培养和建立起独立、自信、勇敢、不惧困难的品质和积极与他人、集体合作的能力。在这本书中，他列举了多个真实案例，并从环境、家庭、教育等方面对这些案例进行了分析和研究，然后又根据这些因素提出了解决问题的办法，从而帮助孩子建立健全的人格。

一、为什么要写这本书

1870 年 2 月 7 日，阿德勒出生于奥地利维也纳郊区的一个犹太商人家庭。他的家庭属于中产阶级，但他却有一个不幸的童年。从小因患脊柱症而身体孱弱、行动笨拙，喉部也常因哭叫而感觉窒息；3 岁时，睡在他身旁的弟弟夭亡，幼年时他还有两次被车撞的经历，因此十分畏惧死亡；他 4 岁才会走路，5 岁患有严重的肺炎，因此他决定痊愈后去当医生。他求学时成绩平平，数学成绩极差，但在父亲不断地支持、鼓励下，最终成为班上数学成绩最好的学生。1895 年，阿德勒获得维也纳大学医学博士学位，最初作为一名眼科医生，在出诊时，他特别注意病人因身体器官缺陷而产生的自卑感，认为源于身体器官的自卑感是驱使个人采取行动的真正动力。上述这些经历与他后来独特的教育思想的形成有着密切关系，比如他认为"自卑感和追求优越感这两种倾向在社会人群中是普遍存在的"，"正是出于自卑，我们才会对优越感有所追求"。

超越自卑和追求优越的思想贯穿于阿德勒的代表作中，比如，在《自卑与超越》一书中，他认为"每个人都有不同程度的自卑感，因为没有一个人对其现时的地位感到满意；对优越感的追求是所有人的通性"。追求优越是阿德勒个体心理学理论的核心，阿德勒认为追求优越也是支配个体行为的总目标，而超越自卑是阿德勒个体心理学理论的重要组成部分，阿德勒认为超越自卑也是个人追求优越的基本动力。

1920 年，阿德勒任教于维也纳教育学院，在学院里组织、指导儿童参与活动，还成立了儿童指导中心。同时，他与学生一起在维也纳的 30 多所中学开办了儿童指导诊所。阿德勒认为，每个人在幼儿时期，都会渐渐形成一种生活模式，并根据此种生活模式形成生活的主观目标，但因每个人的生活模式不同，每个人的主观目标也就不完全相同，因此研究心理过程应以每个人的特殊经验为对象，故阿德勒的心理学被称为"个体心理学"。个体心理学是以"自卑感"与"创造性自我"为中心，并强调"社会意识"。此后，阿德勒开始关心儿童的教育问题，他致力于把个体心理学的理论应用于儿童教育的实践中。阿德勒关于教育的研究主要集中在儿童的人格教育方面，1930 年出版的《儿童的人格教育》中指出"这里的教育当然是指学校课程之外的教育，即不是学科教学，而是指最为重要的人格发展"。

二、核心内容：追求优越与超越自卑

从《儿童的人格教育》这部书的书名我们就能看出阿德勒的写作用意——指导儿童的人格发展。阿德勒认为"人格教育"就是指由家庭、学校和教育咨询场所共同实施，致力于培养儿童的社会兴趣、合作精神，使儿童形成正确的生活风格和完善的人格的教育。人格教育的最终目的就是让儿童真正理解生活，能够面对生活中的问题，比如学业问题、职业问题、婚姻及家庭问题，最终实现自我价值。

首先，我们要知道人格是什么？美国著名心理学家、人格心理学创始人奥尔波特考证了 50 种有关人格的定义，得出了大多数心理学家所推崇的人格的定义。奥尔波特认为，人格简单来说就是"一个人真正是什么"，更具体地说，"人格是个体内在心理物理系统中的动力组织，它决定人对环境适应的独特性"。

总的来说，人格具有独特性、稳定性、可塑性、统合性和功能性 5 种特性。人格的独特性指一个人的人格是在遗传、环境、教育等因素的交互作用下形成的，因为不同的遗传、生存及教育环境形成的各自独特的心理特点；人格的稳定性，是指个体在形成、发展与成熟等各个阶段，表现出的稳定性；人格的可塑性是指人格不是一成不变的，具有可塑性；人格的统合性是说人格具有内在统一的一致性，受自我意识的调控，是心理健康的重要指标；人格的功能性是说，人格决定一个人的生活方式，甚至决定一个人的命运，因而是人生成败的根源之一，当面对挫折和失败时，坚强者能发愤拼搏，懦弱者则会一蹶不振，这就是人格功能性的表现。

那么，在人格的诸多特性中，阿德勒主要关注哪些特性呢？阿德勒的视角主要聚焦在人格的统一上，他着力研究人格的统一性是如何促使个人努力谋求发展的。在阿德勒的著作中，所谓人格统一，就是每一个人的发展及其行为都是由他如何理解事物而决定的，而不是从孤立封闭的事件去理解儿童。早在幼年时期，人格的统一性就开始发展，人们逐渐把自己的行为和表现方式融合在一起，形成自己独特的行为模式。平时我们很难看到人的人格统一性全部显露出来，它隐含在个体人格之中。我们要了解孩子，就要了解他的整个生活状态及其人格特点，以及他在所做事情中的表现。所以，人作为个体，主观看待现实生活的基础，才是人格统一性的基准。我们必须牢记一点：每个孩子的发展都是由他如何理解事物而决定的。

因此，在分析一个人在成长过程中的错误，或者是失败经历时，要看他是如何看待事物的，并可以据此分析其在认知上有无偏颇，因为这个人的特殊心理经验是对他一生造成影响的关键因素。就像孩子身上表现出来的特殊行为举动，如逃课、懒惰、撒谎等问题行为，作为教育者不能把这些特殊行为抽离出来独立分析，这会导致对这些行为的误读，也无助于儿童的发展。

阿德勒认为，个体人格形成的动力就是追求优越，人们都渴望成功，就会不断渴望获得优越感。早在 1908 年，阿德勒就认为攻击性是所有行为背后的动力，此后不久，他将攻击性改为"男性抗议"，指追求支配别人的一种权力意志。1912 年，他发现用"男性抗议"来解释正常人的动机不太合适，于是便用"追求优越"来取代"男性抗议"。"追求优越"是阿德勒的核心思想之一，根据人格统一性的原则，阿德勒认为人格的各种动机都指向一个方向，那就是追求优越感。阿德勒受德国哲学家尼采"超人哲学"思想的影响，认为人都有一种"向上意志"或"权力意志"，这种天生的内驱力将人格汇成一个总目标，人力图做一个没有缺陷的"完善的人"。因此，羡慕别人、胜过别人、征服别人等都是追求优越感的人格体现。

追求优越感虽是天生的，但也是发展的。初起时它只是人的一种潜能，每个人都以自己的方式力求实现这种潜能。我们可以看出孩子追求优越感的现象，比如，一部分孩子说起考试就脸色大变、浑身发抖；玩游戏时，有的孩子总想在游戏中命令别人。

阿德勒认为，每一个孩子都会朝着不同的方向追求优越感，大约从 5 岁开始，首先确立一种优越的目标，以此来指导人的心理发展；追求优越感的孩子身上有"追求优越"的特质，比如争强好胜。但是，对于孩子来说，追求上进固然是好事，但若有过强的野心，为自己定下的目标过高，便会让孩子产生自我否定，变得不自信，反而不利于孩子的身心健康和正常发展。因此，引导孩子的优越感朝着有益的方向发展就非常重要。那我们应该怎样引导孩子的优越感呢？

阿德勒认为，引导孩子的优越感要以与社会公众利益相符合为基础。追求优越有两种方法：一种是病态的追求个人优越的方法；另一种是追求社会兴趣，使每个人都获得成功，这是心理健康者的行为表现。阿德勒指出，追求个人优越的人很少或根本不关心他人，其行为目标是受过度夸张的自卑感驱使的，杀人犯、小偷和骗子均属此类。但是，有许多人把追求个人利益用表面的关心社会隐藏起来，给人一种关心别人的表面印象，而实际上却当面一套背后一套，阿德勒认为这就是一种病态的追求个人优越的表现。而且要牢记一点：孩子并不清楚自己在生活中所遇到的问题究竟意味着什么，所以，当他们偏离正确轨道时，是无法在消极经验里得到正面教训的。为了避免孩子以一些不合适的行为来引起大人的注意，我们应着重培养孩子的社会情感，为孩子树立社会意识，使孩子的优越感努力向一个能切实有所成就的方向展开。

人们都渴望获得优越感，但不论哪种渴望都离不开自卑心理。阿德勒认为个体人格形成的重要前提就是人的自卑感。和弗洛伊德把人的原始动机看作是性因素不同，阿德勒深信自卑感是人的行为原始的决定力量或向上的基本动力。他还注意到，有自卑特点的人终将以行为补偿他们自身的弱点。例如，一个人因口吃而自卑，却会促使他加强训练口才，他有可能成为演说家，就像影片《国王的演讲》里的主人公那样。当然，阿德勒更强调的是一个人对器官缺陷的态度，而不是说每个有器官缺陷的人都能发展相应的能力。后来，阿德勒把器官缺陷所引起的自卑扩展到自卑心理。比如，一个出身低贱的人可能会有社会自卑感；一个相信自己不够聪明的人也可能会有自卑心理。按照阿德勒的观点，我们每个人的本性中都有一种自卑。每个人一生下来都要依赖别人才能生存下去。正是这些自卑，才让人竭力补偿自己的弱点。所以，自卑感既对个体有积极的作用，对社会也有积极的作用。在许多情况下，因自卑而有的补偿行为，是一种健康的反应，可以驱使人挖掘自己的潜能。但是补偿也会表现为消极的一面，如果儿童因自卑而受到父母的过分冷落，儿童就会用不正常的方式来表现补偿行为。比如，过分追求表扬，故意犯错以引起父母的注意等。自卑儿童尽管自觉"低人一等"，但往往会比正常孩子更追求家长和教师的表扬，而且可能采用弄虚作假、考试作弊等不诚实、不适当的方式。在阿德勒看来，补偿作用是人们的一种极普遍的心理现象，在"向上意志"的驱使下，人们的这种补偿行为，将一直持续到生命结束才会停止。一个人若是不能成功地进行补偿，就会产生"自卑情结"，轻则患上心理疾病，重则失去生活的勇气。

一般来说，孩子形成自卑心理的原因通常与过去的经历有关，如家庭关爱太少，或是在接受教育时被要求得过于严苛，或是因为身体缺陷。严重的自卑心理将使孩子产生忌妒心理，使他们的破坏欲变强。那么怎样防止自卑心理给孩子带来危害呢？

孩子对自己的处境，一般都做不到精准地把握，这必然导致他们会犯一些错误。这时候就需要对孩子提供合适的教育，阿德勒认为，教育孩子的最佳方式就是让孩子在一个理性范畴内从实践中得到学习的机会，这样就比较容易以接近客观现实的方式来形成他们自己的逻辑，而不受其他人思想的束缚。作为家长或老师，应把教育孩子的重点放在以孩子的思考方式来理解孩子上，对于孩子的种种行为及反应要加以分析，尽可能地帮助他们树立正确的人生观，帮助他们鼓起勇气去解决遇到的问题；让孩子建立社会情感，尽可能地为孩子打好基础，使他们有能力独立面对今后的生活并能够努力解决生活中遇到的困难。

三、分析对象：人格完善的因素

社会兴趣是追求优越和超越自卑的重要影响因素。阿德勒指出，应该着重培养孩子的社会兴趣。那什么是社会兴趣呢？阿德勒认为，人是社会性生物，在人的本性上天生就具有社会兴趣的潜能。社会兴趣不仅是一种涉及一个人与别人交往时的情感，而且也是一种对生活的评价态度和认同能力。他指出，人的社会兴趣最初是由儿童与其父母的早期相互作用而产生的，因此，父母的重要任务之一就是召唤和培养儿童的社会兴趣，而对儿童的溺爱和漠视则是影响儿童社会兴趣畸形发展的两个重要原因。社会兴趣代表一种更合理、逻辑上更为彻底的世界观。孩子会在 5 岁之前形成自己的一套生活方式，所以家长一定要把握好这段时间，帮助孩子建立起社会兴趣，并培养他适应社会的协调能力。

每一个犯错误的孩子，他们的背后都会附带一些环境问题，那么了解环境的影响，对孩子的人格发展、社会兴趣发展有重要的作用。

孩子在家庭中的出生顺序对孩子的人格发展、社会兴趣有着

重要的影响。阿德勒认为，长子在弟妹出生之前，在家庭中往往处于中心地位，随着其他孩子的降生，他的中心地位会发生变化。他的性格特征是聪明、有成就需要，但害怕竞争。次子则经常处在竞争状态中，有雄心抱负，并具有反抗性，因此，次子往往是最幸运的。最小的孩子由于受到过分的溺爱，因此独立性较差，虽然雄心勃勃，却十分懒散，难以实现自己的抱负。独生子和长子的情况差不多，他的竞争对手主要来自学校。对孩子的教育开始得越早越好，应在孩子形成固定的行为模式前开始，以温和的、鼓励的态度去教育孩子，使孩子能够尽量客观地面对现实生活。

学校环境对孩子的心理发展也具有重要影响。一个新的环境就是对孩子的一个测试，根据孩子的反应，可以看出他为此做出的准备及其潜能和隐藏的性格，从而判断他们的成长状况。阿德勒认为，对于孩子的学习成绩，不应该只单纯关注分数高低，而应该将其视为孩子在学校里心理状态的反映。他还研究了补课、跳级、快班和慢班、男女同校、科目等学校环境因素对孩子的影响。最终认为，只构建理想的教育是远远不够的，还应该在学校专门为孩子建立可以进行心理咨询及心理辅导的诊室。在学校这种新环境中，不能用成绩去否定孩子，而要努力帮助孩子适应学校的环境，从而让孩子取得进步。

孩子还会间接受到外界环境的影响。孩子的父母会受到外界环境的刺激，并形成一种心态，然后他们的这种心理状态又会对孩子造成一定的影响。其中，外部的经济环境对人的影响巨大，这是教育者必须首先考虑的。比如，经济异常拮据将会影响孩子的身体健康和心理健康；患病的经历也会让孩子的性格有很大的改变；家庭环境也会影响孩子，如果在封闭的家庭，其社会参与度低，就不利于孩子建立社会情感；家庭经济条件的变化对孩子的人格形成也有影响，暴富家庭的子女往往会成为问题儿童；还有父母之间的关系、孩子的玩具、祖父母的溺爱等，都对孩子的发展产生影响。在这些因素的影响下，阿德勒认为，父母对孩子的责任不仅仅是教会孩子读书写字，还要帮孩子建立起社会情感和勇气，同时要注意会对孩子产生影响的外力，只有这样才能使孩子成长得顺利一些，遇到的困难少一些。

怎样开展性教育，也是孩子成长过程中不可避免的话题。如果没有正确的性教育，也会对孩子的发展不利。每个处在青春期的孩子都会有不同的表现，他们有的勤奋进取，有的言行笨拙，有人利索，有人邋遢。帮助孩子解决青春期里可能遇到的麻烦，最好的方式就是帮助孩子建立起与他人的友谊，让孩子和孩子之间能够成为好朋友。阿德勒认为，性教育不仅包括两性生理方面的问题，而且关系到如何教育孩子以正确的心态来看待恋情及婚姻。

所以，教育成功的关键在于使孩子得到正确的指导。在这里，教育指的是，发展孩子的人格，对其进行培养和训练，这才是至关重要的教育内容。父母和教师是孩子发展的指导者，对其有着重要的影响。在激发孩子的思想及潜能方面，应该尽可能地避免因受干扰而放弃，要倾尽所能地去帮助每一个孩子，使他们获得勇气和信念。同时，在对有问题的孩子进行教育时，一定要客观、全面地考虑形成问题的原因所在，并坚信自己有解决问题的办法。

08

《教育漫话》：
培养实干家的绅士教育体系

约翰·洛克（John Locke，1632—1704）生于距离布里斯托大约 12 英里的威灵顿村，1647 年，他进入伦敦就读西敏中学，之后前往牛津大学基督教堂学院学习。当时，虽然洛克的学业成绩很好，但却感到大学课程的乏味和枯燥，在他眼里，笛卡尔等人的著作要比大学教材有意思。1679 年，洛克撰写了《政府论》一书。1683 年，由于涉嫌刺杀国王，他逃亡至荷兰，并一直待在那儿，花费了许多时间重新校对他的《人类理解论》以及《论宽容》的草稿，直到光荣革命结束为止。1688 年，洛克返回英格兰，抵达英国后他开始将大量的草稿出版成书，其中包括《人类理解论》《政府论》《论宽容》《教育漫话》等，洛克的著作影响了伏尔泰和让·雅克·卢梭。《教育漫话》是由洛克流亡荷兰期间写给友人讨论其子女教育问题的几封信整理而成，1693 年出版。

洛克的工作极大地影响了认识论和政治哲学的发展，甚至有人认为，他的理论激励了美国革命与法国大革命的诞生。

一、为什么要写这本书

17 世纪的英国社会充满了动荡。在经济上,英国的圈地运动促进了大规模手工工厂的诞生,资本主义经济的迅速发展,使经济的重要性被提升到前所未有的高度。那时的人们也逐渐认识到培养掌握外语、拓展海外商业贸易所需要的绅士型人才不能只依靠传统的封建教育,而是需要推动教育改革,重新建立一套绅士教育的体系。在思想传播上,当时的欧洲人文主义晚期思想正传入英国,这种思潮影响下的教育理念正是要培养经验丰富的实干家和优秀公民,刚好与英国经济发展需要培养绅士型人才的目标一致,因此很快引起了英国社会对"绅士教育"的重视。当时所有的教育活动都围绕培养绅士而开展,洛克的《教育漫话》就是在这样的一种背景下诞生的。

《教育漫话》并不是一本学术著作,而是一本友人之间进行交流的书信集。早在 1683 年,洛克就开始和朋友爱德华·克拉克(Edward Clarke)以书信往来的方式讨论子女教育问题,在长期的通信交流过程中,克拉克深受洛克的教益,于是就建议洛克把这些书信整理出版,以传播洛克的"绅士教育"思想。洛克采纳了克拉克的建议,把 10 年来的书信整理修订,1693 年,《教育漫话》正式出版。洛克在《教育漫话》中对克拉克先生说,"这些'漫话'本是属于你的,因为它们是我在数年前为你写的,内容是你在我的信札中所知道的"。《教育漫话》就是在英国资产阶级社会背景下洛克和友人克拉克讨论教育问题的书信集。

二、研究目的：建立培养实干家的"绅士教育"体系

洛克《教育漫话》一书的研究目的就是希望建立一种不同于传统封建教育的、培养实干家的"绅士教育"体系。书中指出，教育的目的就是培养"绅士"，即"有德行、有用、能干的人才"，他们既有健壮的身体，又兼备"德行、智慧、礼仪、学问"的品质。那么，"绅士"应该是什么样的形象呢？英国的洛克研究者认为，绅士就是具备上层社会的思想和行为举止，具有清晰的理智和坚强的意志，掌握经营工商业的知识和技能，仪态高雅，举止适度，通晓世故人情，善于处理公私事务，勤奋勇敢，既能满足个人幸福生活需要，又能促进资本主义发展的资产阶级事业家。以上就是"绅士"的形象，而围绕培养"绅士"这个目标来开展的教育就是"绅士教育"。英国资产阶级和新贵族都希望建立一种培养实干家的"绅士教育"体系，他们希望以此来巩固资产阶级地位和英国国家地位。

三、核心思想："白板说"与"德智体"三位一体

有关洛克"白板说"的论述。作为英国早期经验主义的代表人物之一，洛克反对当时流行的"天赋观念论"。所谓"天赋观念论"就是认为人类的意识、思想、观念这些东西都是上天赐予我们的，

自打人出生后，观念就已经存在于人们脑中了。而洛克认为人出生后，心灵像是一张白纸或者一块白板，人所有的知识、理智、观念等都是建立在经验的基础之上的，这就是洛克提出的"白板说"。同时，洛克还主张"我们的心理活动是观念的一个来源"，这样一来，观念就起源于两个地方，一个是经验，另一个是心理活动。经验的东西来自我们自己的感官认识，比如说我们可以感觉到花香、粗糙、光滑、细腻等，这都是我们的经验，但经验得到的东西不足以让我们理解复杂的概念，所以洛克就提出了心理活动，这里所讲的心理活动主要是依赖"反省"的方式，人通过内心反省才能理解更为复杂的观念。

有关洛克德育思想的论述。洛克的德育思想主要内容可以分为三大部分，一是道德教育在"绅士教育"中的重要地位；二是"绅士"应当具备的三种品德；三是培养"绅士"良好品德的方法。在《教育漫话》中，洛克用了大量的篇幅来论述自己的德育观，同时也提出了许多相关的教育原则。他认为德育应当是"教育的灵魂"，德行要比所谓的学问、知识、理智重要得多，要把德行放在比知识更重要的地位上来认识。在洛克的眼里，"绅士"有了德行不仅可以满足个人幸福生活的需要，而且能获得一种成就感。

那么，一个"绅士"应当具有哪些德行呢？洛克认为"绅士"应当具有三种德行，即有远虑、富有同情之心或仁爱之心、有良好的教养和礼仪。对于这些良好的德行，教师应当怎么培养呢？

洛克提出了下面的方法，要"及早管教""因材施教""施行奖励和惩罚""进行说理教育和榜样引导"。

"及早管教"是指应尽早对孩子进行道德教育，培养孩子的自制能力越早越好。洛克告诉人们，凡是有心管教自己孩子的人，应该在孩子很小的时候就加以管教，做父母的如果能在子女记事之前，就坚持有效的教育，让子女变得温和，容易接近人，那么就可以使子女在成长过程中学会自制，懂得自我约束。

"因材施教"是指在道德教育过程中，教师应当注意儿童的个性差异，在实施道德教育之前，要考虑孩子的天性以及每个孩子的独特性，只有认识到儿童心理特征的普遍性和差异性，教师才可以有的放矢地实施教育。

"施行奖励和惩罚"是指教师可以利用奖励或惩罚的方法来实施教育。洛克认为，儿童一旦懂得被尊重与被羞辱的意义之后，赢得尊重与避免羞辱是对他们的心理最有力量的一种刺激，如果教育者能使儿童爱好名誉、惧怕羞辱，那就使他们具备了一个做人的基本的原则，这个原则会永远发生作用，使他们走正道。在洛克看来，教师不能滥用奖励与惩罚，而应遵从一定的奖罚原则。

另外，"进行说理教育和榜样引导"也可以培养儿童德行。说理的方法是对儿童进行道德教育的一种真正的方法。儿童和成人交流后，会懂得做人做事的道理。儿童都希望被当作理性动物去对待。值得注意的是，说理教育要符合儿童的认知水平和理解能力，不能一味地只顾说理，而忽视儿童自身的理解能力。榜样教育也是一种非常重要的道德教育方法。"榜样示范效应的力量胜于教条的规范"，教师要选择一些发生在儿童生活中的、真实的事件来引导儿童向事件中的主人公学习，学习他人的优秀品质和有教养的行为。将一些事例呈现在儿童面前，同时说明如何评判什么是好的事情什么是坏的事情，以及二者之间的区别，这样就可以引导儿童按照好的榜样去做，从而养成"绅士"的德行。

有关洛克的智育思想的论述。在智育问题上，洛克认为，教育必须使人适合于生活、适合于世界，而不只是适合于学校。知识教育应该有，但应居于德育之后，起辅助作用。正像洛克在书中所说，"学问是应该有的，但它应该居于第二位，只能作为辅导更重要的品质之用"。洛克认为，智育应当以智力发展为重，只有掌握多方面的知识，"绅士"才能成为善于处理实际事物的人，才具有处理个人生活和公共事务的智慧。

在教育内容上，洛克主张智育的教育内容应当是有用的，是能够帮助"绅士"在获取个人幸福方面发挥作用的知识和学科，而不是将学习重点放在古典学科的学习上。"绅士"要学习的应当是实用型的知识，包括阅读、写字、语言、数学等；应当是修养型知识，包括修辞学、逻辑、音乐、绘画等；应当是娱乐型的技能，比如舞蹈、骑马、击剑等，这些都是洛克认为培养实干家的"绅士教育"体系中的智育内容。

在发展学生智育的教学方法上，洛克认为要考虑儿童的兴趣和需要，尊重儿童的心理特点，激发儿童的好奇心，逐步训练儿童的思维。洛克强调要有兴趣地学习，寓读书于娱乐之中，要让儿童把读书学习看成是一件快乐的事情，这样他们才会有兴趣地去学习。教师要注意激发儿童的好奇心，鼓励他们去探索。好奇心是自然赋予儿童的一种绝好的工具，可以帮助他们去除生来的无知。教师还应当按照儿童的年龄特点，认真回答问题；要当着儿童所敬重的人，赞扬他们的求知欲；要故意让儿童看到新奇的东西。最后一种培养儿童智育的方法，就是主张培养儿童的思维训练要循序渐进，要按照由易到难的过程进行思维培养。每次训练，不能灌输太多，要按照儿童的可接受水平来进行教育，这和古罗马教育家马库斯·法比尤斯·昆体良（Marcus Fabius Quintilianus）的"紧口瓶子"的思想有着相似之处。昆体良认为，紧口瓶子不能容纳一下子大量流进的液体，却可以慢慢地甚至一点一滴地被灌进的液体所填满。只有按照瓶子本身的小口特征和它的容量，采用量力的方法，水才能倒进去。这里的瓶子就是指学生，倒水的人是教师，水就是知识。这种循序渐进的教育思想与洛克的思维训练所遵循的教育原则是一致的。

有关洛克的体育思想的论述。《教育漫话》开篇提到，"健康之精神寓于健康之身体，这是对于人世幸福的一种简短而充分的描绘"，健康的身体是"绅士"事业成功、个人生活幸福美满的首要前提，"绅士"要成为绅士，必须有健康的身体，这也是洛克为什么强调体育重要的原因。

在洛克的"体育"概念里，体育一词不仅是指体育锻炼，更多的是讨论身体的保健问题。他反对溺爱儿童，主张让儿童多到户外去进行体育锻炼，要让阳光、空气、水这样的自然之物滋养儿童的身体。"这样，他就既能忍受冷热，也能忍受晴雨了，若是一个人的身体连冷热晴雨都不能忍受，那对于他在这世上没有什么帮助了。""户外生活对他们（指儿童）的面孔并没有损害，他们愈是在户外生活，他们便愈强壮健康。"

在饮食方面，洛克认为应清淡简单，儿童要少吃肉，如果要吃，也最好是以少量的、清淡的牛羊肉为主。对于儿童来说，水果、牛奶、粥、面包、蔬菜等是最好的食物。他在书中写道："水果是健康管理中的一个最大的问题，这于幼童尤其如此。我们的始祖正是因为它而失去了乐园的，无怪我们的幼童即使以健康为代价，也抵制不住水果的诱惑。"

在儿童用药方面，洛克认为，"一定不要为了预防疾病而给儿童服用任何药物"，"与其把孩子交给一个喜欢滥用药物的人，还不如让他顺其自然来得安全"。就是说，洛克更加信任自然的生命成长，这也是他从一位专业医生的角度给人的建议。

教育理论
的探索

09

《教育知识的哲学》：
教育理论的体系建构

德国当代著名教育学家
——沃尔夫冈·布列钦卡

沃尔夫冈·布列钦卡（Wolfgang Brezinka, 1928—2020）是当代德国最著名的教育学家。贴在布列钦卡（也译作"布雷岑卡""布雷津卡""布雷金卡"）身上的标签，首先是"批判"，说的是他对以往教育学研究的反思；其次是"理性主义"，说的是他认为教育学想要成为受人尊重的科学，必须走经验描述、逻辑建构的道路；最后是"元教育学"，这是布列钦卡的创见，目的是解决教育学理论的深层危机。

布列钦卡，1928 年 6 月 9 日生于德国柏林，先后就读于德国萨尔茨堡大学、奥地利因斯布鲁克大学、美国哥伦比亚大学和哈佛大学，大学期间分别学习了心理学、教育学、政治学、社会学等。1951 年，在奥地利因斯布鲁克大学，布列钦卡获得了哲学博士学位。之后，布列钦卡一直在大学任教。1954 年，他获得了教授备选资格；1958 年，他被聘为德国维尔茨堡高等师范学校的教授；1967 年，他担任德国康斯坦茨大学教授，直到退休。退休后，布列钦卡移居奥地利，成为奥地利科学院院士。布列钦卡的履历简单，但他的成就却很耀眼。毫不夸张地说，布列钦卡开创了教育学研究的一条新路径。

《教育知识的哲学》在"德国教育科学学会"评选的"20世纪最重要的教育学著作"中，列第12位。从时间上看，这本书不算是新书，最早的版本是1971年出版的德语版，之后，布列钦卡不断地修订这本书，陆续出版了其他语种的译本，包括英语、西班牙语、意大利语、捷克语、日语等，中文译本比较晚，目前只有华东师范大学出版社2006年的版本。

一、为什么要写这本书

布列钦卡是20世纪90年代随着"元教育学"传入我国，随后被我们所熟知的。

20世纪四五十年代，教育学研究充斥着各种流派，如结构主义、存在主义、功能主义等，各派别各持己见、争论不休。在布列钦卡看来，这对教育学的发展来说并不是好现象。他说："在世界范围内，教育学文献普遍缺乏明晰性，与其他大多数学科相比，教育学被模糊的概念以及不确定的内容、空泛的假设或论点充斥着。"意思就是说，很多教育学研究得头头是道，但却没什么标准，无法形成共识，还有不少假大空甚至不知所云的内容。

1966年，布列钦卡在德国《教育学杂志》上发表了一篇题为《科学教育学的危机在最近出版的教科书中的表现》的论文，这标志着他开始了对教育学理论研究的挑战。此后的十多年，布列钦卡逐渐形成了自己的"元"理论。

但"元"理论并不是布列钦卡原创出来的。"元"是中文表述，在英文中，是"meta"的前缀，意思是"在……之后""高一层""超越"。这样的研究近似于本体论，讨论更高、更终极的问题，简单一点说，它解释的是"在什么之上是什么样"。我们举些例子：

元哲学，讨论人从何处来、人往何处去；元物理学，讨论宇宙的起源，空间、时间的意义；元逻辑学，讨论逻辑符号的形式系统；元心理学，讨论人的心理本质等。

布列钦卡借用了"元"的意义，认为"元理论"是教育学更高一层的理论认知，是在之前所有教育理论基础上的理性反思。1971 年，他写出了《从教育学到教育科学：教育的元理论入门》及《教育的元理论：教育科学、教育哲学、实践教育学基础的入门》。

布列钦卡"元教育"的研究是系统的。除了在《教育知识的哲学》一书中，他从批判性的角度，探讨了人们所熟知的教育理论，布列钦卡还有其他的相关专著。

一本是《教育科学的基本概念：分析、批判和建议》。在这本书中，布列钦卡确定了教育科学的意义，并从不同维度，明确了教育科学的很多概念，如教育目的、教育需求、社会行为、学习目的、可教育性等。很多内容与《教育知识的哲学》第一章《教育科学》相应和。

一本是《教育目标、教育方法、教育成果：对一门系统的教学科学的贡献》，英文版将书名译为《教育目标、教育手段和教育成果：建构一个教育科学的体系》。在这本书中，布列钦卡讨论了教育科学与实践的相互关系。很多内容与《教育知识的哲学》第三章"实践教育学"相应和。

《教育知识的哲学》，足以让我们以小观大，并继续深入布列钦卡研究的全貌。尤其是我国教育学界在接受了布列钦卡"元教育"的基础上，更是看到了他的批判勇气和创新精神。布列钦卡"元教育"的理论框架，也许不能完全适用于我们的教育学，但他开创的很多研究角度，对我们是很有启发的。

二、理论结构：以教育学、教育理论、教育科学、元教育学四个层次为主干

在《教育知识的哲学》中，布列钦卡为教育学搭建了一个层层递进的理论结构。因为在布列钦卡看来，大多数人对教育学的看法太笼统了。教育的对象是人，教育是为了促进人心智成熟而不断完善自我意识的社会活动。假如离开人或者离开社会，教育无从谈起。一般来说，只要与人的教育有关的内容，都可以称为教育学。这是一种概括的说法。布列钦卡按照历史时间的顺序，梳理了众多学者对教育的看法、对教育的研究、对教育的批判等，认为这其中有从对教育性质的认识到教育理论的产生，再到教育科学的发展的一条线索。

教育学是对教育性质的认识。教育学要回答这些问题：教育的目的是什么？教育的方式是什么？教育的内容是什么？

关于教育的目的。在古老的欧洲，教育被认为是一种艺术。英国哲学家培根认为，教育是"讲述和传授的艺术"；捷克教育家夸美纽斯认为，教育是"把一切事物教给一切人们的全部艺术"，强调了教育使人成为更好的人的意义，这种说法的赞成者很多；德国哲学家黑格尔说，"教育学是使人们合乎伦理的一门艺术"；俄国教育家乌申斯基说，教育是"一切艺术中最广泛、最复杂、最崇高、最必要的一种"，因为"教育学力图满足个人和人类的最伟大的需要，满足他们求取人的天性本身完善的愿望"。同样，布列钦卡也认可的是，教育是对人的灵魂的塑造。

关于教育的方式。教育不是纸上谈兵，而是具体应用的。打个比方，每一位被教育者都是一粒有潜能的种子，需要教育者的精心培育。所以，教育是经验，很多具体的经验被归纳总结，就

形成了教育学。大学里有教育学专业，通过系统学习相关的经验，再经过一定的训练，就可以作为教师，进入教育行业。从这个角度讲，像德国教育家赫尔巴特说的那样，"教育学是为教育工作者的工作意图提供系统说明，并帮助他们掌握传授知识的方法"。

关于教育的内容。在教育的过程中要传授知识。但知识是没有边界的，是无穷无尽的。教育的内容是传授知识，那么，要传授哪些知识？又为什么要传授这些知识呢？或者说，在教育学中，如何界定知识的有用、无用，还有知识的难易程度？又如何说明哪些知识用哪种方法教，教到什么程度呢？可以说，随着教育活动的复杂化，教育学的内容也越来越复杂。

而教育学家解决这个难题的办法，就是将教育学理论化，将关注的焦点转移到教育的一般问题上，逐渐形成教育理论。比如，原来讨论的是，数学课要先讲加减法，再讲乘除法，先讲平面几何，再讲立体几何。在教育理论中分析的是，对儿童来讲，要打好基础，加减法学不好，乘除法就学不好；平面几何都搞不明白，立体几何会一团糟。总之，教育理论是将教育问题抽象化，再进行普遍意义上的论证。

但在布列钦卡看来，这个办法，并不是有效的。因为所谓的教育学理论化，并不是从教育学自身提炼出来的理论，而大多是移植了其他学科的理论，如社会学、政治学、心理学、伦理学等。布列钦卡认为："作为一种学术性学科，教育学陷入了深刻的危机，在这门学科中，人们更多看到的是互相矛盾的意见而非知识，是一厢情愿的思辨而非现实主义的态度，是意识形态和世界观而非科学。没有哪一门学科像教育学这样泛滥着非科学的废话、派性的热情和教条主义的狭隘性。"所以，不能放任教育理论的随意发展，而应该从科学的角度衡量、以科学的方法限定。

布列钦卡认为，教育学是以研究教育的客观规律为目的的一种科学，它以经验为基础，以实证为方法。具体地讲，教育科学以教育经验为基础，再通过对教育活动的观察、统计和分析，得出教育规律。这些教育规律只有通过实验验证，才能指导教育活动。

不过，教育科学也不是终极的，终极的是"元教育"，也就是教育的"元理论"，是教育科学的理论。布列钦卡认为教育学是科学，所以称为教育科学，因为科学是有理论的，教育科学也是有理论的。进而，教育的元理论研究的是教育科学的理论，或者说，是对教育科学理论的批判与反思。

教育的元理论是描述、批评、规范教育科学理论的。布列钦卡提出的教育的元理论，包括两方面内容：一是关于教育学基本概念的语言分析、逻辑分析、经验分析和意识形态分析。比如讨论对教育科学的语言的要求，分析教育科学的概念的多样性、模糊性；再比如讨论教育学价值中立的意义，反对意识形态对教育的干预。二是关于教育学学科性质及教育理论的基本分类的分析。

三、主要内容：教育科学、教育哲学、实践教育学的元理论

布列钦卡将教育学元理论分成三类，即《教育知识的哲学》这本书的三章，分别是关于教育科学的元理论、关于教育哲学的元理论、关于实践教育学的元理论。

第一类，教育科学的元理论。

在布列钦卡看来，作为社会活动的有机组成部分，教育活动的重要性值得全社会高度重视，对教育目的、教育行动、教育影

响等方面进行科学研究，就是教育科学理论。教育科学理论基于教育经验形成，这是表层的。那么，深层的是什么？是教育科学理论的假设性与验证性。由此，布列钦卡明确了自己的立场，即教育科学理论不是通过收集、观察经验的结果，而是通过提出相对好的假设，然后再去验证的。如果验证通过了，假设成立，就有这条教育科学理论；如果验证没通过，假设不成立，就没有这条教育科学理论。也就是说，所有的教育科学理论，都是大胆假设、小心求证得来的。这就是布列钦卡提出的教育科学的元理论，分析的是教育科学理论假设、验证的原理。归纳起来，教育科学的元理论的内容，主要有三点。

第一，教育科学理论的提出，是需要顺序的。首先是对教育经验的总结、归纳。教育经验是从具体事件中得出的，但事件千千万，要分析它们的背景、比较它们的异同。例如，在 A 条件下，发生了事件 P，又发生了事件 Q；而在 B 条件下，发生了事件 P，却没有发生事件 Q。那么，理论上就要分析条件 A 和条件 B 的影响，再假设条件 A 和条件 B 的结果。其次是通过推理，将一定条件下成立的理论，整合为一切条件下成立的理论。对教育学来说，一定条件既包括教育者、受教育者的千差万别，也包括社会现象、社会环境的多种多样。一切条件则是教育科学理论的绝对性，不受任何条件的影响。

第二，关于教育科学理论的逻辑验证。所谓逻辑验证，最简单的说法就是，教育科学理论不能自相矛盾，前后理论陈述要合得上，要符合从主到次、从因到果、从具体到一般、从现象到本质的逻辑关系。

第三，关于教育科学理论的经验验证。任何的教育科学理论，都不能违背常理。既要尊重个体，更要尊重社会。

布列钦卡引用了奥地利哲学家卡尔·波普尔的一个隐喻："科学理论的粗糙的结构是建在沼泽上的。"意思是说，教育科学理论不可能是完美的，无论是理论的提出、假设还是验证，都有各种各样的残缺。所以，我们必须继续完善教育科学理论，这是建构教育科学元理论的意义之所在。

第二类，教育哲学的元理论。

教育哲学本身就很抽象，布列钦卡关于教育哲学的元理论更抽象。在《教育知识的哲学》第二章的一开始，布列钦卡肯定了教育学必须依赖于哲学的观点，然后，他分析了有关哲学的多种概念以及教育哲学的多种观点。

关于哲学的多种概念，布列钦卡从古希腊开始讲起，哲学或者被理解为具有自身价值的知识，或者被理解为一门普遍的科学；又讲到基督教时期的欧洲，哲学逐渐变成了认识论；最后落脚到19世纪至20世纪，哲学成为思辨的、形而上学的代名词。无论在哪个时期，哲学与科学都是分分合合的，所以，教育哲学与教育科学也混淆不清。

关于教育哲学的多种观点，狭义上来讲，教育哲学只是关于教育的科学经验的描述；广义上来讲，教育哲学是在普遍意义上描述教育。布列钦卡比较偏向狭义的说法，在他看来，"教育哲学的目的，在于为教育家提供教育科学所不能提供的规范和价值"，所以，教育哲学自身也要有一定之规，而不能没边没际地唱高调。布列钦卡教育哲学的元理论，在某种程度上，就是对教育哲学的限定，大致有三个方面：第一，教育哲学的核心是讨论教育的终极目的，也就是教育对人的道德的影响，对人类社会的作用；第二，教育哲学的内容是确立教育目的，分析教育者、受教育者、教学内容、教育组织等，并对相关问题进行哲学论断；

第三，教育哲学是规范性的。布列钦卡说的"规范性"，与"先验"有相通之处。也就是说，教育哲学不是经验总结，而应该是超越经验的。

第三类，实践教育学的元理论。

在布列钦卡看来，教育实践自身也是有理论的。布列钦卡说，"人们创造教育实践理论，是用来为教育者提供合理的教育行动所需要的实践知识"。从这点出发，实践教育学的元理论，就是用来规范教育实践理论的取舍的。

布列钦卡的实践教育学的元理论，主要有三点：教育实践理论不是指实践了什么教育，就要有什么理论，是必须吻合于教育科学与教育哲学；教育实践理论的内容，是为具体的教育行动提供规范，所以，教育实践理论不能与现实的教育情境发生冲突；与教育科学、教学哲学相比，教育实践理论更容易理解、通俗易懂，或者说，教育实践理论是在可操作性层面，简化了教育科学与教育哲学。

布列钦卡认为，科学的教育理论侧重于实证、哲学的教育理论侧重于思辨、实践的教育理论侧重于实践，但无论是哪种理论，其上都有元理论。布列钦卡就是要用元理论来描述、批评、规范教育学理论，希望能有一个更超越的视角来研究教育学。不过，这种超越的视角曲高和寡，既不好理解，也不易被接受，更不易继续研究。

10

《高等教育哲学》：
在历史进程中寻找实践的理论基点

高等教育哲学理论的奠基人
——约翰·S. 布鲁贝克

约翰·S. 布鲁贝克（John S. Brubacher，1898—1988）是美国当代教育哲学家。1924 年开始在达特茅斯学院讲授高等教育课程。1928—1958 年，任耶鲁大学教育史和教育哲学教授，继续讲授高等教育课程。1958 年出版了与卢迪合著的《转变中的高等教育》。1959—1969 年布鲁贝克在密执安大学高等教育研究中心开设高等教育思想述评课程，同时主持高等教育博士后研讨班。1965 年出版《高等教育政策的基础》，1969 年退休，继续从事高等教育的教学与研究工作，并开始集中思考有关高等教育哲学问题。自 26 岁获得硕士学位之后，布鲁贝克一直从事高等教育学、教育史、教育哲学相关的教学和研究工作。《高等教育哲学》于 1978 年出版，并于 1982 年修订再版，此书可以说是布鲁贝克 50 余年高等教育教学研究工作的思想精华。

布鲁贝克书中论述的对象是"高等教育哲学"而不是"大学哲学"。因为 19 世纪中期之前，大学是多数西方国家高等教育的唯一形式，那个时候高等教育指的就是大学教育，很多有关高等教育的论著都以"大学"的标题来冠名，布鲁贝克在引用、阐述、分析和评论高等教育哲学理论的时候，不可避免地多次出现"大学"这个词语。到了 19 世纪 60 年代，美国政府颁布《莫雷尔法案》之后创办了很多主要开展应用科学研究的"赠地学院"，加速了美国高等教育的大众化进程，至此，"高等教育"和"大学"两个概念才有了明显区别。

一、为什么要写这本书

20 世纪六七十年代是美国高等教育经受各种社会运动冲击的艰难时期。当时，大学里的民权运动、反越战运动、性别平等运动、环境运动等各种社会运动此起彼伏，学生集会经常激化演变成各种骚乱暴力活动。与此同时，一些大学生和青年教师质疑并抨击高等教育本身的性质和组织机构，一定程度上让社会各界对高等教育的可靠性产生了怀疑。

美国质疑、抨击高等教育的现象反映了当时一些人并不了解高等教育具有什么意义，这种情况反映出当时的美国高等教育未向公众证明自身信念的确定性，也表明了美国高等教育有关各方主体，比如高等教育创办者、高等教育活动实施者和接受高等教育服务的人，也没呈现出内在的自我确信。或者说，当时美国的高等教育没有反思自身的问题以回应质疑，也未向公众证明自身价值和行动逻辑，从而导致高等教育外部的一些人以及内部的少数老师和学生对高等教育提出了合法性疑问。

随着时代变迁，以往的各种教育哲学原理也不能很好地解答当时美国高等教育面临的合法性危机。因而，反思美国高等教育，探索蕴含其中的哲学基础，阐述美国高等教育精神理念的确定性以及证明高等教育行动逻辑的正当性等任务摆在了人们面前。

布鲁贝克以他的研究回应了时代焦虑。他分析论证了认识论哲学观和政治论哲学观在美国高等教育发展历程中的哲学根源，并从多个高等教育活动领域证明了美国高等教育存在的合理性以及大学应该如何存在等基本问题。布鲁贝克在《高等教育哲学》中深刻反思了美国高等教育文化根源具有怎样的"智慧"，或者说具有怎样的精神或理念，他证明这种精神或理念如何去支撑美国高等教育的发展变化，也分析这种精神或理念应如何引领美国高等教育的发展。布鲁贝克的高等教育哲学思想使人们对美国高等教育的思想根源有了清晰的认识，化解了人们心中存在的高等教育合法性疑惑。

二、研究视角：探寻高等教育的哲学根基

20世纪六七十年代，美国高等教育产生的"本体危机"，实际上是由于当时全球政治经济形势和美国社会发展变化而引起的一系列社会问题，在美国高等教育界激起的连锁反应之一。回应质疑是美国高等教育界应有的责任。布鲁贝克认为，尽管高等教育获得合法性的途径不一样，但有一点却是相同的，那就是在任何历史时期，高等教育主要是通过"高深学问"满足时代的、国家的需要而获得其合法性。

布鲁贝克纵观美国高等教育的发展进程，结合欧洲各个历史时期的高等教育哲学思想在美国的影响，从北美殖民地时期到美国建立之后的各个历史阶段，对美国高等教育进行了哲学观溯源分析。他从美国高等教育确立自身合法性的不同途径中发

现了"高深学问"是隐含在美国高等教育各方面活动中的核心要素。

"高深学问"是美国高等教育存在的合法性基础，是高等教育存在和发展的生命线。围绕"高深学问"这个核心要素，布鲁贝克层层剖析了美国高等教育的教学、科学研究、学术规训、大学使命等方面的哲学根据，勾勒出了美国高等教育哲学体系的清晰轮廓。布鲁贝克认为，以认识论为基础的高等教育哲学观主张高等教育以探究和传授高深知识为主要目的，人们以闲逸的好奇精神去追求知识、追求真理并忠于真理、服从客观事实；以政治论为基础的高等教育哲学观主张高等教育探究、传授高深学问主要目的在于服务社会需求。因为探究高深学问以及高深学问本身对美国社会的发展具有重要的促进作用。

由此，布鲁贝克提出，美国高等教育哲学体系由两方面哲学观构成，一方面是以认识论为基础的高等教育哲学，另一方面是以政治论为基础的高等教育哲学，两者反复博弈，促使美国高等教育最终实现了追求"高深学问"的"内在学术性"和"外在社会性"的属性融合。

布鲁贝克开创性地提出了"高深学问"是高等教育存在的合法性基础，它是探讨高等教育哲学基础的理论基点。围绕"高深学问"这个核心要素，美国高等教育发展的每个历史阶段，均存在认识论哲学观和政治论哲学观，它们在美国的高等教育实践中既相互对立又和谐共存，共同引领美国高等教育多元化发展。

三、核心思想：重申高等教育的合法性

从布鲁贝克探寻美国高等教育的哲学脉络中，可以看出现代

美国的高等教育哲学观以政治论为主导，它与认识论共同引领美国高等教育的发展进程。在一定的历史条件下或者某个高等教育的实践场景中，两种哲学观既有强烈冲突的一面，也相互补充、协调共生，共同促进美国多元化、多样性的高等教育体系的发展。

第一，高等教育哲学的逻辑起点。大学是探索和传授高深学问的场所，它的合法存在具有什么样的哲学基础呢？布鲁贝克提出，高等教育的独特性在于"高深学问"。"高深学问"是一个用来做比较的概念，它相对于初、中等教育知识的程度而言，高等教育传授和研究"高深学问"使它成为高等教育区别于其他教育及组织机构的一种本质属性。布鲁贝克认为，20世纪美国大学的高等教育哲学基础主要有两种，一种是认识论范畴，另一种是政治论范畴。它们围绕"高深学问"这个基点，在美国的高等教育实践场景中随处可见。它们之间的冲突主要表现为：认识论哲学观主张高等教育在探究高深学问时应设法摆脱价值影响，而政治论哲学观则主张高等教育在探讨高深学问时必须考虑价值问题。布鲁贝克提出，从"高深学问"这个逻辑起点出发，用实用主义价值观去补充现实主义认识论，既能考虑到逻辑性、客观性，又可考虑到经验、道德、情感、价值等主观因素，能够更好地调和政治论与认识论之间的观念碰撞。在美国的高等教育发展历史上，正是在认识论哲学与政治论哲学的不断冲突，或此消彼长或并驾齐驱的思想引领过程中，美国高等教育在现实层面很好地实现了"高深学问"的内在"学术性"和外在"社会性"之间的价值和谐，从而造就了美国多元化的高等教育系统。

第二，学术自治。布鲁贝克认同学术自治是探讨高深学问的悠久传统。学术自治的具体表现主要有：就教师而言，一是由教师决定开设教学科目以及自行决定讲授方式，二是由教师掌握学位授予权，三是只有教师才有资格证明学术自由是否受到了侵犯；就学生而言，一是学生可以自主决定学习科目及学习课程，二是学生可要求在教师的任命、晋升、解雇方面拥有发言权。

布鲁贝克认为，学术自治是有限度的，它应该是一种相对的自治，而不是绝对的。大学的组织结构已经与社会的方方面面有了密切联系，大学的教授团体及其个体在学术等级中拥有了不同范围或不同方式的自治权力，比如，在州高等教育协调委员会中、在大学董事会或理事会中、在学者团体中教授都具有一定的自治权力。学生的自治问题主要集中在学生的学业选择、学术评价、校园生活等方面的主客体关系方面。由于大学是具有一定层级制度和组织结构的社会组织，学生既是高等教育的消费者，同时也是学科组织的初级成员，他们的自治权力必然是有限的。

第三，**学术自由**。布鲁贝克认为学术自由的合理性至少有三个支点：一是认识，以认识论为基础，主张为了保证知识的准确和正确，强调学术自由是追求真理的先决条件，也是行使自由的先决条件，学者的活动只服从真理的标准而不受任何外来的影响，比如教会、国家或经济利益的影响。这种思想来源于 19 世纪德国大学的学者行会（行会是行业的自我管理组织）。二是政治，强调言论自由（包括学术自由）是所有公民的权利。三是道德，强调学术自由的根本理由是为了公众的利益。

布鲁贝克认为，学术自由正如学术自治一样，学者的学术自由也是有限度的，没有无限自由的学术空间。从个体的角度来看，对真理的追求不仅源于这种追求具有认识论和政治论方面的价值，也源于个人道德的责任感约束，学者有学者的社会责任，如果没有限制，学术自由本身或将成为灾难或带来灾难。就探究"高深学问"的结果来说，学术自由必然促使学者们有义务为他们探索得出的研究结果或研究结论提交充分的证明，以便其他同行能够对此做出较为准确客观的评价。就学生的学术自由而言，教学自由属于教师的事务，作为初学者的学生可以有选择学习的自由，但不可能有决定教师教学自由事务的权利，学生的学习自由体现在教师的教学自由之中。由此可见，布鲁贝克的论述隐含着这样一个观点，在准确理解何为公民自由的前提下才能更好地把握学术自治和学术自由，才能更好地促进学术活动中的各方达成共识。

第四，高等教育为谁服务。布鲁贝克在这部分主要关注的是高等教育的入学机会问题。他认为，高等教育理应为公众服务，高等教育机会公正与否是分析高等教育为谁服务的核心问题。

为了实现学生获得高等教育机会的公平公正，既要发展传统视野中精英式的高等教育，又要大力发展新型的高等教育机构。传统高等教育只为少数人服务，是精英才有的特权。布鲁贝克认为，接受高等教育既是一种特别权力，也是一种平等权利。他提出，为了更好地理解高等教育应为大多数人服务还是为少数人服务的问题，人们首先要承认一个思想前提，那就是人们要承认造成高等教育机会不平等的原因是有差异的，并明确两个原则。

一是学生获得入学机会不平等的原因，有些与教育目标有关，有些与教育目标无关，要承认这些原因的不同，才能更好地理解或应对不平等现象。如果学生入学机会不平等的原因与教育目标有关，那么人们将更有可能认可这种入学机会不平等的事实。比如为了培养学术专才，在大学或学科专业的候选人中优先录取学习能力更强的优等生，人们总会认可这样的录取机制。

二是完全实现高等教育机会的公平与公正是极其困难的问题，既要注意让人们看到英才在高等教育中获取的特权，也要明白英才所具有的价值。

由此，布鲁贝克提出，为了满足人们获得高等教育的需求，尽可能使每个人的才能得到充分的培养并促进社会发展，需要发展两种水平的高等教育。也就是在传统高等教育机构之外，开设各种中学后教育机构作为新型的高等学校，促使各种高等教育机构在自己的领域中尽可能地发展完善。

中学后教育机构主要是指专门为已完成中等教育阶段的人提供 1～2 年或更短时间的学术性课程教育或职业性训练的初级学院、社区学院、技术学院、高等职业学校、大学（学院）的成人继续教育学院和专门的成人继续教育机构等。布鲁贝克认为这些中学后教育机构也属于高等教育的范畴。因为从教育阶段来看，中学后教育与传统高等教育两者的差别只是知识传授程度上的差别，而不是学术性质上的差别，科学知识、学术理论没有贵贱之分，没有什么知识不能纳入高等教育的传授范围。布鲁贝克认为，在慎重使用公共资源支持高等教育的过程中，坚持高等教育机会的公平公正，发展两种水平的高等教育，必然有利于社会的繁荣发展，也有利于高等教育发挥引导分配职业阶梯等级和社会位置的作用。正因如此，布鲁贝克提出，高等教育的特征应该是多样化的，在"高深学问"这个哲学基点上，现实中的高等教育应具有一定的灵活性。

第五，高等教育的类型。布鲁贝克认为，由于高等教育目的观或课程观的不同，高等教育有自由教育、职业教育与普通教育之分。

自由教育思想主张理性教育，其目的在于通过理论的学习与探究从而扩大人的想象及行动范围。

职业教育是培养学生获得某种职业能力，学生为职业发展而接受训练，课程设置及教学安排具有较强的职业性、专业性。职业教育包含理论传授活动因而具有追求理性的特质，在这方面它与自由教育是相通的。

普通教育是自由教育适应现代社会而发生变革的结果，既强调向学生传授广博的理论知识，又要训练学生从事某种职业所需要的实际能力。普通教育的出现，一方面是因为职业是文化之根，文化又是职业之果；另一方面是因为知识和行动相辅相成，理论和实践也是相辅相成的，学生的知行统一既需要理论的积累，也需要在实践中检验和提升。

在现代科学技术飞速发展的社会条件下，学生掌握职业技能解决了生存问题，但还要懂得应对工作变换的能力。由此，布鲁贝克认为，自由教育和普通教育不会消失，普通教育和职业教育也应该携手并进，社会发展需要人们在普通教育和职业教育之间建立某种跨学科的联系，促使培养对象在科学与人文、功用与理念、知识传承与人格养成等教育目标之间取得适当平衡。

第六，传授高深学问的课程设计。高等教育的基本职能是传播高深学问、开展科学研究、运用科研成果服务社会，在这三项基本职能中，传播高深学问是高等教育机构诞生以来最古老的职能。

传播高深学问是高等教育机构的主要活动，随着社会环境的发展，它有了多种教学类型。布鲁贝克认为，传授高深学问的教学形式多种多样，应基于"高深学问"这个逻辑起点去组织课程结构和课程选择。他认为知识生产必然引起知识更新，在课程结构上并不存在某个学科专业只能保持单一的课程结构模式。在课程结构的设计中理论科目要与实用科目相结合，在科目组合中还要注意保持有一部分固定不变的科目以维持学问传授与教育目标相一致。同样，在以跨学科方式组织课程设计的时候要避免学科之间的分裂，在课程选择中要重视课程的适切性并与高等教育目标保持一致。对于与课程结构密切相关的学生学业评价方面，布鲁贝克认为，高等教育已从社会边缘走向社会中心，社会中涌现的大量新型职业需要大量的人去学习各种专门知识才能适应工作需求，普及新的实用性课程势在必行，传统课程面临实用性课程的挑战，因此大学需要拟定多样化的学业评价标准，以便适应学生和职业的多样化需求。他进一步强调，尽管学生的主要学习动机之一来自学业评分制度，但从教学目的出发，应把学生的学业分数看作是衡量学生知识掌握程度的真正依据。

　　第七，高等教育中的治学道德。治学是学术界的生活方式，治学道德是学者从探索、传授高深学问的各种活动中获得职业的特殊道德准则。布鲁贝克提到，学者所需遵循的治学道德准则包括五个方面：一是坚持学者社团中所有成员必须在高等教育的某一领域接受长时期的系统训练，这个过程充满了细致的智力工作，充满了向智慧和理性发起的挑战以及严格督促；二是学者们应拥有尽可能大的自治天地，拥有自由选择研究课题及研究方法的权利，拥有不受外界影响而追随自己的好奇心从事研究的自由；三是学者对自己所在的学科负有道德责任，具有献身于学科领域的决心和信心，追求理智上的彻底性和正确性，谨慎防止纯粹主观印象影响自己的理性判断；四是学者具有把自己的探索发现公布于众的责任，除了公布研究结论，还需要提供支持结论的证据以及提供与自身结论产生矛盾的事实或制约自身结论成立的事实；五是学者还具有向公众说明某项研究可以预见的危险后果的学术责任、维护组织利益的责任以及其他与探究、传授高深知识有关的道德责任。

　　第八，对美国大学的期望。布鲁贝克认为，尽管大学不是教会，但是现代大学在探索高深学问的过程中获得了某些宗教性的职能。随着大学从社会活动边缘步入社会活动的中心，由于具备某些类似世俗教会的力量，大学在传播高深学问、开展科学研究和社会服务等职能的基础上，还应发挥出"社会良心"的作用，引领并促进社会发展。

总之，布鲁贝克以"高深学问"作为高等教育合法性的哲学基础，分析论证了政治论和认识论两种高等教育哲学观以及"高深学问"在学术自由、学术自治、高等教育服务对象、高等教育类型、课程设计、治理道德以及大学的使命担当等高等教育实践场景中所起到的思想引领基础作用。同时也在各个高等教育场景中分析了政治论哲学观和认识论哲学观的分歧、冲突以及融合、互补，由此建构起他的高等教育哲学思想体系，对当时美国高等教育合法性危机给予了一个正确的回应，从而化解了当时质疑美国高等教育合法性的思想疑虑。

11

《教育诗》：
马卡连柯的教育哲学

苏联杰出的教育实践家——马卡连柯

安东·谢苗诺维奇·马卡连柯（Антон Семёнович Макаренко，1888—1939），是苏联著名的教育家和作家。1905 年，马卡连柯开始从教，之后一生都致力于教育实践活动，同时开展教育理论的研究工作。他著作众多，教育学方面有《教育诗》《父母必读》《儿童教育讲座》等，小说有《1930年进行曲》《塔上旗》，另外还有大量教育论文和讲演稿。

俄文版《教育诗》第一部于 1933 年出版，第二、三部先后于 1934 年、1935 年出版。《教育诗》三卷本在后续的几十年时间里被不断地再版、重印，译本在中、英、日、法、德、波兰、西班牙等国家广泛流传，马卡连柯的教育思想和教育体系在苏联乃至世界范围的教育实践中发挥着重要作用。20 世纪 50 年代，我国印刷了中文版《马卡连柯全集》（七卷本），其中就包括许磊然在 1957 年翻译的《教育诗》。人民文学出版社和群众出版社又先后于1978 年、1981 年重印了这本深受广大读者欢迎的著作。

与其他教育理论类著作不同，《教育诗》包含特写、回忆录、日记、随笔、小说等众多文学体裁，语言通俗易懂，兼具艺术性和可读性。马卡连柯极具创造力的教育理论处处体现在这本书中，《教育诗》将马卡连柯的大胆革新精神和教育智慧完美展现。书中塑造了众多有血有肉的人物，马卡连柯将教养院的流浪儿童从不守纪律、顽劣成性转变成团结合作、积极向上的苏维埃新人的过程描绘得感人至深。这本书不仅对当时的苏联教育界影响巨大，甚至在全世界享誉盛名，是教育学的经典力作。

一、为什么要写这本书

俄国十月革命之后，由于战乱和白匪内乱，很多青少年流落街头乞讨、偷盗，犯罪成为他们维生的手段，更不用说接受教育形成正确的道德观、责任感了。收容流浪儿童、消除儿童违法犯罪的隐患成为当时亟须解决的社会问题。

就是在这种情形下，马卡连柯临危受命，担任少年违法者工学团（相当于国内的"工读学校"）的校长。工学团建立后的第一年末，根据他的建议，工学团命名为"高尔基工学团"。马卡连柯刚上任时，这所学校里的一切都是破败不堪的，就连院子里的果树都被挖走了。他即将面对的学员都是劣迹斑斑的青少年，其中的艰难可想而知。而马卡连柯从始至终都深信，是战争的爆发让这些学童变成了流浪儿童和罪犯，他们并不是天生的罪犯。马卡连柯眼中的学员只是"普通的孩子们"，他对这些别人眼中"本性难改"的流浪儿童和罪犯有发自内心的信任。这些儿童被迫流落至此，并不是因为他们本性顽劣，所有人都有奋斗和享受幸福的权利，所以在接受这项工作之初，马卡连柯就完全不对这些年轻的学员们带有偏见，他相信他与学员之间是平等的、相互信赖的。他在教育过程中完全尊重每一个学员，以饱满的热情对待学员，真正做到了将每个儿童都看作"发展中的人"来进行教育。

《教育诗》是一部不朽的教育经典，是苏联最宝贵的教育学遗产之一。此书就是马卡连柯根据自己和流浪儿童实际接触的亲身体验，分析研究各类犯罪儿童不同的心理情绪和生命历程写下的。这部如诗一般的教育著作在描写真人真事的基础上，进行了高度的艺术概括，作品塑造的艺术形象富有强烈的感染力，语言明快幽默，饱含了马卡连柯的教育理想，体现出深刻的人道主义精神。

二、尊重的力量

在高尔基工学团有一个贯穿始终的做法，那就是视特殊儿童为正常儿童，尊重与要求相结合。

《教育诗》所描写的是一群特殊儿童——流浪、犯罪儿童的学习、工作和生活，他们处于特殊的环境中，有特殊的被管理的方式。那些违法儿童在世人眼中是"本性难改、陋习难除"的，但是在高尔基工学团里，这样的想法是被禁止的。忘掉自己的过去，这是来到工学团的儿童首先要做的事情。尽可能地使初来的违法儿童忘记过去，不允许他们在任何场所讲述自己的过去，并且，工学团要求任何人包括教师、领导、参观者等，都不允许提起学生的过去。对特殊的儿童实施教育最关键也最有效的就是把他们当作正常人看待。马卡连柯设身处地为学童们考虑，能对他们的痛苦感同身受，任何一个陷入困境、求助无果、一无所有的人都会经受那些流浪儿童所经受的痛苦。不能将他们经受的痛苦当成阻止他们享受幸福的原因，正是这样的尊重和接纳，让初来工学团的学童们留了下来。

尊重与要求相结合的原则是马卡连柯著名的教育原则之一。

要求一个人是因为对他具有的能力和可能性持有尊重、抱有信任，反过来说，就是因为尊重并相信一个人所以才会对他提出要求。在这一思想主张下，马卡连柯要求自己与每一名教师都尊重儿童，日常教学和生活中，维护学生的自尊心。不揭短，成为一条需要严格执行的原则。"尽量多地要求一个人，也尽可能地尊重一个人"，严格的和切实际的要求是对个人有原则的尊重，把对个人的要求和对个人的尊重相结合，维护学生的自尊，人自尊自爱才可能创造价值。

在学童谢苗身上还有这样一件事，完全地体现出马卡连柯对学生人格的尊重。1920 年 12 月的一天，马卡连柯到监狱去领谢苗，在和监狱长办理出狱手续时，马卡连柯亲切地要谢苗暂时离开房间一会儿。那时的谢苗并不能理解当时为什么让他离开，10 年后谢苗与马卡连柯成为同事，马卡连柯才告诉他缘由。那是因为马卡连柯不希望谢苗看到那份保释条，他担心谢苗的人格会因此再一次受到侮辱。在谢苗后来的回忆中，那是马卡连柯对他温暖的人道接触，在那个他自己还没有意识到人格这一问题的年纪，马卡连柯用无声的方式，以尊重和信任润物无声地治愈了他。

三、集体的力量

集体教育贯穿马卡连柯教育思想的始终。他强调个体教育与集体教育的不可分割性。因为在对个体进行教育时，一定也会对团体施加某种影响，同时，在教育集体时也是对每一个个体的教育。特殊的儿童与正常儿童的不同之处有许多，其中一点是他们进工学团后，便朝夕与共地生活在这个集体中，因此，与正常儿童相比，集体对他们的影响更大一些。

马卡连柯的《教育诗》所描写的工学团的工作、学习、劳动等各个方面都是通过集体管理实现的。工学团建立初期，虽然第一批工学团学员已经到来，但此时的工学团学员们还不能称之为集体。因为集体并不仅是聚集在一起的人的总体，马卡连柯眼中的集体是有一致的目的，能够采取一致的行动，并且配有纪律、管理、责任等职能部门的，拥有自由意志的团体。因此，将一群"乌合之众"改变成一个集体是一个艰巨的任务。

高尔基工学团成立的前 3 年，并没有稳固的劳动组织，直到 1922 年的冬天才形成了"联队"和"队长制"。"联队"这个制度源于一次"砍柴行动"。由于上级部门没有给工学团发放冬天的木柴，只能由 20 多个学童组成一个小组去树林里砍柴，这次砍柴行动中的小组就变成了一个联队组织。"联队"这个词是革命时期的用语，当时乌克兰的游击战采用的就是联队作战的方式，学童们对这种作战的方式很感兴趣，于是，工学团开始以"联队"命名工作小组，每一个联队负责一项工作，学童可以根据自己的特长选择适合自己的联队。

由于还没有形成一定的制度，联队刚成立时的队长只能由马卡连柯任命。到了第二年的春季，联队出现规模，队内制度也得到了完善，随着越来越多地召集队长开会，学童们称这个会议为"队长会议"。新队长的人选开始在队长会议中产生，会议主要采用选举制和队长汇报制度。同时明确规定，队长不享有特权，得不到额外的东西，要和其他学童一起参与每天的工作。

经过几年的发展，高尔基工学团又成立了"混合联队"，它是一个临时性的联队，存在的时间最多一个星期，从事的劳动任务以短期形式存在。夏天是务农的时节，学童们的劳动量都很大，在完成联队任务的同时，他们也开始加入混合联队并投入其中的工作。工学团每项任务的工作时间和工作性质都不同，比如，耕作一块田地、运送肥料及播种、除草等。冬天进入农闲时期，学童们就转变成半天劳动半天学习的形式。"混合联队"的成立一方面满足了农业生产，另一方面合理安排了生产劳动。"混合联队"的成立几乎可以给每个学童提供一次担任联队队长的机会。这种组织形式不但可以让每位学童学习到农业生产中各方面的知识，也让学童的组织能力和管理能力在劳动实践中得到了锻炼。

不论是"联队""队长制"还是"混合联队"，都体现了集体的有序性，在合理安排生产工作的同时，让学童体会劳动的乐趣，并在实践中成长。工学团的这种组织形式也恰恰符合当时共产主义教育的要求。正是因为有这种组织形式的存在，到1926年，工学团里的学童都可以在劳动和工作中出色地完成任务，既可以在生产工作中更好地配合其他人工作，也可以出色地协调好整个工作的安排。

工学团是一个集体，集体因为有共同的劳动目标而激发个人的劳动潜能，个人更加注重劳动的集体利益，也更能规范个人行为。马卡连柯在多年的教育实践中不断地总结经验，形成了具有自己特色的集体主义教育原则和方法，这为苏联的社会主义教育事业提供了有力支持。

四、榜样的力量

"学高为师，德高为范。""师范"两个字在马卡连柯及其同事们身上有充分体现。教师的品行是马卡连柯在教育管理中最为强调的，其中，工作能力和实事求是的品德是一名教师最重要的品质，巧舌如簧但教学能力一无所长的教师只能得到学生们的蔑视。在马卡连柯的示范和带领下，教师们不仅注重自己的教学能力，也关心学生的日常生活，以身作则，以"言传身教"教育和感化学生。

劳动在工学团是非常重要的，半学习半劳动是工学团长期以来的教育模式。工学团里的教师们不仅在教学方面为学童们提供榜样，在劳动中也不辞辛劳、以身作则，成为榜样。一方面，劳动是特殊的儿童在受教育过程中不可缺少的一环；另一方面则是因为当时工学团财政窘迫，需要所有人通过劳动来解决温饱问题。工学团完善时期，开垦田地，饲养家畜，形成了以农业为主畜牧业为辅的劳动集体。学童根据"联队"的组织安排进行劳动，掌握了关于农业和畜牧业的知识。生产劳动所得的报酬，为工学团添置了许多教学设备，极大地改善了工学团的生活条件和学习条件。在马卡连柯"教育同生产相结合"的原则下，儿童通过集体劳动获得教育。这对学童们的精神面貌有极大改善，他们形成了劳动意识、激发了个人潜能，其中一部分学童甚至进入工农中学学习，而高等学校的学习进一步解放了学童们的思想。

在马卡连柯和学童们的共同努力下，工学团第一批考取工农中学的有7人，进入工农中学的学童会给工学团写信，放春假也会在工学团里一起过劳动节，整个学团成了一个紧密团结又充满朝气的团体。马卡连柯为工农中学输送了一批又一批学生，这些去工农中学学习的学生也为留在工学团的学童们树立了榜样。

纪律在任何一个集体中的作用都不容忽视，在高尔基工学团更是必不可少。对于这些特殊的儿童来说，纪律是尤其重要的。但是，马卡连柯提出的纪律不仅仅是生硬的命令、禁止，更多的是采取教育的艺术来维持工学团的纪律。教师榜样的作用就对严明工学团的纪律起了非常好的带头作用。在工学团，教师与学生同吃同住，一起学习一起劳动，从不搞任何特殊化。而若有教师搞特殊则会被辞退。

工学团的教师们深知，要用温情来抚慰这些身心饱受创伤的孩子们。他们将自己全部的爱都奉献给了学童们。《教育诗》中的许多场景都十分令人感动：浑身脏兮兮的、带着疮疖的儿童初来工学团，助理医生兼护士葛利高里叶芙娜毫不嫌弃，为他们清洗、换药，像母亲一样关怀呵护这些幼童；工学团的职员们像母亲一样对待年幼的儿童，这让大孩子们备受感动，于是大孩子们学着像哥哥一样爱护年幼的孩子们；马卡连柯甚至跑到医院去求情，亲自送生病的孩子去医院……这样的事例不胜枚举，生动直观地体现出教师有温度的言传身教具有重要意义。

然而，有时候教师的影响也是有限的。学生在日常学习和活动中会形成正式的或非正式的团体，他们在团体内能够完成一定的自我教育，这种教育方式无须老师参与，是教师教学无法达到的。

马卡连柯的"平行教育影响"思想在学校教育中也作用显著。所谓"平行教育影响"，就是以集体作为教育对象，通过集体来教育个人的教育方法。而且教育者对集体中的每个人的教育是同时的、平行的。要知道，学生之间的交互占学校生活的绝大部分，尤其是高尔基工学团这样的全住宿式管理，所有学童朝夕生活在一起，这种情况下，学童之间的相互影响、相互教育就显得更加重要了。

五、前景的力量

《教育诗》中有这样一段描写改造过后的工学团的场景：

任谁来看，哪里都不复几年前的破败与恶臭了，剩下的只有一派欣欣向荣的场景。整洁的外观、规范的言行和勃发的生命力，还有努力勤勉的公社学员考进了高等学校！这难道还不能称作神话吗？这样的场景出现在高尔基工学团简直就是奇迹！那么到底是什么创造了这样的奇迹呢？答案就是"前景教育"。

"前景教育"实质上就是对学生进行前途和远景教育。我们深入地思考一下就容易理解"前景"这两个字对于高尔基工学团的学童们到底意味着什么了：这些学童们因为战争而流离失所，一步步被迫走向犯罪的道路，在残酷的现实世界，他们没有能够活得好的机会和信念。向前看时，他们甚至看不到一点快乐的前景，眼前的一餐饱饭都需要他们竭尽全力，这样的境况下，有谁还能有所谓的"前景"呢？马卡连柯深谙其中的缘由，所以他不断地用话语和行动鼓励这些孩子们，帮他们重拾对教育和生活的信念。在日常教学、生活中，既严格要求每一个人，又给他们希望，不断地发掘学童们的潜力，让他们不断成长，像登山一样让学童们看得到下一个目的地，看得到自己的"前景"。

马卡连柯并没有因为自己面对的是一群特殊的儿童就将前景目标定得很低，就像他不允许别人视学童们为特殊的儿童一样，他为这些学童设计的前景与正常儿童别无二致。在工学团的日常生活中，不断地进行理想教育，让每个学生都有自己的理想，并为之努力。工程师、医生、飞行员、教师、鞋匠……很多学童都有自己的目标和理想，从考入工农中学、加入共青团组织到升入高等学校，一步步实现自己的理想。

高尔基工学团创办的 7 年多时间里，条件不可谓不艰苦，收取木柴、铁桶，到搬进特烈普凯庄园，又由特烈普凯庄园搬迁到霍尔季查岛，直至为了拯救库里亚日的三百余名学童而放弃他们辛苦经营多年的庄园和美好生活，集体搬迁到满是粪污的库里亚日，每向前一步都是对高尔基工学团所有人的严峻考验。就是在是否搬迁至库里亚日的选择中，工学团学童们更好地认识到了前景的作用和个人与集体的关系。离开已经建设得完备美好的庄园，前往一片狼藉的库里亚日让马卡连柯和学童们意识到，停滞不前就是工学团的死亡方式，想要把这个集体发展得更好就要以集体为重，向前迈步。在这个关键时刻，集体成员把集体的远景看作个人远景，他们跟着马卡连柯来到库里亚日，将遍地狼藉的库里亚日建设得欣欣向荣。这是因为，无论条件多么艰辛，马卡连柯总是鼓励学童向前看，以"前景"鼓励所有人，学童们怀着对美好前景的向往茁壮成长为国家的有用之才。

六、惩罚的力量

在工学团初创的几年中，马卡连柯一边照顾工学团学童的日常生活，一边组织学童们参加生产劳动，通过劳动凝聚人心、改变恶习，促进集体的发展，从而达到改造学童的目的。但是这个过程充满了艰辛和曲折，第一批学童刚来到工学团，他们更多地是把工学团当作过夜的避难所，其他时间还是继续做着以前的老本行，掠夺、抢劫等。刚刚进入工学团的学童经历不同，性格也不同，他们还不会自觉维护这个集体，所以滋生了许多棘手的问题。但是马卡连柯没有放弃对学童们的管教，他从生活中归纳理论，从行动中分析原因，灵活运用惩罚与奖励，致力于收容、管理和教育流浪儿童，消灭儿童犯罪现象，逐渐使学童热爱生活、热爱劳动、热爱集体。

在一次集体砍柴活动中，学童札陀罗夫挑衅马卡连柯："你自己去吧，你们人多得很。"在连续数月艰难处境的压抑下，马卡连柯打了札陀罗夫三个耳光，札陀罗夫不但没有憎恨马卡连柯，反而向马卡连柯道歉并跟其他学童一起去砍柴。从这以后，一切都在慢慢变好。其实通过这件事情不难看出学童们的心理，他们希望有人教导，希望有一个温暖的家，马卡连柯对他们进行严厉的教导，使学童们感受到被关注，这样的惩罚在学童们心中代表的是被在乎。

马卡连柯曾坦率地表明："我可以私下对大家说：我个人确信惩罚在学校里是会有好处的。"由此不难看出，马卡连柯对惩罚持赞成的态度。那么他是一个不分青红皂白只要有人犯错就实施惩罚的"暴君"吗？不是，马卡连柯所赞成的惩罚是有条件的！

一是"合理的惩罚"。何谓"合理的惩罚"呢？马卡连柯给出了解答：合法的和必要的。青少年德育中惩罚可以说是不可缺少的手段，这是让心智尚未发育完全的青少年形成正确善恶观念的必要方式。合理的惩罚制度是个体成长过程中形成坚毅性格和坚强品格的关键，一味地鼓励教育会对青少年成长带来消极影响，奖惩分明的教育才是塑造健全人格的最优方式。因此，马卡连柯认为，合法又合理地使用惩罚才能促进工学团学童德育的良性发展。

二是"惩罚要慎用"。这就涉及惩罚的使用时机问题了。在明知道惩罚不仅不会使学生受到教育，反而容易让学生形成逆反心理的时候使用惩罚，这只是在错误行使惩罚的权利罢了，在真正需要使用惩罚的情景下，惩罚更是一种义务，而非权利。马卡连柯在使用惩罚时还设定了几个条件：第一条就是在惩罚非用不可时才可使用；第二条就是惩罚的目的正当，单纯发泄式的惩罚不符合惩罚的正当性；第三条是在集体主义制度下，惩罚必须得到公众的赞同。

在惩罚对象方面，马卡连柯也有其独特见解。传统的教育观念中，惩罚"坏学生"、奖励"好学生"已经成为一条约定俗成的定律，但是马卡连柯却不只是一味地"惩坏奖好"，他关注所有学生的每一个小错误，连学生最小的过失也不遗漏，这在本质上可以说是一种预防教育。在学生优良品质的养成方面，从细节入手，从小处进行规范，而不是等小错酿成大错时再追悔莫及。

三是"惩罚要讲究方式方法"。由于集体制度在高尔基工学团具有重要地位，所以马卡连柯制定的惩罚制度需要得到集体的公认才可以实施。在教育实践中，马卡连柯的惩罚方式主要有禁闭、值勤、单独谈话、全体大会申斥、送交法院、延长毕业、集体讽刺、开除等。在施行这些惩罚时是有一定形式的，比如，在值日人员对公社社员做出禁闭的处罚时，社员必须立正并表示赞同地大声回答："是！禁闭两小时！"这种形式只是为了表明犯错者对集体制度的认同，是为了集体更好地发展和延续。虽然工学团形成了一系列惩罚制度，但马卡连柯本人呼吁还是要尽可能地减少惩罚，这样集体做出的惩罚决定才能真正地收到实效，犯错者才能真正意识到自己的错误并愿意接受惩罚。

四是"惩罚应当有一定标准"。传统惩罚中，往往采用羞辱式，或者肉体折磨式惩罚，这种惩罚方式不仅收效甚微，甚至会使学生产生奴性心理或逆反心理。产生奴性心理的学生虽然看起来很"听话"，其实是产生了"习得性无助"，然后会因一味顺从而失去自我和人格；产生逆反心理的学生则会变本加厉，在恶习之外更加顽劣，难以管教。比如，工学团成立之初有不良行为泛滥的学童，偷窃、抢劫、酗酒等积习难改，但由于当时还没有成熟的教育方法，因此对他们的惩罚不仅没产生明显的教育效果，反而促使他们做出更多的不良行为。这就是随意惩罚引起学生逆反心理的结果。所以教师在选择惩罚方式时应因人而异、因时间和环境的不同而有所变通，应本着解决问题而非引起新矛盾的原则正确地对学生实施惩罚。

12

《教育心理学》：
心理特质、心理测验与教育科学

现代教育心理学的奠基人
——爱德华·李·桑戴克

　　爱德华·李·桑戴克（Edward Lee Thorndike，1874—1949）是 20
世纪初美国著名的教育心理学家，动物心理学的开创者，被后人誉为"现代教
育心理学的奠基人"。桑戴克著作等身，一生写有著作和论文共计 507 种，在
教育心理学界的地位非常高。1912 年桑戴克当选为美国心理学会会长，1917
年又当选为美国科学院院士，1921 年还被《美国科学家》杂志评为全美排名
第一的科学家。

　　《教育心理学》出版于 1903 年，此书出版是教育心理学成为一门独立学
科的标志。在这本书中，桑戴克系统地探讨了教育教学过程中的心理学问题，
尤其是关于心理特质的测量与分布、心理特质的遗传及发展特点、心理特质的
关系、身心特质的关系、学习迁移、性别差异、特殊儿童、环境的影响、选择
的影响等问题，奠定了教育心理学的基础研究体系。在此之后，桑戴克还出版
了三卷本《教育心理学概论》，进一步深化了教育心理学的研究体系。

《教育心理学》内容短小精悍，中译本仅有薄薄的 200 页。可以说，《教育心理学》就像一本浓缩的指导手册，书中既有众多的理论罗列，也有大量的实验数据，这些理论和数据都被用来证明桑戴克提出的关于教育心理学的一些既定结论。

一、为什么要写这本书

爱德华·李·桑戴克出生于美国马萨诸塞州威廉斯堡的一个牧师家庭。年轻时，桑戴克先是在康涅狄格州的威斯莱大学获得了文学学士学位，后又考入了哈佛大学，跟随美国心理学之父威廉·詹姆斯学习心理学，并获得了心理学硕士学位。不过因为家庭原因，桑戴克没有继续在哈佛大学攻读博士学位。

1897 年，桑戴克申请了哥伦比亚大学的学习资格，转入哥伦比亚大学师范学院，跟随声名显赫的心理学大师詹姆斯·麦肯恩·卡特尔继续学习。1898 年，在卡特尔的细心指导下，桑戴克以题目为《动物的智慧：动物联结过程的实验研究》的论文，获得了心理学博士学位。论文完成后很快就以专题论文的形式，发表在美国《心理学评论》杂志上，该论文是桑戴克的成名作。

从哥伦比亚大学师范学院毕业后，桑戴克留校任教。1899 年，桑戴克任讲师，1901 年升任副教授，1903 年升任教授。正是在成为教授的这一年，他的《教育心理学》问世了。这本书让他声名鹊起，他也因此成为教育心理学的创始人。在这之后长达 10 年的时间里，桑戴克继续完善着他的教育心理学理论。1914 年，他又出版了三卷本的《教育心理学概论》，该书是历史上第一部教育心理学的系统著作，搭建起了教育心理学研究的大厦。

纵观桑戴克一生的研究生涯，他一直专注于寻找人的心理行为对学习行为的影响，及如何运用人的心理行为、学习行为的规律来改善教育。他既是一名心理学家，也是一名教育学家。

桑戴克认为，人和一些动物在生理构造上都有神经元。借助于神经元的感受、传导和塑造功能，动物、人有了联结能力。联结能力又体现为外在行为，而联结能力越强，相应的外在行为出现的概率就越高，反之，联结能力越弱，相应的外在行为出现的概率就越低。从这个角度讲，学习的过程，就是从形成联结到外在行为的全部过程。作为促进人类学习的教育，教育的目的，就是控制联结，使联结或者保留，或者消失，或者受到限制，或者改变方向。

由此可见，桑戴克对教育的认识，不是对具体教育现象的分析，而是对抽象教育目的的概括。在桑戴克教育心理学的体系中，一切教育、一切学习都可以用联结来解释。所以，要研究好教育和学习，就要探索联结的规律。由此，桑戴克总结了三条学习定律。

一是准备律。用桑戴克的原话讲，"在神经元上，当任何传导单位准备传导时，给予传导就引起满意；当一个传导单位准备好传导时，不得传导就会引起烦恼；当任何传导单位不准备传导时，勉强传导就会引起烦恼"。也就是说，以神经元为基础形成的联结，如果是在神经元准备好传导的情况下，那么，联结是好的；如果是在神经元没有准备好传导的情况下，那么联结就是坏的。把这个规律运用到学习中，如果联结是好的，那么学习者就会产生满足感，愿意继续学习；如果联结是坏的，那么学习者就会厌烦，就容易放弃学习。

二是练习律。练习律包括应用律和失用律。所谓应用律，就是指某种联结应用得越多，那么联结的强度就越大；所谓失用律，就是指某种联结应用得越少，那么联结的强度就越小。所以，如果学习是为了保持某种联结，就要不断地勤加练习。

三是效果律。按照桑戴克的说法，"凡是在一定的情境内引起满意之感的动作，就会和那一情境发生联系，其结果当这种情境再现时，这一动作就会比以前更易于重现。反之，凡是在一定的情境内引起不适之感的动作，就会与那一情境发生分裂，其结果当这种情境再出现时，这一动作就会比以前更难于重现"。意思是说，如果某种联结使学习者产生了满足感，当产生这种联结的情境再现时，联结就容易形成。反过来，如果某种联结使学习者产生了厌烦，当产生这种联结的情境再现时，联结就难以形成。

二、理论核心：心理测量的目的与原则

桑戴克试图通过联结理论找到人类学习的根本共性，但桑戴克也清楚地认识到，人与人是不同的，无论是生理素质还是心理素质，每个人都不可能完全一样。因为人的身心不同，所以产生的联结也不同。桑戴克教育心理学的研究，就是试图通过对人的生理条件和心理条件进行测量，通过数据的对比和分析，得出相应的结论。当这些结论应用于教育中时，就会使得受教育者的学习情况，最大可能地符合联结的共性。这是桑戴克教育心理学研究的意义之所在。

关于《**教育心理学**》第一章《**导论**》部分。桑戴克研究的心理学，是广义的心理学。在桑戴克看来，心理学包括许多方面，之前也有很多研究者进行了多方面的研究。桑戴克大致归纳了一下，可以分成四类：其一，关于人的本能、习惯、记忆、注意、兴趣的研究；其二，专门关于儿童心理学的研究；其三，从教

育学入手，关于人对某一类知识、某一种学科的学习心理的研究；
其四，从生物学入手，关于先天生理遗传、后天环境影响的心
理学研究。

桑戴克并非不认同这样多元化的心理学研究，但他认为，这
样头绪繁多的心理学研究，长久以来，一直缺乏一种高屋建瓴的
建构精神。在桑戴克看来，心理学的研究必须基于一定规则的心
理学实验，然后才能抽象出放之四海而皆准的原则。由此，在接
下来的第二章、第三章、第四章中，桑戴克率先说明了心理测量
的原则和方法。

关于第二章《心理特质的测量》。关于心理测量，桑戴克的
总原则是：心理特质的充分测量必须足够精确，以使我们能够得
出我们想要的结论，而且其他研究者如果做重复测量，也能得到
一致的结果。并且，测量必须非常完善，要涵盖符合测量目的所
有重要条件的全部特征。详细地说，那就是：第一，在测量前，
要预先设定测量单位，以使得在整个测量过程中，有一个稳定的
参照系数；第二，在测量中，要设计多种样本，并进行多次重复
的测量，把多次的结果综合起来分析，将测量的数值保持在一定
区间内，将测量的结果用本质问题来表达；第三，在测量后，关
于测量的数值，允许在一定程度上存在误差，但关于测量的结论，
是一定可以通过再次测量来验证的。

关于第三章《心理特质的分布》。桑戴克肯定，无论是个人
的心理测量，还是群体的心理测量，测量数值的分布都应该符合
正态分布；测量数值的平均数和中位数，不应该相差巨大。这两
条结论，很大程度上是桑戴克的假设，但到目前为止，还没有任
何实验和证据可以反证桑戴克说的是错的。

关于第四章《心理特质间的关系》。心理特质间的关系，就

是指各种心理的相互影响。在桑戴克看来，分析各种心理的影响，要比分析某一种特定的心理更重要、更有意义。各种心理的测量结果，可以用比率或系数表示，当样本和数据足够时，就可以分析测量结果之间的必然关系或非必然关系。

在以上章节的论述过程中，桑戴克还穿插着列举了一些心理测量的实例。如通过字母表测量人复杂的知觉能力，通过学生的各科成绩分析学生的辨别力、记忆力等。可惜的是，桑戴克只简略说明了实验过程，对重要的测量数值进行了分析，却并没有记录下完整的实验报告，让读者读起来，难免有些不知所云，这也是这本书的缺点。但瑕不掩瑜，桑戴克提出的心理测量的目的和原则，才是这本书的要领。毫不夸张地说，如果心理测量不能符合这样的目的和原则，也就没有了指导教育的可能，更失去了促进教育的意义。

三、主要内容：心理测量的多种情况

《教育心理学》这本书共有 15 章，中间的 9 章分门别类地说明了心理特质测量的多种情况。

从生物遗传学的角度讨论个体心理的不同。 因为生物遗传的不同，所带来的个体心理也就不同，也就是说，每个个体的人与生俱来的品质、特质或能力等都不相同，桑戴克将此称为生物的"原始本性"。生物个体的原始本性，一部分由性别决定，一部分由远祖或种族决定，一部分由近祖或家族决定，还有一部分由未知的因素决定。除了未知的因素外，在桑戴克看来，其他的决定因素都是可以有效测量的。

在总结了其他心理学家的实验情况以及自己做的一些实验验

证后，桑戴克认为，人心理上的不同，在一定程度上取决于先天因素，后天的影响只是刺激了人的先天的某些心理特质，外在显现了出来，或者被隐藏了而已。由此，桑戴克说，"在大多数情况下，环境所起的作用不是作为一个塑造力量，而是作为一个刺激和选择的力量"。

那么，从教育学的角度看，有些人的心理特质是好的，后天教育就要想方设法地将这些好的特质引导出来，比如天生有艺术才能的人、天生有领导能力且毅力韧性都很强的人；有些人的心理特质是不好的，后天教育就要尽可能地将这些不好的心理特质压制下去，或者努力改变，比如阅读障碍有很大的遗传性，对可能遗传有阅读障碍的受教育者，后天就要强化其拼读训练。

个体心理形成差异的要素。桑戴克通过大量的实验测量数据，说明了个体心理在发展中形成的差异。在桑戴克看来，性别对心理的影响是很大的。桑戴克搜集了许多实验测量的数据，如8～14岁男孩和女孩的能力、15～17岁男孩和女孩的能力，证明了性别差异影响的必然存在。由此，桑戴克反对在教育中消弭性别差异，男孩就是男孩，会有更强的战斗力，女孩就是女孩，会有更强的护理能力，这根本不是坏事。教育要做的，是维持、鼓励、提高学生由性别带来的心理优势，而不是让男孩的心理接近女孩的心理，女孩的心理接近男孩的心理。

随着年龄的变化，人的心理也会变化。不能否认，人的很多心理，是生理到了一定年龄才能够显现出来的。但是，人的生理年龄不可能等于人的心理年龄。所以，在桑戴克看来，年龄与心理间的关系，只能通过对个体测量的方式，确定在一个人的身上，生理年龄越大，心理年龄也会越大，这是同向发生变化的，而不会生理年龄越大，心理年龄越小。所以说，我们绝对不能冒进地认为，同样年龄的人都具有同样的心理发展水平。所以，在教育中要具体问题具体分析，分析的就是后天环境给人带来的影响。

后天环境对心理的影响。为什么要讨论后天环境的影响呢？桑戴克用了双胞胎的例子来说明。对于同性双胞胎，两个人的性别相同，远祖或种族、近祖或家族也相同，但如果把两个人放在不同的环境中，等他们长大之后，两个人的心理就会出现差异，这就是后天环境的影响。

桑戴克把后天环境的影响，分为一般环境的影响与特定环境的影响：对于一般环境的影响，桑戴克举了一个经典的例子，那就是，不同的学校环境、不同教师的不同教学方法、不同的班级规模，对受教育者的心理影响都不相同；特定环境的影响，其实就是特定条件的影响。桑戴克认为，某些特定的条件可以影响人的心理，进而提高人的心理素质。

不过需要说明的是，桑戴克的关注点，并不是具体的"影响"，而是抽象的影响原则。在桑戴克看来，之所以会对人的心理产生影响，是因为后天环境中的某种情境，在根本上影响了联结。

特殊儿童的教育问题。桑戴克在这本书里所说的特殊儿童，指的是"弱者"，尤其是智力上有缺陷的儿童。尽管有些词说起来不好听，但桑戴克直言，这些在医学上被命名为白痴的儿童，其先天和后天的生长因素都有很多特殊的地方，是值得教育心理学进一步去研究的。桑戴克绝不是歧视特殊儿童，而是希望通过更精确的心理测量方式，更有针对性地进行研究，弄清楚特殊儿童先天究竟有着怎样的不足，才能有的放矢，设定有效可行的改善方法，以使特殊儿童不至于被教育所抛弃。

13

《教育思想的演进》：
教育学、社会学的交叉研究之作

19 世纪西方三大社会学家之——涂尔干

　　法国社会学家和教育家涂尔干（1858—1917），是社会学的奠基者，同时也是教育社会学的创始人。涂尔干的研究方向多元，代表作很多，有《社会分工论》《社会学方法论》《自杀论》《教育与社会学》等。涂尔干还创办了《社会学年刊》，并以此为阵地，组成了著名的"涂尔干学派"，对社会学中功能学派的发展，有着极其重要的影响。《教育思想的演进》是涂尔干教育社会学的代表作，是史学界公认的社会史的开山之作。这本书本是涂尔干讲授"法国中等教育史"课程的讲稿，该课程最早于1904年开设，后来还成了法国"大中学校教师资格考试"的专业理论课程。

　　涂尔干最显著的身份是社会学家，他与马克斯·韦伯、卡尔·马克思共同被誉为19世纪西方三大社会学家。涂尔干的社会学理论体系在社会学史上独树一帜。他力图使社会学建立在科学研究的基础上，确定了社会学的研究对象是"社会事实"。而且，涂尔干完善了社会学的研究方法，让社会学首次登上大学讲台，使社会学获得了相对独立的学术地位，他因而被称为"社会学的真正奠基者"。

涂尔干的教育学说是建立在社会学理论的基础上的。他曾说："教育从其起源、功能来看，是一种突出的社会现实，因此，教育学比所有其他科学更加紧密地依存于社会学。"可见，在涂尔干心中，教育首先是一种社会事实。

一、为什么要写这本书

涂尔干从小天资不错，一直是成绩优异的学生。他的教育历程既简单，也稳定。1879 年，涂尔干考入巴黎高等师范学校，主攻哲学，但他对政治问题和社会问题也有浓厚的兴趣。1885 年到1886 年，涂尔干给自己放了一年假，这一年他去了德国访学。德国大学生机勃勃的面貌及德国社会学、经济学思想，给涂尔干留下了深刻的印象。涂尔干回国后，发表了几篇有关旅德见闻的文章，如《社会科学的最近研究》《德国的道德实证科学》《德国大学的哲学》等，颇有见地，引起了法国教育当局的注意。

1887 年，法国教育部在波尔多大学文学院开设了"社会科学"一科。涂尔干被任命为社会科学和教育学教授，主讲相关课程。这是法国大学第一次公开承认"社会学"是一门学科，是社会学发展的一个突破。半个世纪之前，尽管孔德创立了社会学，但没有确立社会学的学术地位，而涂尔干在法国学术界为社会学打开了突破口，为社会学在人文科学中争得了一席之地。

1902 年，涂尔干去了巴黎，在巴黎索邦大学教育学系任职。1906 年起，涂尔干主持该系工作。1913 年，教育学系更名为教育学和社会学系。社会学终于在法国最有声望的大学中被认可了。涂尔干面临的是如何让社会学被社会更广泛地承认和接受。涂尔干把他的大部分精力，都放在了他所创办的《社会学年刊》上，此刊物每年都发表大量有价值的研究文献和评论，并以此为中心，聚拢了大批年轻的学者，开展学术争鸣，由此形成了社会学精英团体——"涂尔干学派"。可以说，这一时期是涂尔干学术生涯的黄金时期。

涂尔干的理论体系不是凭空架构起来的，而是积极吸收了已有的研究成果。

关于社会学，涂尔干曾研读过孔德、斯宾塞的社会学方法。一方面，涂尔干秉承了法国哲学家孔德以实证方法来研究人与社会的学术追求。他发展了孔德的实证主义，认为社会学"解释的是与我们近在咫尺，从而能够对我们观念和行为产生影响的现实实在，即人"。另一方面，涂尔干同意英国社会学家斯宾塞将社会比作生物有机体的看法，但他不同意斯宾塞说的"社会的个性就是人的个性的集合"，他认为，社会属性与人的属性不能等同，社会的运行更复杂，应该考虑的因素更多。

关于教育学，涂尔干研究了教育史和教育思想史。涂尔干把前人提出的教育目的论分为两类：一类以德国哲学家康德的理论为代表，另一类以英国哲学家穆勒的理论为代表。在涂尔干看来，这两类目的论都存在缺陷。康德认为教育"使每个人都得到他所能达到的充分完善"，涂尔干认为这是难以实现的；穆勒认为教育"使个体成为一个为自己和同样的人谋幸福的工具"，涂尔干认为这种解释更是虚妄。

那么，在这些基础上，涂尔干是怎样看待教育的呢？

涂尔干认为："教育是年长的几代人对社会生活方面尚未成熟的几代人所施加的影响。其目的在于，使儿童的身体、智力和道德状况都得到某些刺激与发展，以适应整个政治社会在总体上对儿童的要求，并适应儿童将来所处的特定环境的要求。"也就是说，教育要培养社会中的"我"，要培养社会中的人。

如果我们带着这样的视角去看涂尔干的《教育思想的演进》，就不难理解他在书中寓于的褒贬之意了。其中，哪些教育思想是值得肯定的？哪些教育思想是需要改善的呢？涂尔干把教育看作社会事实，社会在发展，教育也要与时俱进，这样才能满足社会发展的要求。涂尔干说："只有细致地研究过去，我们才能去预想未来，理解现在。"由此，他站在社会历史发展的宏观背景中，基于历史的视角，展示了法国教育的发展全景。

涂尔干所处的 19 世纪后半叶和 20 世纪初期，正是资本主义经济迅速发展和扩张、法国内外形势动荡的时期。涂尔干曾说："我们正经历一个危机的时期，历史上最严重的危机莫过于近百年的欧洲社会。传统的集体纪律丧失了权威，这从公众良心的涣散以及由此产生的公众普遍的忧虑中可以看见。"正是为了解决这些让人头痛的问题，涂尔干才试图从教育入手，为培养社会的人而努力。可以说，涂尔干的教育思想也是时代的产物。

与其说《教育思想的演进》是一本"社会学的书"或"教育学的书"，不如说《教育思想的演进》是一本"历史学的书"反倒更贴切。涂尔干在此书第一章的最后说："只有在过去当中，才能找到组成现在的各个部分。有鉴于此，历史倘若不是对现在的分析，又能是什么呢？"带着这样的疑问，涂尔干考察了 8 世纪至 19 世纪法国的教育制度和教育观念，几乎涵盖了从早期教会教育到当时教育现状的全过程。从历史的角度，涂尔干一方面分析了教育制度的实践，另一方面讨论了教育观念的发展，勾画了一幅法国教育史的图卷。

二、具体内容：法国教育的形成与发展

依据《教育思想的演进》涂尔干设计的章节名称和论述的具体内容，可以将法国教育的发展分为六个阶段。

第一阶段，早期教会与教育。依据涂尔干的判断，法国教育体系的起点可以追溯到基督教早期教会时期。或者说，出于推广、宣扬和维护基督教义的需要，早期教会开设的学校，充斥了整个教育体系。涂尔干说："基督教本质上就需要教育，没有教育它无法维持下去。"所以，学校一开始就具有宗教性，但教会学校一旦形成，也会主动表现出越来越强的世俗性。

教会学校会讲授一些文法、修辞和辩证法，探讨的是思维及其表达的一般形式，很大程度上，这些是远离具体知识的无用之学，目的只在于让人们更好地洞察《圣经》的诸般奥秘，从而更加虔诚地信仰基督教。

第二阶段，加洛林文化复兴。涂尔干认为，一个有组织的大型社会，需要更强的意识和更多的反思，也就需要更多的教育与知识。因此，随着加洛林帝国的创立，必然产生一系列重要的教育改革，即形成了纵向的、有梯度的教育体系，并大幅度地普及和推广。

加洛林时代的教育体系中，学校包括三个梯度：底层是堂区学校，教最基础的知识和技艺；次高级是主教堂学校和大修道院学校；顶层是精英阶层的模范学校，即宫廷学校，所学范围几乎涉及人类知识的所有领域。

加洛林时代，教育的最高目标是对知识的总体把握，也就是百科全书式的教育。为了实现这样的总目标，知识被分为七大门类，也称"自由七艺"："三科"，即文法、修辞、辩证法；"四艺",即几何、算数、天文、音乐。"三科"面向人的心智,"四艺"面向世界万事万物。"三科"与"四艺"的不同价值取向,意味着人文主义与科学主义的分野。

在加洛林文化复兴时期的课程体系中,文法的讲授占绝对优势。这一时期完全可以称为文法时期。这一时期仍然受宗教的巨大影响,"所有学问最终都要依赖于对经文的阅读和理解"。涂尔干并不反对这个,他认为,每一种语言都有内在的逻辑,发掘、展示这种逻辑,就是文法要做的事情。

第三阶段,经院哲学与巴黎大学。12 世纪初,法国进入卡佩王朝统治时期,巴黎成为首都,1200 年建立巴黎大学。巴黎大学的重要性体现在:一方面,巴黎大学是法国教育体系的基石;另一方面,巴黎大学能充分体现中世纪的法国社会精神。

涂尔干回溯巴黎大学的起源,研究它的形成经过。涂尔干认为,巴黎大学具有中世纪法团的特征,这是"一些享有特权但却受制于严格纪律约束的群体",与大多数手工业行业中的师徒制没有什么差别。或者说,巴黎大学是兼具教会性与世俗性的团体,它以学者的姿态,将理性引入教义之中,教义再用理性形式表达出来。

随后,巴黎大学分化出四个独立院所:神学院、法学院、医学院、艺学院。前三个院系以培养学生专业技能为宗旨,艺学院则是基础院系,带有预科性质,要先经过艺学院的教育,才能进入其他院系。

涂尔干重点研究了艺学院的发展。那么,为什么艺学院如此重要呢?原因就在艺学院讲授的主要内容——辩证法,辩证法在当时被认为是学问之王。在涂尔干看来,作为基础院系的艺学院,它所实施的教育算不上真正意义上的高等教育,而应该算中等教育，以培养学生的心智为教育目标，实际上作用和意义更大。

此外，涂尔干还分析了全膳宿制教育体系形成的过程，就是学生在学校的衣食住行，也要尽可能整齐划一；论证了学院的学位制度和考试制度是法团组织的产物，法团组织以法团主义为内核，目的是将各种社会团体有序化。最后，涂尔干通过事实说明了 12 世纪至 15 世纪在教育理论、组织和实践方面是一个创新的时期。

可以说，巴黎大学从无到有、从小到大，学术研究中心固定化、教学课程稳定化、考试制度规范化、学位体制健全化等，都有利于社会思想的交流与探讨、有利于社会精神的可持续发展。巴黎大学的创立与发展对法国乃至整个欧洲的教育都产生了深远的影响。

第四阶段，文艺复兴。在涂尔干看来，文艺复兴一开始便展现出了革命的姿态。随着法国社会市民阶层的崛起和商业的繁荣，人们越来越青睐优雅的生活，追求高雅的生活品位，对过去的生活方式不以为然，这是社会发展与文明进步的体现。

众所周知，文艺复兴是一场反映新兴资产阶级要求的欧洲思想文化运动，而这一切，也与教育紧密相关。涂尔干研究了文艺复兴兴起后法国的两大教育思潮。一是以法国文学家拉伯雷为代表，主张教育应发展个体自由，反对约束和纪律，鼓励通过通识教育的方式来实现人的全面发展。二是以尼德兰（今荷兰和比利时）史学家伊拉斯谟为代表，认为学习知识不是教育的目标，而是手段与途径。伊拉斯谟曾说："任谁得享文名，吾将敬为天神"，他认为文学才是最有教育作用的学科。

后者常被称为人文主义教育。在涂尔干看来，人文主义教育有潜在的缺陷和危险，这样的教育具有贵族统治的性质，它致力于塑造的那种社会，始终以贵族为中心；然而对于大多数人来说，维持生存才是高于一切的需要。所以，人文主义教育华而不实、缺乏实用性。

第五阶段，耶稣会。16世纪中叶，耶稣会法团的创立，打破了巴黎大学法团的垄断地位。耶稣会法团迅速在学术生活中成为霸主，法国教育又一次落入宗教的掌控之中。

但从教育的角度看，耶稣会坚持人文主义与现实主义相统一的立场，强调学生个体化发展。而且，耶稣会提供的是免费教育，它的膳宿制度非常严格，众多学生同餐同寝、同读同烛，实行导师制，建立了浓厚的情感认同和学术认同，由此在社会的中下层夯实了完整的普通教育的基础。

此外，涂尔干还比较了耶稣会与巴黎大学的近似之处，以及二者在教育立场、教育手段上的差异。涂尔干认为，在教育风格上，耶稣会更具有执行力，巴黎大学更温和些，但两者是并存的，而且还相互影响。

第六阶段，从大革命时期到19世纪。以捷克民主主义教育家夸美纽斯的教育理论为起点，涂尔干论述了现实主义者的教育理论。现实主义教育赋予科学知识教育重要的地位，还引入了关于社会的科学，尤其是"教育人民牢记自己的精神生活固然是很重要的，但是也绝不能丧失对世俗生活和公民生活的关注"。现实主义者的教育理论的影响体现在两个方面：一是强调科学在教育中要发挥主导作用；二是教育的宗旨在于确保社会的有效运行。

到了18世纪，法国大革命后出现了新的教育建制——中央学校被确立了。对中央学校的教育体系，当时的教育家们持两种观点，有的主张建立专门的职业教育体系，有的主张讲授的科目要多样化，但体系需要整齐划一。在涂尔干看来，大革命时期的教育改革其实是失败的。

三、核心问题：个体性与社会性；人文学科与自然学科；古典主义教育与现实主义教育

涂尔干说过，"我将作为社会学家与大家一起讨论教育"，可见，他的教育学思想是他的社会学思想的组成部分。

第一个议题：在教育演进的进程中，教育的社会性如何体现？

涂尔干认为，"教育无论根据其根源，还是其功能，都是一种杰出的社会客观存在"。在每一种社会里，教育都会根据不同的社会环境而变化，但教育的根本宗旨是让年轻一代社会化。或者说，社会影响教育制度，教育制度又表现社会，并且满足社会的需要。涂尔干对加洛林文化复兴、文艺复兴时期教育的研究，对巴黎大学、耶稣会的批评等，都是从这个根本点出发的。

进一步说，教育使人从个人存在，变为社会存在。也就是说，教育的目的在于将个人培养成为社会的一分子。个人存在是个体的"我"，个体的"我"是由与个体自身、个体生活中的事件有关的精神状态组成的人格；社会存在是社会的"我"，社会的"我"是个人的社会思想、习惯和情感的总和。当然，教育培养社会的"我"不是要完全扼杀个体的"我"，而是要遏制那些不利于社会发展的个体的"我"的自私自利人格。

第二个议题：在教育人成为社会的人的过程中，人文教育与科学教育，都应起到怎样的作用？

涂尔干用心智世界、物理世界来区分人文与自然，前者是人世的现象，后者是自然的现象。同时，前者是文艺复兴以来人文

教育者看重的，在涂尔干的年代，它仍在教育界占有举足轻重的地位。后者是 18 世纪中期以来确立的科学教育所看重的，此后日益得到人们的重视。

涂尔干批评当时的人文教育，认为在人文教育中，文学与审美的内容比重过大，不仅导致教学形式化，而且"蕴含着不道德的萌芽，或者至少是低级道德的萌芽"，只会培养出以自我为中心的封闭的人。真正的人文教育所着眼的，应该是培养能够体会到人性、历史和社会复杂的人，只有这样才能培养人适应社会。

相比于人文教育，涂尔干对科学教育的评价要好些。值得注意的是，涂尔干所说的科学教育，不仅包括物理学、化学、生物学等自然科学，也包括心理学、社会学、历史学等人文科学。在涂尔干看来，科学教育的目的是帮助人们认识到自己在自然、社会秩序中的位置，培养出一种新的看待自身和社会的方式，由此再来思考，我们想要过怎样的生活，我们想要生活在怎样的社会中，想要成为怎样的人和公民等。

涂尔干还总结了人文教育与科学教育的利弊，分析了两者未来的发展方向。人文教育与科学教育不应该是对立的，涂尔干指出："在处理人的世界的学科和处理事物的世界的学科之间，决不存在什么固定的鸿沟。事实上，它们相互包含，殊途同归。"人文教育与科学教育有共同目标，那就是实现人的全面发展。

第三个议题：古典主义教育与现实主义教育如何调和？

古典主义教育侧重于对人内心世界的建构，现实主义教育侧重于对外在世界的探究，两种不同价值取向的教育思想，必然存在冲突。在涂尔干看来，以拉伯雷和伊拉斯谟为代表的古典主义教育者，他们的最高追求是通过文学和审美，培养人的优雅气质和高尚人格。现实主义教育则通过教给学生各种具体的、实际的有用知识，满足人们的社会需求。尽管现实主义教育意义很大，但在法国大革命时却没有成功实施，以中央学校为代表的教育改革成果，最终以破产告终了。

涂尔干指出，古典主义教育与现实主义教育的对立，是导致法国教育体系混乱的根源之一，所以应该合理地调和两者，而非使两者水火不容，彻底否定对方。要发现两者的内在关联，以古典主义教育的人文导向影响现实主义教育，再从现实主义教育中汲取理性主义精神和逻辑思维方式，从而促进教育的全面发展。

涂尔干提出的这些问题，不仅在他所处的时代具有重大意义，至今也是西方教育界共同关心的问题。很多西方学者试图在涂尔干的基础上，建立起更完善、更具可行性的社会教育学理论，为当代社会贡献更有益的学术力量。

14

《教育人类学》：
"非连续性教育"的基本思想及现实意义

教育人类学的创始人之一——博尔诺夫

O.F. 博尔诺夫（Otto Friedrich Bollnow，1903—1991），德国教育学家、哲学家、教育人类学家，教育人类学的创始人之一，也是教育哲学的奠基人之一。他最大的学术成就，就是以哲学为统领，将人类学、教育学结合在了一起。在他的研究中，既有哲学的批判意识，又有人类学的宽阔视野，围绕"人"来思考教育问题。可以说，博尔诺夫既通过哲学提升了教育研究的高度，又通过人类学拓宽了教育研究的广度。此外，他还提出了一系列的新观点，至今仍在全球教育界有着极大的反响。

《教育人类学》是博尔诺夫根据他在日本玉川大学做的一系列演讲的演讲稿整理而成的。所以，此书最先出版的是日文版，后来在补充的基础上，才出版了德文版。中文版由李其龙等学者依德文版翻译而成，由华东师范大学出版社于 1999 年出版。博尔诺夫在日本讲学时已近中晚年，那时的他思想已经成熟了。这本《教育人类学》基本综合了博尔诺夫的教育思想，是他研究成果的集合体。

一、为什么要写这本书

O.F. 博尔诺夫有着非常传奇的学术经历。博尔诺夫出生于 1903 年，去世于 1991 年，他的一生几乎贯穿了整个 20 世纪。

博尔诺夫是一位拥有物理学博士学位的教育哲学家，博尔诺夫在哥廷根大学学习物理学，师从诺贝尔奖得主马克斯·玻恩（Max Born）。马克斯·玻恩是德国犹太裔理论物理学家、量子力学奠基人之一。博尔诺夫在他的指导下，完成了一篇关于"晶格"的博士论文。如果博尔诺夫继续他的物理学研究，也许就会成为一名优秀的物理学家。

博尔诺夫曾在 1927 年至 1929 年，一直跟随马丁·海德格尔（Martin Heidegger）听课学习。海德格尔是存在主义哲学大师，博尔诺夫受到海德格尔存在主义的奠基之作《存在与时间》的影响。尽管海德格尔的《存在与时间》是一部未完成的著作，但他在其中提出的观点是振聋发聩的。海德格尔认为，任何人只有意识到死亡，才真正算是在活着。也就是说，要先肯定死的存在，才能肯定生的存在。不过，博尔诺夫并不完全认同海德格尔的观点，而是批判性地继承。在博尔诺夫看来，被称为"死亡哲学家"的海德格尔的观点太消极了。在《教育人类学》这本书中，博尔诺夫列有《克服存在主义》一章，声明了他的观点。在博尔诺夫看来，人都会死，但人不能被动地听天由命。从理论上说，人不能简单、消极地看待存在，而应该积极地寻找存在，再确定存在主义哲学意义上的存在。在现实生活中，人要对生活抱有信心和希望。此外，博尔诺夫还写有《存在哲学与教育学》，从存在主义的角度切入，提出了他创新的一个观点，即"非连续性教育"。

博尔诺夫还受到了德国另一位哲学家威廉·狄尔泰（Wilhelm Dilthey）的影响。狄尔泰是生命哲学的创始人。狄尔泰将自然科学与精神科学进行了严格的区分，将生命解释为神秘的心理体验，也就是精神科学哲学。博尔诺夫曾系统地研究过狄尔泰的思想，还写了一本名为《狄尔泰：其哲学的入门》的专著。在《教育人类学》的第一章，博尔诺夫就回顾了生命哲学、精神科学哲学，博尔诺夫认为这些哲学思想对德国教育学的发展产生过直接的影响。

博尔诺夫自称是狄尔泰学派，还有一个重要的原因，那就是，博尔诺夫在哥廷根大学时做过诺尔的助教，而诺尔正是狄尔泰的嫡传弟子。在《教育人类学》一书中，博尔诺夫将诺尔的思想归入文化教育学，评价了诺尔在"从个别教育到社会教育"的研究中所做的贡献。诺尔写有一本名为《性格与命运》的著作，副标题是"教育以人为主"。正是诺尔的这本书，开启了德国教育人类学研究的先河。由此，我们可以看出从狄尔泰到诺尔，再到博尔诺夫的一脉相承。

博尔诺夫思想的闪光点，就在于他的思想是哲学与教育学的集成。尤其是，他从哲学中对"人"的讨论出发，从人的存在、人的生命、人的精神等方面，深入研究应该如何教育"人"这一问题。博尔诺夫曾说："在哲学中，我最感兴趣的，首先是直接与生命有关的实践领域：伦理学、美学、历史哲学、精神科学的方法论以及特别是成为哲学人类学的一切。在哲学史方面，我首先探讨过去时代中能反映现代焦点问题的思潮：生命哲学、现象学、存在哲学。在教育学中，我特别感兴趣的是一般哲学基础，特别是哲学人类学问题，因此我的研究领域，最好称为教育人类学领域。"由此可以看出，博尔诺夫最感兴趣的，就是哲学与教育学交叉在一起的领域。

《教育人类学》，正是博尔诺夫哲学与教育学交叉研究的成果。因为初稿是演讲稿，所以无论是讨论哲学问题，还是分析教育学问题，博尔诺夫都尽可能地深入浅出，文章中很少有艰深晦涩的词汇。这与那些古板且深文奥义的德国哲学专著相比，有着天壤之别。《教育人类学》这本书很薄，中文译本仅有133页，11万字。各章内容相对独立，但前后之间的衔接非常自然。

二、教育人类学的研究方法：从哲学人类学到教育人类学

"教育人类学"，这不仅是个书名，更是个研究领域、研究范畴、研究学科。那么，到底什么是"教育人类学"呢？

教育人类学始于19世纪末20世纪初，是多学科相互渗透的学术产物。如果我们给"教育人类学"下个定义的话，那就是：教育人类学是介于人类学和教育学学科之间的一门边缘性学科，是一门把人类学的概念、理论和方法应用到教育领域，从宏观和微观、现实和观念等方面，来描述和解释教育现象、教育事实和教育问题，以揭示教育与人、教育与文化、社会文化与人之间相互影响和相互作用的应用性学科。

从学术史的角度来看，教育人类学有不同的流派。归其根源，教育人类学研究之所以有不同流派，是因为人类学研究有不同的流派。那么，什么是人类学呢？泛泛来说，一切关于人的理论，

都属于人类学。在研究"人"的时候，既有具体的研究，也有抽象的研究。一方面，偏向于具体研究的，是文化人类学，如研究人生命进化的考古人类学、研究人生物体质的体质人类学、研究人思维语言结构的语言人类学、研究人社会文化及民族文化的社会文化学等。另一方面，偏向于抽象研究的，是哲学人类学。哲学人类学试图回答"人是什么""何以为人、以何为人"等终极问题，旨在重建人的概念、树立人的意义，为人类的一切行为、活动、文化等，找到最终的、结论性的、详尽的解释和论证。

在文化人类学与哲学人类学的基础上，美国学者侧重于前者，形成了文化教育人类学派；德国学者侧重于后者，形成了哲学教育人类学派。虽然两学派的研究对象都是教育和人，都关注社会、文化与人的教育和发展的关系，但比较看来，文化教育人类学派更强调文化传播与个人发展的关系，注重具体民族、个人与具体的教育问题；哲学教育人类学派更强调人的完整性与教育的关系，注重一般意义上的人的教育问题，而出身德国哲学的博尔诺夫，正是个中翘楚。

在博尔诺夫看来，他的研究是尝试把哲学人类学的研究，卓有成效地应用在教育学中，是"教育学的人类学观察方式"。所以，他不认为教育人类学是教育学的补充，而认为教育人类学是一个独立的研究领域、研究范畴、研究学科，是从教育角度对各种有关人的科学的综合研究。教育人类学要站得比教育学更高，看得比教育学更远，教育人类学研究是一种更有意义的尝试。

在这本书中，博尔诺夫探讨了哲学人类学的三大研究原则，作为"教育学的人类学观察方式"。

一是哲学人类学的还原原则。所谓"还原"，就是指要把研究的视角还原到"人"，要瞄准人，要聚焦于人。在哲学人类学家看来，文化的形成过程可以理解为人的真正意义上的生产性过程，所有的一切文化，诸如国家、宗教、法律、经济、科学、艺术等，都是人创造出来的，如果离开了对人的讨论，那么文化研究就是无根之木、无源之水。所以，我们必须从人的角度去理解文化。

二是哲学人类学的工具原则。工具原则是对还原原则的逆推。意思是，还原原则是从人的角度去理解文化，工具原则是将其颠倒过来，即从文化的角度去认识人、理解人、思考人。在博尔诺夫看来，一方面，尽管人创造出文化，但文化一旦生成，文化就具有了客观性，就会成为一种客观的存在。另一方面，人不能通过反省来认识自己，只能绕道通过自身的客观化，也就是文化来认知自己。所以，文化可以作为考察人的工具，这就是工具原则。

三是哲学人类学的解释原则。博尔诺夫指出，"并非一切人类生活现象都是可以从文化出发来理解的。其中有些现象是直接同生活本身联系在一起的，而同它的文化客观化无关。这方面包括某些身心结构的特性，例如情绪、感情、本能等"。有鉴于此，博尔诺夫提出了第三个原则，即解释原则。这个原则有两个层面的含义：首先，认为人的一些生活现象不仅是不可缺少的，而且是有意义的；其次，通过对这些生活现象的理解，就能获得对人的认识，并在整体上对人的本质作出解释。

尽管解释原则是博尔诺夫在还原原则、工具原则的基础上提出的，但三者相辅相成、紧密结合。还原原则与工具原则犹如一体两面，相互依托，两者本身也离不开解释原则。从这个意义上讲，解释原则是覆盖性的，是哲学人类学研究处处都要用到的原则。《教育人类学》的第8章《人类学对空间的解释》、第9章《人类学对时间的解释》、第10章《人类学对语言的解释》，就是博尔诺夫对解释原则的具体应用。

人与空间的关系及其对教育的启示。在第 8 章《人类学对空间的解释》中，博尔诺夫讨论了人与空间的关系及其对教育的启示，博尔诺夫的观点可以分为以下三个方面。

其一，博尔诺夫从客观空间出发，认为人与动物是不同的，人一直保持着直立行走的方式，由此有了垂直方向的上、下的认识。人人都宁可在上面而不愿意在下面，由此有了上、下的道德意义。在上，意味着保持正直的品质；在下，意味着黑暗，这就给教育提出了要求，即要培养人努力向上的精神。

其二，博尔诺夫从存在主义角度出发，认为人要突破任意空间的存在，努力到达安全空间。从生活角度来说，人要努力给自己一个家；从教育角度来说，教育要培养人的归属感，而不是让人随波逐流。

其三，安全空间俗称为"家"，人是社会动物，不能一直蜗居在家中，要走出家门，进入外部空间。外部空间是未知的、有风险的，教育应鼓励人面对风险时要有胆量和勇气。如果能在精神上坦然面对一切，那么对于人来讲，所有的空间就都是自由空间。

时间对教育的启示。在第 9 章《人类学对时间的解释》中，博尔诺夫讨论了时间对教育的启示。博尔诺夫看到人对待时间的态度是千差万别的，客观时间对人都是一样的，不一样的是人的心理时间。从短时间的角度来看，教育要教会人与时间保持适当的协调，既不要停留在时间要求的后面，也不要不耐烦地赶到时间要求的前面去。也就是说，教育要教会人合理安排时间，人的生活才能有条不紊。从长时间的角度来看，教育要教会人不忧过去、不惧未来，也就是接受过去、规划未来，永远抱有期待和希望。从教育本身的角度来看，教育也要在时间之中，既不能拖延滞后，更不能揠苗助长。

语言与教育的关系。在第 10 章《人类学对语言的解释》中，博尔诺夫讨论了语言与教育的关系。博尔诺夫同意"每种语言都包含着一种特殊的世界观"的观点。在博尔诺夫看来，语言让人认识了世界，或者说，语言给人提供了世界的框架，人在以后的生活中会慢慢充实它。所以在教育过程中，教什么语言内容、先教哪些语言内容，后教哪些语言内容等问题，都是非常重要的。而且，语言是有声的力量，人通过语言才能表达自己，所以教育要教人学会适当的语言表达，来造就自我的意义。

博尔诺夫将哲学人类学对空间、时间、语言的解释与教育联系了起来。可能我们会感觉内容有点牵强，因为博尔诺夫的论述都是抽象理论层面的思辨，而不是具体的教育实践。博尔诺夫在《教育人类学》一书的结束语中对此做出了回应，"这样的教育人类学虽然不提供可供利用的完备方案，但它把教育活动升高为自身的意识，它使教育活动摆脱了偶然条件，扩大了教育者的视野，使之看到教育过程中参与起作用的全部关系，对这个教育有一个更深刻的理解"。通俗来讲，尽管教育人类学的研究不能直接用于指导教育实践，但是，教育人类学的研究是抽象地透视了全人类的教育，可以深化教育学的深度，提升教育学的高度，拓展教育学的宽度，使教育学有所超越。实事求是地说，博尔诺夫教育人类学的立意非常高远，这也是他的成就之所在。

三、主要思想：人的可教育性

博尔诺夫之所以能从各个角度对教育侃侃而谈，在于他的根本思想，就是人的可教育性。

这个观点倒不是博尔诺夫首创的。在博尔诺夫之前，捷克教育家夸美纽斯就提出：人是可教育的动物，"人不受教育，就不可能成为一个人"。德国哲学家康德也说过，"人是唯一必须受教育的造物"。荷兰教育家兰格维尔特指出，"人是可以教育的动物，是能教育而且需要教育的生物，这一点本身就是人的形象的最基本标志之一"。

在以上观点的基础上，博尔诺夫提出了"人乃文化生物"的观点。所谓"文化生物"，是人作为特殊的生物，与其他动物是不同的。"文化生物"的意义在于两个方面。一方面，和其他动物相比，人的弱点在于身体方面有缺陷，很难抵御大自然的一切。比如，人没有厚厚的皮毛，无法抵御寒冷；人类婴儿期极度虚弱，在很长的时间内都离不开母亲的哺乳，等等。从这些角度来说，人必须在人工创造的环境中接受教育，才能继续生活下去。另一方面，人的优点是有优质的大脑，而优质的大脑是人能接受教育的客观保障。由此，博尔诺夫认为，人的可教育性的根源，完全在于人的身体。

博尔诺夫还提出了两点教育观。其一，高龄阶段的教育。其实就是我们常说的终身教育。教育对人而言，不是哪一个年龄段的问题，而是人的一生都要接受教育。因为人始终都在向更高、更新的阶段发展，会不断产生新的学习任务。更重要的是，一旦进入高龄，很多人就会感到无可奈何，只能听天由命。对个人来讲，要保持在受教育的状态，让思维和心智尽可能地保持年轻；对社会来讲，对老年人的关爱，也是属于教育的事情。其二，功能教育，也就是环境教育。博尔诺夫认为，环境会对人有无意识的、无心的塑造作用。相对于高龄阶段的教育，博尔诺夫在研究功能教育时更侧重于儿童教育。博尔诺夫还提出了"教育氛围"的概念，认为教育成功与否，往往取决于环境氛围以及在此氛围中的教育者、受教育者的情感态度。比如，幼儿安全感的获得，来自幼儿熟悉的、受保护的环境，以及父母家人的关爱；儿童愉快心情的保持，来自学校教育环境的积极氛围，以及教师的认可与鼓励等。

在博尔诺夫看来，因为人的可教育性，所以人人要接受教育，处处要有教育。教育是美好的，教育者要有爱、要带着信任、要带着耐心。教育者要时刻充满爱心、充满信任，只有这样才能鼓励人在教育中一直向前；教育者要有耐心，才能使受教育者在教育中持续成长。这些博尔诺夫从前人那里继承的教育观，都是博尔诺夫教育人类学的有机组成部分。

四、创新之处：非连续性的教育

相比于博尔诺夫"人的可教育性"的思想，博尔诺夫的其他大部分思想都是对前人观点的继承与创新，尤其是博尔诺夫提出的"非连续性的教育"，此说是对前人观点的全面修正，是他教育人类学的闪光之处。

"非连续性的教育"中所谓"非连续"，指的不是教育时间的不连续，而是指教育效果不一定是连续的。博尔诺夫首先回顾了以前学者的教育观，他们认为积极的教育像工艺学那样，承认"制作"的教育，认为教育是对人积极的塑造；消极的教育像器官学那样，只承认"顺其自然发展的教育"，让人自发地发展。两者都肯定了教育的连续，也就是说，教育过程是一直向前的，即使在教育过程中发生了很多意外，最终没有获得相应的教育效果，也是因为外部的干扰，并不是教育本身的问题。

在博尔诺夫看来，这样的教育观是有瑕疵的。博尔诺夫认为，外部的干扰并非影响或决定教育效果的根本原因，反之，应该是无论有何种外部干扰，教育都能顺势而为。博尔诺夫从存在主义的角度切入，认为对人的生命来说，人的一生会有很多意外，而这些意外就是生命过程的非连续性成分；从对人的教育的角度来说，就是要通过这些非连续性成分来教育人，而不能忽视或逃避这些非连续性成分，认为这些非连续性成分是不可教育的、不属于教育的，甚至是破坏教育的。

博尔诺夫把非连续性成分，分成了遭遇、危机两大类。无论是遭遇，还是危机，都是任何人无法避免的。

第一类非连续性成分，遭遇。遭遇是指一个人突然碰到某些事物，这些事物不以人的意志为转移，很多时候还与人的愿望背道相驰。比如，我们都遭遇了疫情，有些人因此生病，有些人因此失业，有些人原有的计划被打断，导致接下来的生活变得一团糟。但在博尔诺夫看来，"遭遇无论如何只是一种非连续的形式，它以粗暴的方式突然中断通常是连续性的生活过程，并给其一个新的方向"，"遭遇不仅可以被理解为是毁掉迄今生活安全感的暂时的动荡，而且同时也揭示了一种新的超越过去的生活的可能性"。也就是说，从短时间来看，遭遇会让生活陷入慌乱，但从人的一生的长时间来看，遭遇本身也是机会，我们能否在遭遇中做出正确选择，让人生出现积极的转折，向好的方向发展，这是教育的任务。所以在教育中，要引导受教育者对遭遇做好准备，而这其中最重要的就是要培养受教育者过硬的心理素质与坚强的意志。

第二类非联系性成分，危机。遭遇是个人遭遇，属私的范围；危机可以是集体的危机、社会的危机，属公的范围。危机中有的是外部危机，如信仰危机，整个社会笼罩在一片崇尚金钱的氛围中，导致社会乱象丛生，人人深受其害；有的是内部危机，如人的青春期危机，在生理、心理的双重变化作用下，容易导致各种失控行为。在博尔诺夫看来，危机是危险中有机会，"通过这种最大的威胁才能获得真正的自我"，"任何人除了坚定地度过困扰人的危机以外，就不能获得内在的独立性"，"当我们把危机与一种新的起点联系在一起的时候，就意味着我们已经彻底失去了以往的所有的支柱，并同时建立起走向美好未来的新起点"。这就是说，一个人只有经过危机，才能逐渐成熟起来，获得新的人生起点，人生才有意义。教育要做的，就是引导受教育者去正视危机，培养他们直面危机的勇气和克服危机的能力。

所以说，博尔诺夫所说的"非连续性的教育"，指的就是教育要教人如何面对、如何克服人生的各种非连续性。这不是具体的教学方法，也不是可以衡量的教育效果，而是一种教育意识。在博尔诺夫看来，认可"非连续性"的教育，培养出的人既有坚强的性格，又有过硬的能力，既能面对外来的一切困难，也能保持自我的内心丰盈。

教育教
学的具
体实践

15

《教学与发展》：
建立一种发展性教学论

"课程现代化"的三大典型代表之一
——赞科夫

列·符·赞科夫（1901—1977）是苏联教育科学院院士、俄罗斯联邦功勋科学家。赞科夫于 1917 年担任乡村小学教师，从此开始了教育生涯。后来他考取了莫斯科大学心理系，毕业后留校任教，在苏联著名心理学家维果斯基的指导下，从事心理学和有缺陷儿童教育的研究，同时担任儿童缺陷学研究所所长。1952 年，赞科夫组建了实验教学论研究室，主要研究"教师语言与直观手段相结合"领域的课题。从 1957 年到 1977 年，赞科夫围绕"教学与发展"这一课题，进行了长达 20 年的教育研究。赞科夫一生从事教育工作，他花费了大量精力研究教学与发展，他认为，教学要走在发展的前面，走在发展前面的教学才能促进学生的发展。他先后撰写了 120 多篇论文和 15 部著作，主要著作有《教学与发展》《教学论与生活》《论小学教学》等。其中一些著作被翻译成英语、法语、德语、汉语等多国语言出版，引起了国际学界对赞科夫的关注。《教学与发展》于 1975 年首次出版。

一、为什么要写这本书

自 20 世纪 50 年代后期开始，科学技术突飞猛进，人类社会形成了所谓的"知识爆炸"。这对学校的教育教学提出了巨大的挑战：知识爆炸时代该如何培养适应社会的学生呢？这一挑战引起了赞科夫的思考，他认为，如果学校的教育仍然局限于让学生学习和掌握现成的知识，而不让学生去探究和思考未来科学技术的发展趋势，不培养学生的智力、判断力、思考力等，那么，学生一旦进入社会，就会发现他们根本适应不了社会，就会造成学校教育和社会生产之间脱节的问题。赞科夫的思考并非空穴来风，而是基于对当时盛行的凯洛夫教学论的批判。苏联教育家凯洛夫的教学论，重点关注的是如何让学生掌握现成的知识及概念，忽略了学生的想象力、逻辑记忆等方面的发展，这暴露出凯洛夫教学论与时代要求之间的矛盾。

当时的苏联教育研究，学者不敢研究儿童，更不敢研究儿童的心理特点，这导致苏联的教育学成了"看不见儿童的教育学"，遂形成了这样一种风貌，即不再以研究儿童的心理发展规律作为教育的科学依据，而是把注意力放在学生如何掌握知识、技能、技巧上。赞科夫则认为，只有改变教育学中无儿童的现象，才能真正改革苏联教育。

当时的苏联心理学界对智力的理解，仅仅是将其归结为积累知识和使知识在儿童头脑中系统化。这样一来，教育教学活动就成了教师直接灌输知识的活动，而不是依靠儿童心理发展的内在规律，形成了不以儿童心理发展规律为根据的教学。赞科夫认为，要把实验心理学的方法和心理分析的方法引入教育学、心理学的研究之中，这种主张也是促成他创建系统教学论的一个因素。

赞科夫围绕"教学与发展"这一课题进行了整整20年的研究，其目的是改变传统教学理论、无儿童的教育学现状和无学生心理规律的心理学教学，只有改变这三个弊端，才能真正改变苏联教育不适应时代的现状。

二、核心思想：建立一种发展性教学论

赞科夫《教学与发展》一书中的核心思想是建立一种发展性教学论，所谓发展性教学论就是指教学要走在发展的前面、教学要促进学生的一般发展的一套理论体系。这个理论体系主要由两方面组成，一是"一般发展"的概念及发展的内外因关系问题，二是实施发展性教学论的五大原则。

"一般发展"。在赞科夫的发展性教学论中，"一般发展"是一个非常重要的概念，要了解赞科夫的教学论体系，首先要对"一般发展"有所了解。赞科夫说："我们所理解的一般发展，是指儿童个性的发展，它是所有方面的发展，因此，一般发展也和全面发展一样，是跟单方面的、片面的发展相对立的。"这里的意思是说，所谓"一般发展"是相对于某一门学科或某一组学科引起的、独特的发展（即"特殊发展"）而言的，指的是由各门学科引起的、共同一致的发展，是学生身体和心理方面的全面发展，包括智力发展、情感、意志、道德品质、个性特点等各个方面，是所有这些方面由简单到复杂、由低级到高级的运动。赞

科夫的"一般发展"是由他本人创制的一个新概念，我们要注意这个概念和传统心理学里的概念是有区别的，在传统心理学里，我们将一般发展分为智力、意志和情感，即知、情、意三个方面。赞科夫的"一般发展"则主要分为观察、思维和实际操作。

除了论述"一般发展"的概念和划分外，赞科夫还明确提出了发展的外因和内因及其相互关系的问题。他认为，儿童的一般发展是儿童与周围世界相互作用的一种运动形式，是内因和外因相互转化与交互作用的结果。赞科夫所说的外因就是指观察活动、思维活动和实际操作活动，内因是指学生自身的好奇心、探究欲。因此，他非常重视激发、培养学生的观察兴趣、学习兴趣、操作兴趣以及思考的积极性、主动性、创造性等，其目的就是形成学生对学习的内部诱因，使学生越来越想了解更多的新事物，产生对知识的需要感。他认为，正是由于学生的内外因交互作用，教学才能促进学生的一般发展。

实施发展性教学的五大原则。五大原则分别是：以高难度进行教学的原则；以高速度进行教学的原则；理论知识起主导作用的原则；使学生理解学习过程的原则；使全体学生都得到发展的原则。这些原则不是相互独立的，而是相互联系的，它们是一个整体。这一整体强调激发学生学习的内部动机，给予学生充分发挥个性的空间。下面具体阐释五大原则。

第一，以高难度进行教学的原则。赞科夫提出这条原则是有针对性的，他认为，苏联教育一直基于凯洛夫的传统教学论，这导致学校教材编写过于简单，学校的教学毫无根据地放慢速度，这些都不利于学生的发展。所以他提出了高难度教学的原则，赞科夫认为，所谓"难度"有两层含义。

一是指克服障碍。所谓"克服障碍"就是指学校的教材要体现出学生在学习过程中可能会遇到的障碍，让学生努力克服它。如果教材不能体现出学习障碍，那么学生的发展就没有动力。

二是指学生的努力。所谓"学生的努力"，即在进行教学时，要能引起学生特殊的心理活动，如注意、记忆、思维、想象等，使学生掌握的知识不仅变成他自己的所有物，而且在以后的认识过程中能对这些知识进行再思考，也就是赞科夫说的"知识的系统化"，这个系统化，就是要求学生做"智力上的努力"。

赞科夫明确表示，他提出高难度原则的理论根据是苏联教育家、心理学家维果斯基的"最近发展区"学说。维果斯基认为，学生的发展存在"现有发展水平"和"潜在发展水平"两种，前者是指学生当前已完成的发展结果，即学生现在自己可以独自完成任务的水平，后者是指学生在有经验的同伴或成人的帮助下能够完成任务的水平，这两种水平之间的差距就叫作"最近发展区"。维果斯基进一步提到，"教育学不应当以学生发展的昨天为方向，而应当以学生发展的明天作为方向"。这里的明天就是指学生的最近发展区。赞科夫非常赞同维果斯基的这种观点，并明确表示，教学创造了最近发展区，最近发展区又将转化为学生的发展水平。也就是说，教学过程要建立在学生尚未成熟的心理机能上，才能和学生已有的发展水平形成一定的距离，以此来引起学生内部认知结构与外部教学内容的冲突，进而激发学生的求知欲，促进学生的一般发展。同时他也指出，教学高难度不是越难越好，而要注意掌握难度的分寸，既不能太难，也不能太简单，要让教学的着力点落在学生的"最近发展区"内，只有这样才能有效地通过高难度教学，促进学生的一般发展。

第二，以高速度进行教学的原则。赞科夫不仅重视以高难度进行教学，同时也重视以高速度进行教学。这种高速度原则的提出，与传统教学模式的弊端有直接联系。传统教学强调多次、单调地复习旧课，常常把教学进度拖得很慢。赞科夫认为，实行高速度的教学可以促进儿童不断地向前发展，可以促进儿童向更深入、更广泛的方向发展。这里的"高速度"并不是要教师在课堂上匆匆忙忙地把知识都教给学生，督促学生完成尽可能多的练习，而是为了促进学生将各学科知识联系起来，加深对这些知识的理解。由此可见，赞科夫的高速度教学原则的基本内涵是：为了使学生学到的知识质量得以提高，要从多方面理解知识，以此来克服传统教学中那些不必要的重复，使教学材料的难度、范围以及速度与学生的最近发展区相适宜。同时，赞科夫针对传统教学中的单调复习法提出了改进策略，他认为，复习要对教材的内容进行多方面的联系，要经常地使用学到的知识，并把这些知识应用在生活中，这样才能更好地帮助学生巩固知识、保持记忆、加深理解。总而言之，赞科夫的高速度教学与传统教学有很大的差别，他批评单调、机械的复习，但并不反对复习，他赞成通过改进复习的方法，让学生的知识得到更好、更系统的巩固，以促进学生的一般发展。

第三，理论知识起主导作用的原则。什么是理论知识？赞科夫说，理论这个词一般是相对于实践而言的，指的是一些规律性的知识，学习理论的目的是让学生举一反三、闻一知十。他明确表示，理论知识是掌握学习技巧的基础，因此，掌握理论知识不仅不妨碍学习技巧的形成，而且恰恰相反，掌握理论知识乃是形成学习技巧的重要条件。这是说，掌握理论知识能加深理解事实材料和学习技巧的规律，使知识结构化、整体化，方便记忆；理论知识可以揭示事物的内在联系，学生在掌握理论知识后，能够把握事物规律，然后实现知识迁移，这样可以促进学生的"一般发展"。那么，赞科夫在强调理论知识的主导性时，是不是忽视了经验知识的地位呢？他并没有忽视，赞科夫肯定了小学生的认识主要是具体的、感性的认识，主张运用由近及远、由简到繁、由具体到抽象的规则，但他不主张在小学阶段一味地坚持使用感性认识的方法，他认为，感性认识和理性认识是有机地交织在一起的，经验和理论处在相互作用之中，不能片面地强调其中的某一方面。

第四，使学生理解学习过程的原则。这一原则要求学生在理解知识本身的同时，也要理解知识是怎样学到的，也就是教材和教学过程都要着眼于学习活动的"内在"机制，教学生学会怎样学习。赞科夫指出，一般教学论的原则是指向外部的，即把应当掌握的知识、技能和技巧作为理解的对象，而发展教学论的原则要求理解的对象是学习过程，是指向内部的。例如，学生学习氧气的化学性质，教师可先引导学生动手做碳、硫、磷、铁分别在空气中燃烧和在氧气中燃烧的实验，进而根据现象，使学生认识到，可燃物在氧气中燃烧比在空气中燃烧要剧烈，甚至在空气中不能燃烧的物质在氧气中也可以燃烧；同时还可以以此为基础，引导学生比较、归纳上述四个化学反应，提出它们有什么共同点；再以蜡烛在氧气里燃烧的实验和它比较异同，从而使学生理解碳、硫、磷、铁等物质与氧气的反应，认识到它们尽管不全都是化合反应，却全是氧化反应。显然，使学生理解学习过程的原则要求学生把前后所学的知识进行联系，了解知识之间的网络关系，使自己能够对知识融会贯通、灵活运用，教学要引导学生寻找掌握知识的途径，要求学生理解在学习过程中错误的产生机制与解决途径。概括地说，要发展学生的认知能力，培养学生的自学能力，这才有利于学生的一般发展。

第五，使全体学生都得到一般发展的原则。在班级授课制的情形下，学生有好、中、差三种类型。赞科夫认为：差生之所以差，主要是因为他们的发展水平低，对学习没有兴趣，缺乏学习信心，观察力和思维能力薄弱，而教师对待差生的传统办法就是补课，即反复做机械的练习。结果，差生的负担更重了，在同样的学习环境中，差生见到的东西少了，想到的东西少了，因而学习到的东西也少了。智力活动的减少，更使得差生的发展水平难以提高。为了改变这种状况，教学就要面向全体学生，特别是要促进差生的发展，教材要适合大多数学生的学习水平；教学要以实验为基础，多做实验，增强学生的感性认识，发展学生的观察能力；要用知识本身来吸引学生，使他们感到学习是一种乐趣，让他们体会到精神上的满足和喜悦。赞科夫认为，教学中要注意设计好教与学的思路，重视知识的前后联系，要让学生学会融会贯通等。持之以恒地使用这些教学方法，会促进全体学生的一般发展。例如，运用加法板进行加法的概念引导，孩子只要把算式中的数字找到，然后按顺序排列在同一水平线上，最后在板子上面找到相应位置的数字读出来，就可以得到正确答案。这种教材孩子容易操作，而且充分体现了加法的概念就是把事物准确地合在一起。

赞科夫指出，这一原则之所以必要，是因为人们往往把补课和布置大量作业当作克服学习落后状况的必要手段，没有在学生的发展上下功夫，结果反而增加了他们的学习负担，加重了他们的落后程度。同时，这一原则也是针对传统教学将掌握知识和获得发展混同起来的错误而言的。赞科夫认为，有的学生学习成绩属于优等生，但是在发展方面却处于中等甚至更低的水平。因此，即使是学习成绩优异的学生，也一定要在发展上多下功夫。

总的来说，赞科夫这五条发展性教学的原则各自独立，又相互联系、相辅相成，体现了辩证法的思想。在发展性教学论中，贯彻这些教学原则可以激发、增强和深化学生学习的兴趣，给学生充分发挥个性的空间。

16

《课程与教学的基本原理》：
现代课程理论"一本通"

当代教育评价之父——拉尔夫·泰勒

拉尔夫·泰勒（Ralph W. Tyler，1902—1994）是美国著名教育学家、课程理论专家、评价理论专家。他是现代课程理论的重要奠基者，是科学化课程开发理论的集大成者。由于对教育评价理论、课程理论的卓越贡献，泰勒被誉为"当代教育评价之父""现代课程理论之父"。他于1949年出版的《课程与教学的基本原理》被誉为"西方现代课程理论的基石"。其提出的"泰勒原理"被公认为是课程开发原理最完美、最简洁、最清楚的阐述，达到了科学化课程开发理论发展的新的历史阶段。

《课程与教学的基本原理》这本书虽然只有一两百页，但它却是泰勒众多作品中最有影响力的一部，该书自1949年初版以来，已经重印40余次，并以多种文字翻译出版，被世界各国的教育学者熟知。1981年，《课程与教学的基本原理》还被美国《卡潘》杂志评选为自1906年以来对学校课程领域影响最大的著作之一，对于想要了解这个领域的人来说，这本书绝对是绕不过去的经典之作。

一、为什么要写这本书

第一次世界大战期间，远离欧洲战场的美国保持中立且向参战国提供贷款和援助，从中获得了巨大的经济利益，美国的国民经济由此实现了腾飞，资本主义世界的金融中心也从欧洲转移到了美国。再加上第二次工业革命带来的技术红利，美国在科技创新领域同样走在了世界前列。综合来看，美国成为一战后的最大赢家。

面对战后经济的高速增长，美国政府认为国内的市场机制已经足够完美，基本没有干预的必要，政府只要尽好"守夜人"的职责，把治安维护好就可以了。在这种放任自由的经济政策下，美国政府对于市场的监管力度不断减弱，美国的资本家们也借机开始操纵市场，疯狂投机。

这其中，受影响最大的就是美国股市。因为政府的放任，大量不受监管的资金开始流向股市，在这些资金的刺激下，美股行情异常火爆，比如1929年夏季的3个月里，通用电气公司的股票就从268美元上涨到了391美元，美国钢铁公司的股票也从165美元上涨到258美元。股市一路高歌，让不少民众认为通过投机可以躺着赚钱，哪怕游手好闲地在家待着，也能一夜暴富。无数美国民众投身投机的浪潮，即便此时有学者对无序的市场经济表示了担忧，但狂热的群众已经沉迷其中无法自拔，根本意识不到危机的存在。就连当时的美国总统胡佛都对反常的经济状况视而不见，甚至还发出了"我们正处在对贫困战争决定性胜利的前夜，贫民窟即将从美国消失"的言论。

1929 年 10 月 24 日，美国迎来了它的"黑色星期四"。这一天，美国股市从巅峰跌入了谷底，股价下跌的速度连记录股票行情的大屏幕都跟不上。到 10 月 29 日，美国股市的股票价格指数平均下跌了 40 个百分点，无数美国股民一生的积蓄在几天内烟消云散。此后的两个星期，美股一共蒸发了 300 亿美元的财富，这相当于美国在第一次世界大战中的全部支出。股市暴跌引发的这次经济危机，也带来了被后来的人们称为"大萧条"的整个资本主义世界的经济危机。

在"大萧条"的影响下，美国的失业率急速攀升，据统计，1930 年美国有 25% 的成年人面临失业，而青少年则几乎 100% 无法找到工作。因为就业无门，大量的青少年无可奈何地回到学校继续读书，这让当时 14 ～ 17 岁青少年的高中入学率从 17% 上升到 51%。对于这一部分学生来说，他们进入高中只是为了不在社会上闲荡，等到毕业成年后，他们就会选择回到社会继续工作，而不是考入大学继续深造。然而尴尬的是，当时美国几乎所有的高中课程都是为学生升入大学而准备的，对于大部分不打算就读大学的学生来说，他们在学校学到的知识并不能很好地帮助他们走向社会。尤其是在大萧条的社会背景下，这部分学生可能一毕业就面临失业。

为了解决学校课程与社会现实之间的矛盾，1930 年，由近百名教育家组成的美国进步教育协会决定，要从根本上对美国中学的课程进行尝试性的改革与研究，从而使美国的高中生在毕业时，既可以考入大学，也能够走向社会。经过一段时间的调研，美国进步教育协会最终选取 30 所中学和 300 所大学，开展了一系列的研究与实验，因为整体研究历时 8 年，所以这项研究也被称为"8 年研究"。

为了保证研究工作的顺利进行，美国进步教育协会成立了许多委员会来分配任务，这其中，由泰勒领导的评价委员会是公认最有成果的。在参与"8 年研究"的过程中，泰勒在实践的基础上，构建了目标制定、课程设计、评价过程之间的联系，从而奠定了现代课程原理的基础。

总的来说，20 世纪初的"大萧条"危机暴露了美国课程教育上的不足，为解决这一问题，美国进步教育协会牵头开展了"8 年研究"，其中评价委员会的负责人泰勒在研究过程中提出了现代课程原理，并以此为基础创作了《课程与教学的基本原理》。

二、理论基础：现代课程理论的诞生

虽然泰勒被誉为"现代课程理论之父"，但他的研究实际上也是在前人的启发下进行的，因此，想要更加全面地了解《课程与教学的基本原理》，首先要了解现代课程理论的发展历程，在这一了解的过程中我们也能发现泰勒理论的独到之处。

20 世纪初，美国管理学家弗雷德里克·温斯洛·泰勒（Frederick Winslow Taylor）提出了"科学管理"的概念，他认为个体仅仅是整个生产系统中的一个要素，在经济利益的驱动下，人相当于一种可供操纵的生产工具。在弗雷德里克看来，如果人们想要提高生产效率，就需要用科学的原则来管理，也就是要分析工人的特殊能力和限制条件，从而让每个工人都能处于自己效率最高的状态。

1911 年，弗雷德里克的《科学管理原理》出版发行，此书一经出版，不仅在管理学领域引起了广泛讨论，在教育学领域也同样备受关注，一些教育学家在接触了"科学管理原理"的理论后，便将这种方法运用到教育理论和学校管理之中。这其中，美国教育学家约翰·富兰克林·博比特（John Franklin Bobbitt）就属于先行者。1918 年，博比特的著作《课程》出版，在这本书中，博比特首次将工科管理的原则运用到学校教育中，并且又推演到课程领域，由此拉开了课程研究领域的序幕。博比特认为，教育是一种让人的潜在能力显露出来的过程，而这些能力主要是为了让学生今后能拥有一个完美的成人生活。只有让教育的目标标准化和具体化，才能让学生离开校园后更加容易地走向社会。

在博比特之后，另一位美国教育学家韦瑞特·查特斯（Werrett Walace Charters）也加入课程改革的运动之中。在查特斯看来，课程开发的第一步同样是确定教育的主要目标，但相比于博比特，他更看重理想在教育中的重要性，无论是在制定目标还是在选择课程内容上，理想是查特斯认为需要考虑的内容。

总的来说，博比特与查特斯作为课程改革运动的早期代表，是他们第一次把课程研究确立为一个独立的研究领域，在这个过程中，他们提出了很多课程研究的基本问题，比如"课程目标是课程开发的基本依据""课程目标与人类生活、儿童发展、学科知识有内在联系""课程开发的重要问题是研究系统的知识领域和日常生活的实际需要的关系"等，这些基本问题在泰勒的理论中同样有所体现，可见博比特与查特斯在课程研究上具有独创性。

但相对的，博比特与查特斯的研究也存在一些局限性，比如把教育与课程视为帮助学生准备成人生活的过程，从而忽视了儿童阶段的存在价值；又比如把教育过程等同于企业生产的过程，在效率至上的观念下逐渐背离教育的本质，最终导致学生成为"学校工厂"的"加工品"等。也正因如此，泰勒的课程理论研究从某种程度上来说就是一个去芜存菁的过程，他将博比特与查特斯等课程理论先驱的研究中有用的部分吸纳，具有局限性的部分予以解决或修改，并融入"8年研究"的相关研究成果，最终形成自己的现代课程理论。

三、核心内容：课程编制的方法

《课程与教学的基本原理》阐述的是课程编制的一般原理，主要是通过四个问题展开阐述的，这四个问题分别是：学校应该达到哪些教育目标？提供哪些教育经验才能实现这些目标？怎样才能有效地组织这些教育经验？如何才能确保这些目标正在得到实现？

尽管这四个问题构成了《课程与教学的基本原理》的核心内容，但泰勒在书中却没有直接回答这些问题。在泰勒看来，这些问题的答案并不固定，它们会随着学校性质和教育阶段的不同而发生变化。因此在书中，泰勒主要阐述的其实是研究这些问题的方法和程序，因为在他看来，这些方法和程序本身就构成了考察课程与教学方法的基本原理。

这四个问题，实际上对应的就是课程编制过程中的四个阶段，它们分别是确定目标、选择经验、组织经验、评价结果。

1. 确定目标

对于确定目标的方法，泰勒主要是通过"目标的来源""解决目标之间的冲突""如何陈述目标"三个部分来进行阐述。泰勒认为，如果要系统地、理智地研究某一个教育计划，那么首先必须确定的，就是我们所要达到的各种教育目标。而在确定教育目标的时候，任何单一的信息来源都不足以帮助我们下定论，所以我们在设计一项全面的课程计划时，应该对信息的每一种来源都给予充分的考虑。而对于教育目标的来源，泰勒在书中总结了三种。

一是对学习者本身的研究。简单来说，就是教育机构需要先了解学生的现状，然后再将学生的现状与某些理想的标准和公认的常规模板进行比较，来确定学生目前的状况以及其与常规标准之间的差距，从而确定当下的教育目标。在确认这种教育目标来源的时候，教师可以采用与学生交谈、与家长交谈、问卷调查、测验、查看学校记录等多种方法。

二是对校外当代生活的研究。选择这个来源的原因是，由于科学技术迅猛发展，学校要在课程中包含所有有用的知识已经变成了一件不可能的事情，在这种情况下，为了保证学生毕业后能够适应社会，学校就要根据社会发展情形选择当下最重要的知识和技能作为教育目标。而在研究校外当代生活时，泰勒认为需要从个体生活和群体生活两个方面进行考量，并且研究者最好亲自收集和分析资料，这样才能更好地了解哪些知识和技能是最需要掌握的。

三是学科专家对目标的建议。这也是一般院校常用的方式。学校使用的教科书通常都是由学科专家编写的，而书中的内容也基本都反映了学科专家对教育目标的建议。尽管有人质疑学科专家制定的教育目标太过专业而不适用于学生，但泰勒认为，因为学科专家熟悉自己的专业领域，所以他们自然会比常人更有可能提出建设性的教育目标。

在确定了教育目标的来源后，还需要解决目标之间的冲突。

因为各种教育目标的来源不同，所以它们之间难免会出现相互冲突的情况，为了避免冲突，泰勒提出了两道"筛子"，来帮助我们筛除那些相对不重要的目标。泰勒提出的第一道"筛子"是教育哲学，简单来说，就是根据学校的办学理念对教育目标进行第一道筛选，与学校办学理念更加契合的目标相对来说重要程度肯定更高；泰勒提出的第二道"筛子"则是学习心理学，简单来说，学生在不同的年龄段，对于知识的接受能力是不同的，因此从学习心理学的角度来说，我们应该选择适合学生这个年龄段的教育目标。

当教育目标确定后，下一步就是陈述教育目标。泰勒在研究过程中发现，人们在陈述教育目标的时候往往容易犯三类错误：一是把目标作为教师所要做的事情来陈述，但没有陈述期望学生发生什么变化；二是列举学科所涉及的各种要素（如课题和概念等），但没有具体说明希望学生如何处理这些要素；三是采用概括化的行为方式来陈述目标，但没有具体指明这种行为所能应用的领域。

在泰勒看来，陈述教育目标最有效的形式，是明确指出学生需要养成的具体行为，再说明这种行为能够具体运用的生活领域。简单来说，就是每一个教育目标都应该包括行为和内容两个方面，这样才能够明确地将教育目标阐述出来。举例来说，学校基本上都会培养学生的团队协作能力，团队协作就是学生需要养成的具体行为；而之所以学校会培养学生团队协作的能力，是为了让学生将来进入社会后能够适应与他人协同工作，这就是学生需要养成的行为能够具体运用的生活领域。通过这样的阐述方式，我们就能很清楚地理解学校将团队协作定为教育目标的意义。

2. 选择经验

确定完教育目标后，下一步就是如何实现这些目标。在这一部分，泰勒提出了"学习经验"的概念。所谓"学习经验"，指的就是学习者与外部环境条件之间的相互作用，学习经验不等同于一门课程所涉及的内容，也不等同于教师所从事的各种活动，因为学习是通过学生的主动行为发生的，学生是学习的主动参与者。举例来说，同一个班级中的两个学生，可能会有两种不同的学习经验，因为他们在学习中的行为不同，面对学习的态度也不同。

在书中，泰勒提出了 5 条选择学习经验的原则：第一条原则是为了达到某一个教育目标，学生必须具有实践这个目标的隐含行为的经验，俗话说"实践出真知"，学生只有在实践的基础上，才能实现教育目标，否则就是建设空中楼阁，很难产生实际的作用；第二条原则是学习经验必须让学生在实践中能获得满足感，这一点很好理解，当一件事情能让我们心情愉悦的时候，做起来肯定更有动力；第三条原则是学习经验所期望的反应要在学生力所能及的范围之内，也就是说，学习经验应该与学生目前的能力相匹配，如果学生做不到学习经验所涉及的行为，那么就不可能达到理想的教育目标；第四条原则是同一个教育目标可以通过许多特定的学习经验达到，当可以采用的方法多了，达到期望目标的可能性自然也就大了；第五条原则与第四条原则相对，是同样的学习经验可以实现多种教育目标，当我们用一种方法实现一个目标后，对于同样使用这种方法的其他目标也能实现。

而在众多的学习经验中，泰勒又筛选出了 4 种在教育中最有效的学习经验，分别是培养思维技能的学习经验、有助于获得信息的学习经验、有助于形成社会态度的学习经验、有助于培养兴趣的学习经验。泰勒认为，能够实现教育目标的学习经验有很多，但这4种对于学生来说，无疑是最有效的。总的来说，在泰勒看来，选择学习经验的过程并不是死板的，而是一个富有创造性的过程。

3. 组织经验

泰勒认为，教育并不是一朝一夕就能完成的，真正的教育往往是以水滴石穿的方式，在潜移默化中对人的行为产生影响。为了让教育产生累积效应，泰勒认为必须将学习经验组织起来，让它们起到相互强化的作用。

对于组织学习经验，泰勒提出了3项准则，分别是连续性、顺序性和整合性。连续性指的是反复重申主要的课程要素，这一准则在某些需要熟练掌握的技能学习中常会出现，学生在学习这些技能时，往往要在一段时间里反复连续训练这一技能；顺序性指的是每一个后续经验都是建立在前面经验的基础上的，在进行后续经验的同时还要对前面经验的有关内容做更深入、广泛的探讨，举例来说，新学期学习新知识前，常常会先复习一下上个学期的知识点，然后从旧的知识点延伸到新的知识点上，这就是顺序性准则的体现；整合性指的则是课程经验的横向连接，举例来说，小学生在学习数学的时候，除了锻炼计算能力外，还要考虑数学的社会运用场景，比如购物、统计等，多种经验的结合，才能更加有效地应用学到的技能。

在运用3个准则的过程中，需要注意的是，在组织课程内容时，必须确定作为课程组织线索的课程要素。简单来说，就是在坚持连续性和顺序性原则的学习过程中，会有一些贯穿始终的课程要素，我们在明确了这些要素后，才能够有针对性地让学生反复练习和不断深化。举个例子，在幼儿园和小学时，学生会被灌输"人们之间存在相互依赖性"的观念，只是在这个阶段，学生对于相互依赖的理解是朋友之间或家人之间的依赖。而等到高中阶段以后，"人们之间的依赖性"这一概念就被扩大到了世界范围，学生开始理解世界各国人民在政治、经济、文化等层面的相互依赖。这里提到的"人们之间存在相互依赖性"，就是一个贯穿始终的课程要素。

在分析组织经验的过程中，泰勒还根据当时美国的课程组织情况，对课程组织结构进行了分类和归纳。泰勒将课程组织结构分成了高、中、低3个层次。高层次的课程组织结构包括学科课程（比如地理、数学）、广域课程（比如社会学科、自然学科）、核心课程（把广域课程或学科课程结合起来）、完全未分化的结构（即把整个教学计划作为一个单元来处理）。中层次的课程组织结构则包括按顺序组织的课程（比如大学英语Ⅰ、大学英语Ⅱ）、以学期或学年为单位的课程（比如六年级语文上册、七年级数学下册）。低层次的课程组织结构则包括课（每天的学习单位）、课题（持续几天或几周的学习单位）、单元（将一些具有内在联系的课程和知识综合起来的学习单位）。

泰勒认为，这3个层次的课程组织结构，在不同的条件下各有优劣，为了让这些课程组织结构起到正向的作用，在构建课程的过程中一般要采取一些步骤，比如要对课程组织的总体框架取得一致的看法，简单来说，就是首先要确定是采用具体的学科，还是采用广域课程或核心课程；或者是要对领域内所要遵循的一般组织原则取得一致的看法，比如在社会学科中，大家一致确定先从当地社会入手，然后再扩展到更广泛的世界；或者是要对低层次单元的种类取得一致的看法，也就是确定究竟是采用课的形式，还是课题或单元的形式。

4. 评价结果

在探讨完确定目标、选择经验、组织经验的内容后，泰勒紧接着就开始分析最后一个重要步骤——评价。泰勒认为，评价的目的主要在于检验学习经验是否有效，在这个过程中，我们能够知道实际上的教学成果与理想中的教育目标相差多少，从而及时调整后续的教育工作。由此可见，评价环节在教育过程中是十分重要的。

泰勒认为，评价的第一步是明确教育目标，因为只有目标明确，我们才能对评价的结果进行衡量，否则评价就失去了它本身的意义。明确了教育目标后，下一步就要确定评价的情境，比如我们在评价学生的语言表达能力时，就需要为学生预先设置能够展现语言表达能力的情境，或者在学生自由展现语言表达能力的情境中去进行观察。

泰勒还对如何展现评价的结果做出了说明。泰勒认为，从评价中得出的结果，不应该只是一个分数或者一个单一的描述性术语，而应该是反映学生目前状况的剖析图，因为评价的主要目的在于让教师和学生了解教学的成效，只有评价结果足够立体，教学成效才能直观地展现出来。

17

《论我们教育机构的未来》：
教育造就天才，天才创造文化

西方现代哲学的开创者——尼采

　　1844 年，弗里德里希·威廉·尼采（Friedrich Wilhelm Nietzsche，1844—1900）出生于普鲁士洛肯村的一个牧师家庭。1864 年，他进入波恩大学攻读神学和古典语言学，后于 1865 年转学到莱比锡大学继续攻读语言学。1869 年，尼采被巴塞尔大学聘为古典语言学副教授，在大学工作 10 年后因身体原因不得不辞去教职。人生的最后 10 年，尼采患上了精神疾病，最终于 1900 年病逝于魏玛。

　　尼采的一生创作了诸多著作，其中较有代表性的有《权力意志》《悲剧的诞生》《不合时宜的考察》《查拉图斯特拉如是说》《希腊悲剧时代的哲学》《论道德的谱系》等。《论我们教育机构的未来》是尼采去世后才出版的，它收录了尼采本人在巴塞尔大学任职期间的五篇演讲稿，主要阐述了尼采对教育的批判。

一、为什么要写这本书

在这本书的内容创作期间，尼采关心的主题是希腊文化。此前一年，即 1871 年，尼采出版了《悲剧的诞生》，这本书谈论的就是希腊艺术；此后一年，即 1873 年，尼采又写成了《希腊悲剧时代的哲学》，这本书谈论的是希腊哲学。正是由于尼采一直喜爱希腊文化，这形成了他对教育进行思考和批判的理性出发点。在尼采看来，德国的现代教育机构是德国精神的产儿，而这种精神与古希腊的精神紧密相连。可是德国的现代教育已经偏离了培养学生人文素养的初衷，尼采正是基于希腊文化的精神传统对德国教育文化进行了批判，力图将学生从教育机构中解放出来，并使教育机构获得新生。

尼采在巴塞尔大学任职期间，曾公开发表过五次针对公共教育问题的演讲。尼采本人对演讲效果特别满意，并宣称将把第六次和前五次的演讲稿整合出版。这本应是尼采人生中的第二本书，但他后来写信给出版商，声称自己要再花几年时间对文稿进行修改，使之更好一些。尼采认为，"这些内容不够深入"，引起了读者的"干渴"，最后却没有提供"甘泉"。后来，尼采没有续写计划中的第六篇，也没有将前五篇出版。现在我们看到的《论我们教育机构的未来》一书是尼采的遗稿，也是尼采系统阐释教育问题的残篇。

虽然这本书是尼采去世后才出版的残篇，但华东师范大学彭正梅教授的研究则认为，在最近几十年关于尼采教育学的国际学术交流中，《论我们教育机构的未来》仍被视为尼采最重要的教育文献。它延续了《悲剧的诞生》的文化批判，把这种批判聚焦在教育之上，并由此形成了早期尼采关于自然、文化、天才、国家和教育之间关系的神秘学说，强调教育的最高任务在于孕育天才，但德国当时的教育机构又迫使天才从教育机构中离开。

二、核心思想之一：尼采对德国教育的
三大批判

尼采写作此书时主要采用了破立结合的思路，先对教育现实进行批判，然后论述天才与教育的关系、真正的教育内涵等问题。因此，可以从两方面来读这本书，一方面是尼采对教育现实的批判，另一方面是尼采教育观的内涵。

尼采对教育现实主要进行了三个方面的批判，一是教育中的两种错误倾向，二是两种错误倾向在新闻界的合流，三是教育的可悲现状。

第一个批判点，即教育中的两种错误倾向。尼采在本书的导言部分指出，现代社会有两股貌似相反、其作用有害、结果最终汇合的潮流：一方面是尽量扩展教育的冲动，另一方面是缩小和减弱教育的冲动。扩展教育的冲动是指教育应当被置于越来越大的范围中，缩小和减弱教育的冲动是指让教育放弃自身的使命，走上为国家服务的道路。相应地，第一种错误倾向是不断地进行大规模的教育普及，使教育沦为谋生的手段；第二种错误倾向是不断地缩小教育范围，使教育仅成为国家的工具和专门培养学术人才的工具。这两种错误倾向都偏离了正确的教育轨道，尼采以

此批判教育的功利化、政治化、学术化，发出了"何为教育"的拷问。

在教育的功利化方面，尼采认为尽量多的知识和教育导致了尽量多的生产和消费，继而导致了尽量多的幸福。这里的"知识教育—生产消费—获得幸福"公式值得我们注意，当赚钱消费成为教育的目标，那么教育就容易被看成是个人出人头地、攫取钱财的捷径，如此一来，教育就变成了急功近利、速成输出的教育。在这样的教育环境下，一切求学行为都被深深地刻上了"赚钱"二字，人被培养成挣钱的生物，这不是教育的真正使命。那么教育难道不应该培养人的技能，让学生毕业后赚钱维持生存吗？尼采给出了答案。尼采反对把技能培训、职业培训和真正的教育相提并论，人为了生存，必须学习相关技能，但这一切的行为都与真正的教育毫不相干，只有当人不再为生计发愁时，教育才开始发生。尼采认为，任何一种学校教育，只要把求职或谋生作为它的最终目的，那么这种学校教育就绝不是真正的教育，而只是一份指导人们进行生存斗争的说明书，相关的机构也只是对付生计的机构，绝不是真正的教育机构。以赚钱为目的的求学历程只是为了有一份工作、拿一份薪水，这种历程称不上是接受教育，而成为职业培养所的大学充其量也只是个生计机构而已，绝不是教育机构。其实尼采本人并不反对生计机构的存在，但是他要求把生计机构与教育机构进行严格的区分。基于这一批判点，尼采提出了两个根本问题，即教育有无超出职业培训之上的更高使命？仅以职业培训为目标的教育还是不是真正的教育？

在教育的政治化方面，尼采指出，现代国家严格地执掌着教育和学校的最高领导权。在德国，普鲁士和其他各邦都设立了专门的教育管理机构，这些机构掌握着各级学校事务的最终决定权。

在基础教育阶段，国家实施强迫性的义务教育，对于从事精英教育的文科中学和大学来说，国家主要通过向毕业生提供在政府和军队就职机会的方式，把这类学校纳入为国家利益服务的轨道上来，这样就形成了"国家管学校，学校为国家"的循环利益圈。而德国的文科中学和实科中学是不一样的，文科中学是为大学提供生源的精英教育场所，可是也变成了功利化教育的样子，尼采对此感触尤深。若是追问文科中学为何会成为功利化教育的场所，尼采认为这完全是国家政策引导的结果，这种政策引导过程可以是这样的：国家只需把进入政府和大学工作的资格都与文科中学捆绑在一起就可以了。文科中学的学生因向往政府官职、军职，自然会被吸引到从政的方向上，由此，文科中学就是官位晋升的一个阶梯，那么功利化的教育目标在文科中学发生也就不足为奇了。大学的情况也与文科中学相差不大，在德国的大学里，老师和学生是彼此独立的，老师和学生都有自己的选择权利，都可以讲一些自己想讲的、听一些自己想听的，这看上去是一派民主自由的德国大学形象，但在师生交往的背后，却站着一位严肃的监护者——国家。国家掌握对大学的监护权，国家控制着大学，所谓的大学文化都必须经过国家的筛选和支配，国家不断地强化对大学的控制，大学也因此不断地向国家靠拢，这样的教育无论是在文科中学还是在大学，都是为国家服务的，教育成了国家的工具。尼采认为这并不是真正的教育。

在教育的学术化方面，尼采指出，学术的范围已经扩展得非常大了，一个资质良好的人，倘若想在学术上有所作为，就必须潜心于某一专业领域，对其余领域要做到不闻不问。在他自己的研究领域里，他就是鹤，但在其他领域，他可能就是鸡群里的一分子。尼采认为，教育本应使受教育者成为真正有教养的人，而学术分工只会培养出片面的人，这样的人在自己的圈子里如鱼得水，但对其他领域却只是略知一二，这种学者我们不能称之为博学。尼采对当时的学者提出了这样的批评：他认为他们是一些小家子气的学者、考证狂、语源学癖，这样的人不是真正修炼自己的人文素养，而是患上了"博学肥胖症"。尼采认为，以前的德国文科中学是以培养学生人文素养为目标的，后来却以培养学术人才的后备军为目标，这妨碍了培养学生人文素养，导致文科中学成了"博学肥胖症"的培养场所。尼采在详细介绍了教育的功利化、政治化和学术化后，认为扩大教育的冲动和缩小教育的冲动这两种错误倾向于新闻界汇合在一起了，即教育的新闻化，这使教育沦为媒体的附庸。

第二个批判点，即扩大教育的冲动和缩小教育的冲动这两种错误的倾向在新闻界的合流。教育新闻化的趋势让记者成了老师，日报代替教育，在古典人文教育的衰弱和大众传播媒介的兴起中，记者取代了伟大的天才和时代的导师，成为把人们从当下解救出来的救星。由于大众传播媒体具有受众较为广大、传播内容浅显易懂等特征，刚好符合现代教育的普及化冲动和内涵缩小化冲动（普及化冲动就是指不断地扩大教育规模，内涵缩小化冲动是指教育成了国家的工具，教育自身的内涵逐步减少），导致德国教育中的两种错误倾向在新闻界"握手言欢"。尼采对新闻支配教育文化的趋势深恶痛绝，他认为新闻每天通过报刊不断扰乱人们的生活，还宣称自己就是文化、就是教育，这样的新闻极其容易给人们蒙上黑布，让人们在黑暗中为伪文化、伪教育摇旗呐喊。

前面我们说到新闻界对教育和文化的支配，那么当今教育有向新闻界靠拢的现象吗？当然也有。如今学校的招生宣传广告、学校的大型活动宣传等，几乎都是教育向新闻界靠拢的现象，教育界不再奔走着追问何为教育自身的使命，而为了宣传自身不断扩大影响，这其实也是一种功利化和竞争心在作祟。

第三个批判点，即教育的可悲现状。尼采指出，现在几乎到处都有数量过多的中等教育机构，因而不断需要大量的教师，这远远超出了一个民族按其自主发展规律所能产生教师的程度。于是，有太多不够资格的人进入教育机构，他们逐渐决定了这些教育机构的精神实质。在这里，尼采强调的是，由于教育规模的不断扩大，学校教育机构四处兴起，导致学校招聘老师时无法按照原先的标准进行筛选，进而导致素质较差的教师也走进了学校。当素质较差的教师越来越多时，整个教育机构的精神实际也就随之下降了。当一切都与教育的真正使命背离时，一位优秀的教师该如何与现实斗争、该如何播撒教育的种子呢？这成了尼采反思现代性教育的着力点。他发现，不仅教师处于这样的可悲现状，学生的境况更是可怜。尼采指出，在学校里，学生无一人能够抵抗那使人疲惫、糊涂、神经紧张、永无喘息之机的强迫性教育；在学校外，当学生走上被任用和雇佣的岗位后，他们会有种深深的无力感，会绝望地沉浸到普通生活和辛苦劳作的世界里去。学生入学前的雄心壮志不复存在，他们只能不断追求那些实际的甚或低级的利益，这一切都是伪教育造成的，这样的教育实际上造成了埋没天才，让天才从教育的贫瘠土地上蹒跚离去。

三、核心思想之二：尼采的教育观——教育造就天才，天才创造文化

在尼采教育观的内涵方面，尼采主要阐述了"教育造就天才，天才创造文化"的观点。

第一，天才与教育的关系。教育造就天才并不是说教育可以培养出天才，而是说好的教育应当是天才成长的摇篮。尼采认为，天才是一种"天然"的存在，而好的教育只是受孕的子宫和养育的母怀，是适合天才生长的土壤。尼采认为教育要担负起养育和保护天才的责任，若教育没有尽到这样的责任，就仿佛天才降生到了一个错误的地方。因此，尼采认为教育的目标是培养优秀的少数人，这些少数人也并不是天才，他们只是为天才服务的人，天才或许会从这些少数人中产生，但也可能不会从中产生。真正的教育目标就是要培养少数优秀的人为天才服务和工作，因此尼采的教育观常被人们称为"精英教育"。这些少数优秀的人需要为天才服务，这是他们不可逃避的义务，而教育便是尽这个义务的主要领域。因此，尼采主张，少数天赋优异的人，包括数量较多的天赋良好的人，应该消除自负，甘于从事辅助工作，自觉地为天才的诞生和其作品的创造做准备，如此才是尽了生命的责任。

但问题是少数优秀的人究竟如何培养出来呢？难道真的只需要教育一小部分人吗？尼采认为，只有多数人接受了教育，少数人的教育才有可能获得成功，在人数众多的受教育者之中，最后能够真正获得教育成功的也只是少数人，这是符合教育规律的。这就好比一个金字塔，站在顶端的人始终是少数，站在底端的始终是多数，也只有多数人的衬托，少数人的教育才有可能成功。教育造就天才并不是说通过教育直接生产天才，教育无法生产天才，通过教育只能产生少数优秀的、为天才服务的人，天才的诞生乃是大自然的产物，教育只需要保护好、支持好天才的成长就可以了。

第二，真正教育的内涵。虽然尼采本人并没有对教育的内涵给出明确的定义，但从他对教育的关注初衷看来，他是要恢复教育自身的使命，即提高学生的人文素养。在本书中，尼采从三个方面对提升大学生的人文素养提出了要求：一是学生对哲学的需要，二是学生在艺术方面的本能，三是古希腊罗马古典文化。

一是学生对哲学的需要，尼采主张学生要具备哲学的悟性。对于一个敏感的青年来说，日常生活的方方面面都会引起他哲学性的惊疑，比如当看到奇怪的生物，他会追问这是什么，它从哪里来，有什么本领？好奇引起人们的追问，而追问乃是对世界的一种探索。起初古希腊哲学家就是通过对世界本原的追问而建立起哲学中的本原学说，这种哲学冲动是一种本能，青年学生也有这种本能，只是现实中很多学生的这种本能已被现代教育体系消磨得渐渐退化了。面对新奇，人们似乎不再热切地去追问那是什么、那为什么了，而是习惯了以一套固定的流程来发现答案并将发现的答案确定为一种知识素养。尼采对此种现象进行了猛烈抨击，他说，这样一来，大学里那些特立独行的哲学家仿佛是干着秘密勾当了。学生依靠本能来领悟自然，原本是一种无须学习的能力，而现代教育不断摧残着这种本能甚至用精明的计算去战胜自然、征服自然。

二是学生在艺术方面的本能，尼采要求每位学生要有正确的艺术感觉。在尼采的心目中，严格的艺术训练其实就是语言艺术的训练。尼采将语言尤其是母语的训练定位为一切后续教育工作的自然且丰产的土壤，那么如何进行语言训练呢？尼采认为阅读和写作是语言训练的主要手段。教师必须认真指导学生阅读母语经典著作，并且要将经典阅读和写作结合起来，唯有在这样的严格训练下，一个人才能真正有语言艺术的感觉。经过这种语言艺术的训练，学生将获得正确的艺术感觉、拥有良好趣味、获得真正的审美判断力。那么如何判断一位学生已经拥有了正确的艺术感觉呢？尼采提出了他的判断标准，即当学生面对报刊上的时髦风格和文学匠们的漂亮文体时，他们会感到一种生理上的恶心，这样他们就再也不会阅读那些平庸之作了。

三是古希腊罗马文化方面，尼采要求学生要具备古典文化的人文修养。尼采极为重视古希腊文化，所以在谈到大学的古典教育时，他认为，如果我们的教育培养出来的学生没有哲学的悟性、缺乏艺术的感觉，他们怎么可能会和人文素养极高的希腊人、罗马人为伍？对于大学的这种现象，尼采只是简单地进行了责问，他在对文科中学的阐释中论述了更多古典人文教育的内容。尼采认为，德国的文科中学教育放弃了对德国经典作家的研读和对母语写作的严格训练，德国教育中早就不存在真正的古典教育了，就连那些文学教师也遭到了尼采的讽刺。尼采指出，当面对古希腊罗马文化时，我们会感到自己无颜存在，但是从这些文学教师身上却很少看到这种羞耻感，这些人从大学时代起就在令人惊叹的希腊文化的废墟上转悠，并且扬扬自得，没有敬畏之心。对这些人来说，学习古典文化只是为了捧得饭碗，古典文化只是他们玩弄学术把戏的对象。所以说，大学培养了忽视古典文化的文学教师，这样的教师教育着文科中学的学生，如此循环下去，真正的古典教育将在德国的所有教育机构中不复存在。

18

《教学勇气》：
走进教师心灵，唤醒教师职业激情

美国在高等教育领域最具影响力的领导者之一
——帕克·J.帕尔默

　　帕克·J.帕尔默（Parker J. Palmer，1939—　　）博士是著名的教育家、演说家和社会活动家，曾担任美国菲兹尔研究所的高级顾问，美国教育学会高级委员，也是美国K12（专指从学前到高中的基础教育）教师养成计划的创立者。帕尔默的研究领域和参加的社会活动都比较广泛，他一辈子从事过很多工作，工作机构包括高校、基础教育学校、社区教育学校、宗教组织、各种基金会和公司。除此之外，他还积极组织多种教育活动，在各地开设与教育主题相关的工作坊、演讲团、研修班等。他的研究领域包括教育、共同体、领导力、精神激励和社会变革等方面。可以说，帕尔默为教育事业做出了突出贡献，他因此还获得了多个国际奖项。他获得了13个荣誉博士学位，曾经被誉为美国"在高等教育领域最具影响力的领导者"。

一、为什么要写这本书

帕尔默花了 10 年时间，经过无数次反思和修改，才最终完成了这部经典著作《教学勇气》。帕尔默曾说自己是一个"重写者"，因为书里的每一页都反复修改过很多次。这本书一版再版，并被翻译成多国语言在全球发行。这本《教学勇气》旨在引导教师走进自己的内心，显露其本真，重振他们对教师这一人类崇高事业的激情。

这本书的阐述构建在一个非常简单的理论前提下：好的教学不应该降格为仅仅追求教学技术和方法，好的教学源自教师的自我认同和自我完整。帕尔默在书中批判性地指出当人们谈论教学的时候，总是问"是什么"的问题，如教师应该教什么科目和内容？然后问"怎么"的问题，比如教师应该采用怎样的教学方法才能做好教学工作？但却很少问"谁"的问题，忽略是谁在教学？作为教学活动的执行者，教师与周围环境，例如与学生、学科、同事等之间的关系如何？帕尔默在书中强烈呼吁不能忽视教师的内心世界，任由教师内心缺失，失去他们作为教师所依赖的意义。仅仅机械地依靠加拨款额、重组学校结构、重新编制课程以及修改教科书等外部手段，远远达不到教育改革的目的，获得不了最终的成功。

二、向内求索：从教师心灵中汲取力量

帕尔默指出，教育存在着太多的分离结构。这其中一部分是来自教育体制方面的，比如教师和学生的等级体系、教学管理者和教师之间的分隔、学科之间的划分隔离，以及教师间、学生间的竞争机制等。

不过帕尔默指出这些都是外部世界的分离，导致分离结构的一个更为普遍且要命的问题是来自人们内心世界对于教育的恐惧，这才是最深层和本源的问题。如果人们能驱除内心的恐惧，就能用自我内在的力量去克服和化解外在的各种分离性结构。帕尔默指出，现在课堂中充满了恐惧，要么是教师恐惧，要么是学生恐惧，更多的是学生和教师都恐惧。包括帕尔默自己在内，虽然已经做了几十年教师，但到目前为止还能感受到恐惧。比如走进教室，要开始上课，他会感到恐惧；提问学生，学生没有反应，他也会感到恐惧，等等。与此同时，他发现学生们也处在恐惧之中，他们怕上课、怕老师、怕被提问、害怕听不懂、害怕失败，等等。

帕尔默剖析了恐惧背后的三层本质：第一层是对于多元性的恐惧，也就是害怕承认一个问题可以有多种答案；第二层是对冲突的恐惧，帕尔默指出学术文化一直以来都只相信一种零和博弈的"不是赢就是输"的竞争模式；第三层是失去自我认同，失去自我意识的风险。

帕尔默认为尽管恐惧是很正常的，但是需要留意恐惧并且掌控恐惧，防止恐惧影响教学行为和教学目标。更为重要的是，不能让恐惧支配人的自身认同，影响教师与学生联结的能力。既然恐惧对教与学的危害如此之大，又无处不在，那么应该如何超越它，缩小结构分离，重新建立联结呢？

教师应该有自身认同和自我完整。 所谓自身认同就是意识到自己是谁；自我完整就是在意识到自己是谁的基础上，做真实的自己，让自己所做的和真实的自己相一致。帕尔默指出，现在教学中普遍追求教学的具体方法和技巧，但是忽略了教师的自身认同。人们总在追求外部世界的客观性，但是很少向内关注内心世界。如果教师躲在真实的自我后面，仅靠一些模仿和表演技巧来教学，会失去与学生的联结，在教师和学生之间形成一道隔膜，导致学生成为远远观望的学习者，教师成为传递信息的机器。

怎么才能促进教师的自我认同，保持自我完整，与学生建立和保持联结呢？帕尔默给出了一些建议和方法：教师在执教初期寻找心灵导师；与自己的学科相遇；源于内心的自我对话和反思。

帕尔默认为教师跟随心灵导师的学习不在于接收具体知识，而在于心灵导师可以给予教师信心，激发教师真实的自我潜能。帕尔默回忆自己大学时期的一位教授，这位教授给了他非常大的影响。这位教授滔滔不绝的讲授方式虽然违反了一些与学生互动的教学规则，但是他慷慨地把自我的精神世界向学生们敞开，他激昂的教学方式激发了帕尔默隐藏起来的自身认同，帕尔默认为自己也有这种天分，并最终选择了教师职业。当然，帕尔默也指出，从心灵导师那里汲取力量，也要注意可能会受到对方一些错误经验的影响。比如，在帕尔默组织的一次工作坊活动中，一位教授分享了自己的经历。他一直以来尝试模仿自己导师的教学模式和学术生涯模式，他希望以导师为样板建立自己的教学生涯，结果却是一场灾难。因为他和他的导师完全是不同类型的人，导师的性格特质可以让他做到单向讲授的教学方式，但是这位教授可能更适合对话式的教学方式。这位教授想要尝试复制自己导师的教学风格，但是实际上却破坏了自身认同和完整。所以帕尔默指出，我们应该更多地了解自我的独特性，有展示自我个性的技巧，而不是掩饰自我，只有这样优秀教学才会产生。

帕尔默认为与外界联结的方式还要有来自教师自身内心世界的呼唤。这种呼唤不靠外部规范，而是教师内心真正的自我对话和反思，靠理智自明自断，教师的内心是使生命鲜活的核心。帕尔默指出，教师的自我内在反思是非常重要的，教师能与自己的内心对话，才能深入学生的内心，教师只有把教学与学生生命内部的鲜活内核联系起来，与学生的内心世界联系起来，才会"发生"教学。除此之外，教师倾听来自自己心灵内部的声音也有益于身心健康。帕尔默推荐通过独处静思、读书沉思、记日记、野外散步等"自言自语"的方式来促进教师内心的自我对话。

教师还要解决认识论的问题。教师要用悖论式的整体思维来全面、完整地认识世界，而不是黑白分离地看问题。帕尔默指出，教育分离的其中一个重要原因就是我们总是倾向于采用两极化、分离化的思考方式看待世界，比如，当帕尔默和教师们谈论学生如何把恐惧带进教室的情形时，就会有一些批评家站出来说："所以你就是希望我们不做教授，去做临床治疗专家？"这显然是采用非此即彼的分离思维思考问题。那么我们应该怎么摆脱这种非此即彼的二元思维方式，转而全面地看待事物呢？帕尔默基于物理学家波尔关于悖论的基本原理提出，一些简单的真理可以通过二元分离方式获得，比如确定某一棵树是枫树还是松树，但是一些非经验主义事实的深刻真理，往往是悖论，需要我们用整体的逻辑全面思考。正如之前帕尔默提出的观点，好的教学来自教师的自身认同而不是教学技术。但是如果教师在拥有了自身认同且自我完整的情况下提升了教学技能，那么教学技能反过来也可以帮助教师更充分地表达自身认同和自我完整。所以，教师需要整体地看问题，而不是把自身认同与教学技能对立割裂地看待。

在具体的教学实践中，帕尔默认为通过把握悖论的张力促使学生达到更深层次的学习，是搞好教学最困难的一环。基于悖论逻辑，帕尔默提出了针对课堂教学设计的六个悖论。

第一个悖论是"空间需要既有界限又是开放的"。所谓"有界限"，就是教与学时围绕教材中的问题、文本、资料包等确立的主题或范围，但是又不拘泥于此，在这个界限内学生们可以畅所欲言。也就是说，虽然鼓励学生发散思维，但又仿佛有一条或若干条主线，使学生沿着主线思考，思维不至于漫无边际地发散。这样的学习教学活动就好比带领学生去爬山一样，"界限"是目的地山顶，"开放"是提醒我们到达山顶的路线不一定只有一条。

第二个悖论是"这个空间应该既令人愉快又有紧张的气氛"。学习活动不能仅仅是愉悦的，而没有适当程度的挑战性。这一点与维果斯基的"最近发展区"有点类似，也就是说，学习的内容应该稍高于学习者的现有水平，这样学习者才有一定的挑战，从而激发他们的好奇心、求知欲，使他们更主动地参与学习活动，向更高一个层级发展。有一句话可以概况这种情况，叫"痛，并快乐着"，这就是一个真实存在的悖论。真正好的学习一定是让学习者先体验到一点点的痛，然后他们才能够体会到经过有点痛的思考与探究而获得的快乐，即自我生长后的快乐，或者说是一种"更上一层楼"之后而视野开阔的畅快感受。

第三个悖论是"这个空间应该鼓励个人表达意见，也欢迎团体的意见"。帕尔默认为："如果一个空间（教室）有利于学习，那它一定要能够鼓励学生找到自己真正的表达机会。当学生们不能表达自己的想法、情感、困惑甚至偏见的时候，学习是不会存在的。然而，仅有个人表达是不够的，教学空间也是团体意见被综合、被完善的地方。"只有这样，思想、意见在个人与团体、团体与团体之间交互往来，思想经过不断地碰撞、提炼，形成更高层次的认知，学习才得以真正发生。

第四个悖论是"这个空间应该既尊重学生们琐碎的'小故事'，也重视传统与纪律的'大故事'"。教学中要把握好宏观与微观、一般与特殊、集体与个人之间的关系问题。例如，有的教师只关注宏大叙事或所谓的科学知识，而忽略了学生的个体生活经验和体会，使课堂里教授的知识与学生的生活经验相分离，这样的知识仅仅停留在知识本身的意义里，没有对学习者的生命起到滋养作用。

第五个悖论是"这个空间应该既支持独处又随时有群体的资源支持"。教师要给学生单独思考和吸收学习内容的时间，同时也应为学生提供共同体中的交流机会。即，教师进行教学设计活动的时候，首先要考虑如何在尊重学习者内心世界真实完整的前提下进行，这样所设计的活动才能与学习者内心真实的世界产生有效联结。这个时候学习者需要独处的机会聆听自己内心的声音，当学习者内心的声音越来越大的时候，他们需要有一个表达与交流的空间，这就是学习共同体中的交流空间。在对话交流中，学生的想法可以被检验，偏见也会受到挑战，知识得以拓展。

第六个悖论是"这个空间应该沉默和争论并存"。教学中，教师不仅要允许沉默的存在，同时更要努力地让学习者能够有沉思默想的机会。在现实的世界里常常看到热闹的课堂，看到滔滔不绝讲课的教师，人们似乎特别怕冷场。这在帕尔默看来，是恐惧这个老毛病在作祟：人们习以为常地以为人只有在出错时才沉默。所以，要给予学生适当保留沉默的机会。

三、向外联结：构建教育共同体

帕尔默指出，教师的内在心灵很重要，但是也要与外部世界联结，如果教师想要在实践中成长和提高，必须寻求两个方面的加强：一个是内心世界，那里是教学的源泉；另一个是共同体，从其他教师那里可以更了解自己和教师职业。

共同体是教师自身认同、自身完整与世界联系中的交融。这就像医生做手术的时候需要有其他医生配合，教师也不应该躲在一间教室里独自上课。现实是一个个体彼此联结、编织成的公共关系网，只有身在其中才能了解现实。那么应该如何建立教育共同体呢？

帕尔默首先指出关于共同体的理解一般可以分为治疗型共同体、公民型共同体和市场型共同体三种模式。

治疗型共同体即治疗模式，一般用于亲密关系，指的是在亲密关系中个体间可以彼此敞开自我，确切地知道别人充分了解自己，有被完全接受的信心。这种治疗型亲密关系多见于配偶之间、父母与子女之间、朋友之间等。

公民型共同体与亲密关系的窄圈子不同，这种共同体建立在本来互不相识的人之间，通过一系列制度手段形成政治圈子。在公民型共同体中，个体间通过共同制定和遵守一定的契约和准则，利用少数服从多数等原则利于大多数人的公共利益。常见的手段比如参政议政、选举投票等。

市场型共同体，指的是将教育机构与学习者的关系看作产品制造者（课程与教学）和消费者的关系。

这三种关系各有特色，但是也都存在着各自的缺陷与潜在威胁，比如治疗型共同体过于强调亲密关系，这种模式把共同体限定在狭小的圈子里，使得教师接触不到教育的核心，难以提高师生与日新月异的事物建立关联的能力；公民型模式的潜在威胁是运用传统型民主政治方式处理差异，最终为大多数人追求利益，这种简单粗暴的少数服从多数的模式有一定好处，但是不利于寻求真理，因为真理不是通过民主的方法就能决定或者发现的，真理往往掌握在少数人手里。而市场型共同体的问题在于它更侧重于产出，忽视教育的过程性，同时市场评价机制难以准确客观评价教育质量。比如学生在教育过程中可能有很多不好的情绪，对教师产生不满，若出现矛盾，通过市场评价机制人们可能会判定为教师存在问题。但实际上这很可能是教师在实施有效的教育，真正达到了教育的目的，可能若干年后学生才会感谢当年的老师。

既然帕尔默认为常见的共同体模式都有缺陷，那么应该如何构建教育共同体呢？帕尔默认为教育共同体形式的核心是"教学就是要开创一个实践真正共同体的空间"。这是因为帕尔默认为教育的核心使命是认知、教学和学习，因此寻求的共同体模式应该是一个能拥抱、指引和优化这些教育使命的模式。帕尔默提出的这种共同体模式如一张蜘蛛网，位于核心的是主体，也就是我们的认知对象，它可以是人，也可以是物，我们承认我们的认知对象的独特身份和完整意义，并与它建立关系。在此基础上，我们作为求知的个体之间也通过各种联结建立关系，共同构建一张网状的教与学的共同体。帕尔默认为，这种从客体到主体的知识观念转变在我们的认知、教学和学习过程中起着决定性的作用，因为主体可以用来发展关系，而客体则不能。联结我们所有关系的核心是重要主体本身，而不是亲密性、公民性、问责性，是活生生的主体的力量。帕尔默认为我们要想了解现实，就必须参与到共同体中。他进一步指出，我们的认知源于我们对某一个主体着迷，同时主体也在吸引着我们，比如地质学家听到岩石说话，这是一种双向的联结，世界万物向我们呼唤，我们对万物着迷。帕尔默所提出的以主体为中心的教育，颠覆了我们原有的对于教育教学的认知，因为这里的主体既不是教师，也不是学生，而是我们认知的对象。想象这样一个场景：一位优秀的教师与一群5岁的小孩子围成一圈坐在地板上，一起讨论一个关于大象的故事。透过孩子们的眼睛，几乎可以看见他们眼前真有一只大象！大象就是这个共同体中认知的对象。

所以，治疗模式、公民模式和市场模式此三种共同体都不适用于教育教学，只有以主体为核心构建共同体网络，才能为教学提供最有效的实践空间，建立彼此间的联结，达到教育目的。

四、自下而上：教育实践推进教育改革

面对教育领域改革的重重阻力，帕尔默认为首先应从观念和思维上进行改变，在教育改革问题上不要陷入"非此即彼"的思维误区，而是要将其看作"既……又……"相互依存的共生关系。也就是说，把既有的教育制度和组织问题看作改革的起点，清醒地意识到，阻力本身就意味着对某种新事物的需要。因此，教育改革不是要彻底改变组织结构，而是从改革运动的方式出发，找到变革运动的精神力量，把阻力视为任何事物变化发展的起点而不是终点。那么教育实践应该如何一步步地推动教育变革呢？帕尔默认为可以划分为四个阶段。

第一个阶段是多个彼此独立的个体各自唤醒自我认同，实现自身完整。这就要求每个个体分辨出能够融入整合到自我个性中的元素，分辨其中哪些适合自己。也就是觉察和分辨自己所选择的给予生命意义的各种世界观、人生观、价值观是否协调。帕尔

默认为，如果个体已经开始探索内心世界，那么他就已经站在了真正的力量入口处。

第二阶段是这些觉醒的、自我认同的、自我完整的个体彼此发现对方并且形成"志同道合的共同体"。这个"志同道合的共同体"是互相支持、扶持、帮助，共同进步与发展。例如，通过教学沙龙、研讨会等各种机会，播撒共同体的种子，使之生根发芽。

第三阶段是这些共同体走向公众，将它们关注的问题转变为公众问题，并在此过程中接受的评论。例如，通过图书出版，把教学改革实践成果和教育改革的理念向更广阔的学术共同体和广大民众传播，同时接受他们的评论，从而获得更多的改革力量。

第四阶段开始出现选择性激励系统，也就是变革演化出一套新的奖惩系统，促使机构组织权力减弱，做出改变，进而制定符合教育规律的改革。比如，如果让中学阶段后的教育只由大学院校承担，那么一些相应的落后制度就很难改变，因为每个想要进入中学后教育体系的人都要被迫接受大学制定的规则，这种让人毫无选择余地的模式注定难以进行教育改革。但是当有了其他选择，比如中学后的教育可以由商业、工业甚至军队来承担，传统高等院校就能感受到压力而开放自己，以求新生。

在以上四个阶段的教育变革过程中，个体会得到精神上的巨大奖励：第一阶段的精神奖励是人们可以更好地认识自己；第二阶段的精神奖励是个体在共同体中找到彼此认同与支持；第三阶段的精神奖励是个体参与到更广阔的公共生活和事业中去；第四阶段的精神奖励是个体在教育机构中得到更多的发展空间。

这些精神奖励形成巨大的推动力，推动个体认识自我，推动个体与其他个体联结，推动教育机构进行组织和制度优化，最终推动教育变革。

19

《为生活而教育》：
教学做合一的"生活教育"

中国新教育的奠基人——陶行知

陶行知（1891—1946）是"不折不扣的中国新教育——人民教育的奠基人"。处在 19 世纪与 20 世纪的交叉口，陶行知的教育理论根植于近现代中西方文化的冲突与融合。陶行知一生浮沉于教育事业，他以独特的经历、睿智的眼光、高超的见解，综合性地审视了以往的各种教育理论，有选择地进行吸收与改造，在既有传承亦有创新的基础上，陶行知形成了自己的教育理论，核心为"生活即教育""社会即学校""教学做合一"。这些理论为中国新教育的发展奠定了坚实的基础，陶行知也被誉为"锐意进取、爱满天下"的教育巨匠。

陶行知一生留下了三百多万字的文稿，包括论文、演讲记录、翻译的外文著作、编写的各类课本，以及诗歌、书信等。需要指出的是，陶行知青年时求学于金陵大学，后又到美国的伊利诺伊大学、哥伦比亚大学留学。"五四运动"期间，陶行知还担任过哥伦比亚大学教授杜威、孟禄等学者在中国开展学术交流时的英文翻译。陶行知英文能力超群，故而他的一部分著述是用英文撰写的，有的是说明中国教育改革的调研报告，有的是专题的演讲稿，还有与师友间的书信，目的多是向西方世界介绍中国。《为生活而教育》其实是陶行知英文文稿的选编集，从独特侧面展现了陶行知的教育理论，从写作时间上看，涵盖陶行知求学、在南京高等师范学校任教、创办晓庄学校以至抗日战争爆发后四处奔走之时。

一、为什么要写这本书

1891 年，陶行知出生于安徽省歙县，他原名陶文濬，后改名为陶知行，又改名为陶行知。从"陶知行"到"陶行知"，不只是名字的改变，也是陶行知教育思想的逐渐成熟。因为影响陶行知一生也贯穿于陶行知一生的，最重要的便是"知行合一"的思想。无论是从他的为人处世，还是从他留下的数量众多的文稿中，都可以很清楚地看到这一点。

纵观陶行知五十六年的人生，他把绝大部分精力都投身于中国的教育事业。如果去回顾陶行知的一生，描述其所作、所为、所思、所想，我们便可以很清楚地看到，陶行知对中国教育有着全面深刻的思考。这些思考尤其体现在他不同时期所撰写的教育论述、时事政治论述、调研报告，以及演讲记录、会议提案中。

陶行知的一生，可以分为三个阶段。

第一阶段：国内求学、赴美留学。

1910 年，二十岁的陶行知在金陵汇文书院预科部完成中学学业，升入金陵大学就读。在 F. G. 亨克（F. G. Henke）教授的指导下，陶行知开始研究明代哲学家、教育家王阳明的学说。王阳明提出"知行合一"，强调"知"是道德意识，是认知；强调"行"是道德行为，是实践。"知行功夫本不可离"，既不能只有知，没有行；更不能只有行，没有知，而要知中有行，行中有知。陶行知循着王阳明的"知行合一"，认为认知在先，实践在后，要先知后行，才能知行并重，所以第一次改名为"知行"。

1914 年，陶行知启程赴美留学。陶行知先是在伊利诺伊大学攻读政治学硕士学位，一年后转入哥伦比亚大学师范学院攻读教育行政学博士学位。陶行知的导师是美国教育行政学会会长斯特雷耶（G. D. Strayer），在斯特雷耶的指导下，陶行知研究了美国公共教育行政问题，寄希望于将来能在中国建立起有效的公共教育体制。

在此期间，陶行知受到在同校任教的美国教育家约翰·杜威的影响更大一些。杜威认为，教育过程要适应于儿童身心发展的规律和特点，教育结果要指向于社会生活和社会发展。杜威的这些观点与陶行知所接受的"知行合一"思想，在内容和逻辑上都有很多相通之处，陶行知迅速地接受了杜威的实用主义教育学说，并顺理成章地把杜威的理论进行了中国化改造。

在求学时期，陶行知就笔耕不辍。在金陵大学，陶行知倡导出版中文报《金陵光》并担任主笔，陆续发表《因循篇》《民国三年之希望》《共和精义》等。到美国留学后，陶行知经常为北美中国基督徒学生会学报《留美青年》、中国留美学生杂志《中国学生季刊》《中国学生月刊》撰稿，阐述自己对中西文化的差异与冲突以及教育兴国的看法。

第二阶段：创建晓庄学校前后。

在哥伦比亚大学求学期间，陶行知的教育思想观念有了巨大的飞跃，这让他一回国，便能在教育界崭露头角，成为了登高而呼的教育改革的倡导者。陶行知先是任职于南京高等师范学校，发表《试验主义之教育方法》《生利主义之职业教育》，探讨如何将中西方教育理念融合，以他山之石、可以攻玉，改变中国教育存在的不足。他还演讲了《以科学之方新教育之事》，认为"国之盛衰，视乎教育"，"要造成新的中国，必先有新的教育"，于是大刀阔斧地进行了一系列的教育教学改革。

陶行知发表《改造全国乡村教育宣言书》《中国乡村教育之根本改造》，从基层的乡村学校开始，通过教育来改造乡村社会，进而改造中国社会。他发起了乡村教育同志会，推进乡村教育运动，解决乡村教育的种种问题，目的是"使个个乡村都得着充分的新生命，合起来造成中华民国的伟大的新生命"。陶行知一生都将此视为理想、视为使命。

于是，陶行知在 1927 年创建了晓庄学校。他想的是"拟将乡村教育及师范教育作一彻底腾翻之改革"，同时他也是这么做的。在这过程中，陶行知更深刻地体悟到了知行合一的真谛，他将"知是行之始，行是知之成"调换顺序，改为"行是知之始，知是行之成"，肯定了"行"在"知"之先的意义，后来干脆直接改名为"行知"。

第三阶段：投身教育运动。

尽管因为种种原因，晓庄学校在三年后就被查封了，但它存在的意义非同凡响。以此为标志，陶行知以"知行合一""教学做合一"为理论，以推动教育教学改革、创立新学校为实践，根本目的是想要改造整个中国的教育，进而改造整个中国的社会。在晓庄学校复校无望之后，陶行知积极推动"工学团"，明确"生活教育"的意义，以解决在战争乌云笼罩下的中国的各种实际问题。

这一时期，陶行知的教育理论已经理论化、系统化，他在各种学潮中起落浮沉，在各种运动中大声疾呼。即使曾因政见争执，陶行知被国民政府通缉，但他仍然克服万难，发表了《从教育上谋国难的出路》《民众教育观》《从一个学校想到别的学校》；他创办中国普及教育助成会，开展普及教育活动；成立国难教育社和生活教育社，开展战时教育运动；主持民盟中央教育委员会，推动民主教育等，试图实现教育救国、教育兴国的理想。

1946 年夏天，陶行知突发脑溢血去世，事业未竟，举国皆哀。陶行知奔走一生，留下了大量教育论稿、演讲记录，据不完全统计，有 2530 篇之多。在陶行知去世后，他的各种文稿被保存、整理，自 1991 年开始，多卷本的《陶行知全集》陆续出版。但全集体量庞大，难以通读，故又有从不同角度编撰的陶行知的各种教育论著文选。尽管这些文选不是陶行知所写的"书"，但实质上还是陶行知"所写的书"。可以说，陶行知"所写的书"贯穿了他的一生，是他数十年来教育教学改革实践的理论结晶。

二、主要内容：中国教育运动

《为生活而教育》主要编选了陶行知的十九篇文稿，这些文稿都是陶行知用英文撰写的。

从内容上看，这些文稿大致可以分为五类：

第一类包括：《中国在转变中》《中国的道德与宗教教育》。这是陶行知在系统学习了西方教育学理论后，对中国教育的反思。

在《中国在转变中》这本书里，陶行知认为，19 世纪和 20 世纪的时代特征是中西方文化一直在冲突与融合，新中国即是东方文明与西方文明的双重文明的产物。对于不同文明中的多种观念，无论或旧或新，都应当取其精华，去其糟粕。

在《中国的道德与宗教教育》这本书里，陶行知比较了不同国家的道德和宗教教育。欧洲的英国、德国在中小学课程中偏重宗教教育，而美国各州情况有所不同，整体上，美国的中小学宗教教育比较淡化。与之相比，中国是独具特色的修身与伦理的道德教育。

第二类包括:《1924 年的中国教育》《中国(1924)》《中国乡村教育之一斑》《中国(1938)》。这四篇文章以调研报告的形式,说明了 20 世纪二三十年代中国教育的发展情况,也阐述了陶行知由此引发的种种设想和解决问题的方法。

在《1924 年的中国教育》与《中国(1924)》中,陶行知首先说明了影响中国教育发展的时代背景,如农业与商业的经济状况、外交状况、文化界的发展等,其次描述了当时的新的教育体系,重点在于不同学段的学制改革,如学前和幼稚园教育、初等教育、中等教育、高等教育及职业教育等。此外,陶行知还讨论了教育行政管理、教育师资培训、学生的在校福利等问题。新的教育体系已经开始兼容中西,其中还有许多需要改进的地方,如基层教育组织力量薄弱、财政投入少、师资不足,这些问题既严重又紧迫,但只能逐步解决。

随着教育视角的转变,在《中国乡村教育之一斑》《中国(1938)》中,陶行知更多描述的是中国乡村教育的发展。《中国乡村教育之一斑》明确描绘了中国乡村教育的计划,如乡村教育推进的不同阶段,对乡村幼稚园、中心小学、师范学校等各级学校的教与学的设想,设立专门从事乡村教育研究的研究部以谋求乡村教育的现实解决策略。由于抗日战争的影响,陶行知在《中国(1938)》中描述了当时教育界的不足和困难,但也肯定了中国乡村教育发展获得的成绩。

第三类包括:《创造性教育》《新大众教育运动》《小先生与识字运动》《中国大众教育运动》《中国的人民教育运动》《全民教育》《培养难童人才幼苗的育才学校》。陶行知提出教育中的"创造性教育"观念,认为教育与生活、社会应该是三位一体的,由此才能带来"教学做合一"。如何真正将"生活即教育""社会即学校""教学做合一"的理论落到实处，更是陶行知一直在深思、尝试的。

在《新大众教育运动》中，陶行知阐述了"工学团"制度。"工学团"制度的理论基础，指的是教育来源于生活，根植于社会，整个社会都是我们的学校，全部生活便是我们的课程，通过"工学团"，人人都可以得到切合实际的教育，人人学习，人人生产，人人平等互助，社会便能平稳发展。

在《小先生与识字运动》《中国大众教育运动》中，陶行知特别倡导"小先生"的做法。从字面来看，"小先生"说的是有知识的小孩也能当他人的老师，因为凡是有知识的人都有责任将知识传授给他人。从深层来看，"小先生"也是以儿童为主体的"工学团"，可以把教育渗透到生活的每一个角落，普及到社会的每一个层面。

无论是"工学团"的制度，还是"小先生"的做法，主要目的都是覆盖正规学校教育不能覆盖的地方。在《中国的人民教育运动》和《全民教育》中，陶行知阐述了教育运动的根本原则，旨在实行全面教育、终生教育、全民教育；提出了教育运动的最高理想，是"让教育成为人人可以免费得到的礼物"。除"工学团"和"小先生"之外，还有以志愿教师为主体的"传递先生"，他们都让教育不再是狭隘的学校教育，而是无处不在的生活教育与社会教育，由此才可以利用一切可用的资源提升全民的文化素养，塑造全民的民主精神。

在《培养难童人才幼苗的育才学校》中，陶行知还关注到了"如何发现有科学天赋的人才幼苗并加以特别培养"，以开启特殊教育的新途径。陶行知分别说明了"育才三方针""育才十字诀""育才学校实况"，可以看作是 1939 年在重庆创立的育才学校的创建宣言。其建校目的，见陶行知《育才学校教育纲要草案》："用生活教育之原理与方法，培养难童中之优秀儿童，使成为抗战建国之人才。"育才学校也是陶行知教育理论实践的有机组成部分。

第四类包括：《**祁氏汉语字典的新贡献**》《**中国的抗战是不自由就受奴役的斗争**》。这是两篇杂文。《祁氏汉语字典的新贡献》写于哥伦比亚大学，其中介绍了《新汉语字典》的编排特色，也是其优点之所在。《中国的抗战是不自由就受奴役的斗争》是陶行知 1938 年在加拿大温哥华的演讲稿，认为"中国的抗战不仅是生死存亡的斗争，而且是不自由就受奴役的斗争"。

第五类包括：《**我的简历及终身志愿**》《**就育才学校情况回答罗格夫人提问**》《**吁请外国友人资助育才学校**》《**关于"创造性的救济"**》。这是四封信，有的是私人信件，有的是公开信件。在私人信件中，《我的简历及终身志愿》是陶行知写给时任美国哥伦比亚大学师范学院院长罗素的，信中说"矢志以教育管理为终身事业"，陶行知的一生确是如此。《关于"创造性的救济"》是关于晓庄学校研究情况的说明，《就育才学校情况回答罗格夫人提问》是关于育才学校资金使用情况的回应。这两封信同时也表明了希望能筹措到更多的资金以用于教育的发展。在公开信件《吁请外国友人资助育才学校》中，陶行知更是明确表达了此意，唯有资金充足，才能实施更有效的教育。

这些文章从各个侧面展现出了陶行知对于中国教育发展所做出的努力，无论是乡村教育的发展、特殊学校的设立，还是全民教育的推动，都是在探索中国近现代教育事业的新路径。

三、核心思想：以教育改造生活

陶行知对中国教育事业的贡献是人人皆知、有目共睹的。他提出的"生活教育"，其中涵盖了"生活即教育""社会即学校""教学做合一""在劳力上劳心""以教人者教己"等观点，既是教育学理论的建构，也是在近现代中国的大背景下，为中国教育之弊、中国社会之患开出的对症良药。

陶行知讲"生活教育"，不是生活加教育的简单组合，而是要以教育改造生活，教育不仅可以改造个人生活，更可以改造社会生活。在人的一生中，时刻都可以去学习，终生都可以受教育。就像陶行知在《新教育》中说的那样："教育的作用，是使人天天改造，天天进步，天天往好的路上走。"教育可以让人一直进步，不断向善。当人人都接受了合适的教育，去做合适的事情，整个社会自然风气醇正、和谐发展。

为了达到以教育改造生活的目标，陶行知提出了"社会即学校"的观点。陶行知在《我之学校观》中说，学校"要有化社会的能力，先要情愿社会化"。在《生活教育》中说，"整个的社会是生活的场所，亦即教育之场所""社会是大众唯一的学校，生活是大众唯一的教育"。各级学校只是狭义的教育场合，社会生活才是广义的教育环境。陶行知说明了社会与教育的关系：一方面，社会是大的学校，在社会中，教育无处不在，才能提高全民的道德修养和文化水平；另一方面，学校是小的社会，教育内容不能与社会脱节，教育要把尽可能多的生活引进学校。由此来看，陶行知推动乡村教育，倡导"工学团"，都是试图将社会、学校、教育三者打通。

以乡村小学教育为例，乡村小学课程内容要与乡村生活密切相关，学习后可以运用到实际生活中。例如，教学生园艺，就要让学生切身去参加劳动，先学会怎么种植，再由老师借助园艺作物，教会学生读、写和数数。这也是陶行知主张的"教学做合一"，什么是做？做是知、行的合体。教育都要以做为先，老师要在做上教，学生要在做上学。只有老师拿做来教，才是真教；只有学生拿做来学，才是真学。

再以工学团为例，陶行知创办的孟家木桥儿童工学团，不仅是一个学校，也是一个综合工场，更是一个小型社会。在这个工学团中，团员上午学习文化知识，下午参加各种劳动，或者学习种植植物、养殖动物等农副产业的技巧，或者自己动手制作课桌椅、实验器材，乃至工厂产品等。工学团是将学校、工场、社会连成一片，实现了在学习中培养工作能力，在教育中塑造全面素养。

在陶行知看来，所谓的"课外活动"是教育理论中的伪命题，因为各种生活技能、社会工作等本就应该是教育的组成部分，甚至应该是教育的重心。无论是在各级学校还是工学团，包括饮食、卫生、会计、文书等一切事务，都是师生共同承担的，在共同劳动的过程中，老师将相关知识、相关技巧都传授给学生。一旦学生养成了边做边学的习惯，当他离开学校，走进社会后，仍能保持这种随时随地学习的习惯，时刻为生活而学习。

陶行知如此强调教育应用于生活、应用于社会，显而易见，是受到了他所处时代的影响。在动荡时局下，陶行知试图以教育运动带动社会运动，这是他以教育救国的理想的外在展现。其中最值得我们关注的是，陶行知的"生活教育"具有强大的适应性、开放性与包容性，尽管至今已走过半个多世纪的历程，但他的教育理论仍可以指导我们现在的教育政策的制定、教育内容的选择、教育方法的调整。因为无论何时何地，教育都是在引导人人生活更好、社会发展更佳，这也正是陶行知"生活教育"的真谛。

学校教育改革的方向

20

《大学的理想》：
探寻大学理念，践行自由教育

19世纪著名思想家——约翰·亨利·纽曼

约翰·亨利·纽曼（1801—1890），是英国19世纪著名的神学家、教育家、文学家、语言学家，自由教育的伟大倡导者和捍卫者。

1801年，约翰·亨利·纽曼出生于一个新教圣公会家庭，1817年进入牛津大学三一学院并于1820年取得学士学位。随后在1822年成为牛津大学奥列尔学院的特别研究员，直到1845年。而在1845年，纽曼正式加入天主教会，后升任神父和红衣主教。1851年，他应邀担任新创办的都柏林天主教大学校长，从1852年开始为学校做了一系列演讲，《大学的理念》这本书就是由纽曼所做演讲整合编著的。

一、为什么要写这本书

18世纪60年代，英国发起了一场技术革命，也就是我们熟知的第一次工业革命。渐渐地，隆隆作响的蒸汽机取代了传统的手工生产，各种大型的纺织和冶炼工厂也建立起来了，工人们在机器之间穿梭，或者在流水线上加工商品……当然，工业革命带来的不仅是英国人对新技术的痴迷，高等教育也亟须变革。人们渐渐发现，需要补充一些专业知识，例如学习怎样操纵、改进机器，来应付自己的工作。

于是伦敦、曼彻斯特还有达勒姆这些地方，都创办了自己的新大学，这些大学的座右铭就是"实用"。在很多英国中部城镇，还出现了专门为工人阶级提供继续教育的机械学院——它们常常举办一些"半科学性质"的讲座，向人们普及技能知识，目的就是为工业革命培养一批能够从事复杂劳动、同时拥有一定知识水平的工人。比如当时名噪一时的伦敦机械学院，招收的学生就是来自普通家庭的年轻工人，他们不仅可以在学院学习物理、化学知识，还能接受与职业相关的其他专业技能培训。

然而这些新的大学一出现，就受到了教育界的嘲讽，比如牛津大学林肯学院院长马克·帕蒂森这样评价新建的伦敦大学：它好比是"某种集市，各货摊之间互不相干，各自兜售堆在一起的各种货品"。教育思想家约翰·密尔更是直截了当地说："大学不是职业教育的场所，它不是为了教给人们一些谋生的技能。"

为什么大学教育不能用来培养人们的职业技能呢？其实，在当代社会，各种类型的职业教育学校已经非常普遍，这类院校开设的专业也丰富有趣，从农林牧渔到食品加工，从医药卫生到文化教育——都是为了培养学生的职业技能。但是，在 16 世纪英国伊颂公学的一份课表中，都是奥维德、加图等诗人和散文家的著作。比如达尔文回忆自己在什鲁斯伯里公学（Shrewsbury School）读书的时候，就说过这样一句话："那里除了古典文学，别的什么也不教。"虽然这些书籍晦涩乏味、枯燥难懂，难以提起学生的兴趣，但人们相信，人类最高贵的美德都浓缩在这些古典人文课程中，阅读它们、学习它们自然有助于陶冶人性，培养绅士品格。甚至一直到 19 世纪，牛津和剑桥这些老牌大学仍然表现出对古典人文主义课程的迷恋，它们的核心课程包括三个部分：第一部分是文化、历史之类的古典文学；第二部分是哲学，比如逻辑学、伦理学；第三部分是神学。

这就是英国老牌大学的教育目的。他们认为大学是传授自由人文学科的场所，大学培养出来的是一个个纯粹的"人"——这些人拥有冷静的头脑、极高的智商和敏锐的鉴赏力，他们是真正的绅士，而不是穿着职业套装的工人。所以，以技能培养为主的新型大学教育一出现，就引起社会广泛的关注。与传统的大学教育相比，新型大学更加注重实用性、专业性，也因此招致很多批评和反对。

在众多反对者中，就包括《大学的理想》的作者——约翰·亨利·纽曼。纽曼从小就接受了良好的古典教育，从牛津大学毕业后，他成为学校的研究员，并随后担任了圣玛丽亚教堂的教区牧师。牛津大学的校园生活深深地影响着纽曼，他相信传统古典大学才是最"完美"的教育场所。

1851 年，教皇颁布训令，在都柏林创办一所新的大学，50 岁的纽曼受邀担任大学校长。客观地评价，纽曼是一位失败的校长，他此后设置的二级学院绝大部分都夭折了，只有医学院保留了下来。但是他在宣传这所新大学时所做的一系列演讲却获得了极大的成功。后来，他把自己的部分演讲汇编起来，合成了《大学的理想》这本书。

在当时的背景下，纽曼《大学的理想》的产生就是为了回应新型高等教育的弊端，提出"纽曼式"的大学理念，告诉人们，真正的大学应该是什么样的。

二、核心问题：理想的大学是什么样的

《大学的理想》这本书又被翻译成《大学的理念》，简单来说可以归结为一个核心：一所理想的大学到底是什么样的？

在《大学的理想》前言中，纽曼就提出了自己对理想大学的看法：大学是一个传授普遍知识的地方。他把这点作为一所大学和其他教育机构之间的主要区别。纽曼认为普遍知识就是所有知识的集合，普遍知识的传授就是平等地看待所有知识。因为各门学科之间有着千丝万缕的联系，如果过分地突出其中一门学科知识，会让其他的知识偏离正确的轨道。他用"调色盘"打了个比方：如果将不同的学科知识看作是调色盘上的一种颜色，比如历史学是红色，文学是黄色，哲学是蓝色——当我们把不同颜色放在一起时，就会调出不同的色彩效果，当然，如果缺少了其中一种颜料、一门学科，我们的画卷也会黯然失色。

如果说大学是传授普遍知识的地方，那自然也就包括宗教神学知识。在《大学的理想》这本书中，纽曼直言不讳地指出，神

学知识和科学知识并不是相互对立的，而是紧密联系在一起的，宗教神学是洗涤人心的一种重要方式。所以他说，"我想让有理智的俗人恪守宗教教规，也想让虔诚的教士变得有理智。"

纽曼的大学理想不仅体现了他的大学观，还包含他对新型大学的反思，以及对职业教育的批判。他认为，如果一个人被他的职业所占领，他将会从头到脚裹在制服里。他的美德和思想会被套上一层外衣，这个人就在专业技术的模子里被塑造和压迫。纽曼对职业教育的形容让人感到窒息，在他看来，新型的大学以传授实用的专业知识为主要目的，它们培养出的学生，大多是掌握某种职业技能的"专才"，是没有灵魂的机器，而不是拥有普遍知识宇宙的"人"。

所以说，《大学的理想》这本书的核心问题就是提出了一个关于理想大学的设想。纽曼指出，只有在这样的大学里，在普遍知识被传授和学习的过程中，思想和思想才能得到碰撞，知识和知识才能形成对话，错误才最终得以暴露于众。

三、思想体系：以自由教育培养良好公民

纽曼的大学理想本身是一个具有严格逻辑结构的体系，具体包括三个方面：大学的理念、大学的职能和大学的目的。这三个部分在《大学的理想》这本书中被反复提及。

大学的理念：自由教育。在《大学的理想》这本书中，纽曼一再强调，大学应该是传授"普遍知识"的场所，在一所大学里，知识不应该有高低贵贱之分。也就是说，大学应该吸纳所有类型的知识，比如艺术、科学、历史、哲学等，这些学科相互关联，共同构成了一个"知识世界"。在纽曼看来，因为学生时间有限，

不可能攻读所有学科，只能选择部分对他们开放的专业。但如果学生生活在大学这个"知识世界"中，耳濡目染、潜移默化，必将有所收获。

纽曼把这种大学理念称为"自由教育"。"自由教育"听起来似乎很简单，但却没有一个具体的衡量标准。因为我们很难回答，什么样的大学教育才是自由的。

纽曼也反思了这个问题。他先从语法意义上指出，与"自由"这个词相对的是"奴性"，比如北美殖民地的奴隶，他们常常在皮鞭和责骂声中从事着艰辛的机械劳动，不分日夜地种植烟草、采摘棉花或者盖房子，这类工作基本上不需要心智活动的参与，换句话说，奴工们不用动脑子，只是在奴隶主的训令下干活，他们自然是没有自由可言的。

夹杂着心智和思维活动的工作就是自由的吗？纽曼也不这么认为，他说，一些纯专业化的工作尽管需要很强的心智活动，但也不是真正的"自由"。比如给人看病是需要动脑的技能，但是在古代，从业医生也是没有自由的奴隶。

在纽曼看来，"自由知识"立足于自己的要求，是不受他人支配的，进一步来说，"自由教育"意味着：知识的传授是不受目的影响的。比如我们学习诗词、阅读古典文学，这类知识虽然无法带给我们实用的工作技能，但足以让我们沉思和遐想，让我们精神富足，这就是自由的知识、自由的教育。

大学的职能：教育。大学的职能是纽曼大学理想体系中又一个核心的观点，它回答了一个问题：大学主要是做什么的？纽曼用两个字做出了回答：教育。

当代社会，大学不仅是学生们学习的场所，还是重要的科研机构。比如哈佛大学，它有一个著名的"哈佛生命实验室"，那里有各种各样的先进实验设备，供世界各地的顶尖学者研究使用；再比如，在美国加利福尼亚大学洛杉矶分校，有一位教授名叫安德里亚·格兹，她用世界上最大的望远镜，透过星际气体和尘埃，追踪到了银河系中心的黑洞，她因此获得2020年诺贝尔物理学奖。

但是按照纽曼的思想，这些伟大的科研发明已经偏离了"大学"的本质。他甚至可能会毫不留情地反问：如果只是为了进行科学研究和哲学发现，那么，大学里为什么要有学生呢？他列举了很多伟大的思想家和科学家，比如毕达哥拉斯、柏拉图、亚里士多德、牛顿……他们大多避世离俗、超然物外，根本没有闲暇和精力在大学的校园里传道、授业、解惑。

所以说，纽曼认为大学和科研机构之间存在着明确的界限。大学的一切活动都是围绕学生进行的，大学的主要职能就是传授知识、就是教学；但是研究机构的主要职能则是科研发现，比如意大利、法国闻名遐迩的文学和科学研究院，就属于这样的机构。这些研究院独立于大学，但又与大学保持密切的交流关系，正是这样的模式，让意大利和法国在科学研究方面取得了骄人的成绩。

大学的目的：培养绅士。在《大学的理想》中，纽曼提出两种教育的目的，其中第一种目的是哲学性的，第二种目的是机械性的。哲学性的教育目的让人形成普遍的观念，但是机械性的教育目的，只能赋予人外在的实用技能。

举个简单的例子，有一对双胞胎兄弟，他们自出生后就被送往两个家庭，接受不同的教育。哥哥从小生活富足，他在老师的指导下学习各个国家的语言，读沙士比亚，接触古希腊的哲学思想……这些知识已经成为他心智的一部分；然而他的弟弟就没那么幸运了，他被寄养在一位裁缝的家里，除了跟养父母学习了一些缝纫的专业知识外，他对古典文学、历史和艺术一无所知。这对双胞胎就分别对应着纽曼所说的两种教育目的，哥哥接受的是普遍的、纯粹的知识教育，他所学习到的已经不仅仅是"知识"这样东西，而是万事万物相关联的体系。而弟弟掌握的是一项可以谋生的专业技能，遗憾的是，这项技能是孤立的，它几乎无法与其他知识产生联系。

纽曼认为，大学教育的目的应当是培养拥有全面知识的人，培养聪明、能干、活跃的社会成员。简单地说，就是他在《大学的理想》一书中反复提到的"绅士"。纽曼心中的"绅士"是接受了良好教育的、充满智慧的、举止高贵的人。更重要的是，在他们身上可以发现最难得的品质，正直、包容，会替他人设身处地地着想，他们心胸开阔，即使是那些没有信仰的绅士，也不会随意嘲讽宗教。总之，在纽曼看来，大学教育培养出来的是勇敢、正直、博学的"社会良好成员"。

21

《终身教育引论》：
教育改革的新视角

终身教育之父——保尔·朗格朗

保尔·朗格朗（Paul Lengrand，1910—2003），终身教育理论的主要奠基者，终身教育运动的积极倡导者，被誉为"终身教育之父"。朗格朗结合自身的教育经验与时代的发展情况，发表了众多著作与文章，如《终身教育引论》《终身教育问题》《终身教育的前景》《以终身教育为基础的学习领域》等。

1965 年 12 月，在联合国教科文组织举办的第三届成人教育国际促进会议上，朗格朗的提案——《关于终身教育》引起了大范围讨论。1970 年《终身教育引论》出版，且在国际上影响广泛，先后被译为 18 种文字，至今仍是终身教育理论的经典著作。中译本《终身教育引论》于 1985 年发行，今天我们解读的就是由周南照和陈树清翻译的这一版本。《终身教育引论》引起了人们的深刻思考，国际上关于终身教育的思潮也由此涌现。

一、为什么要写这本书

"终身教育"一词最早出现在 1919 年，但"终身教育"这一观点受到国际社会的广泛关注却是在 1965 年联合国教科文组织举办的大会上，这次大会，保尔·朗格朗提出了终身教育的思想。作为大会 12 个主题之一，终身教育思想引起了教育学家们的广泛关注，许多国家的教育政策随之做出了相应调整，终身教育思想开始深入各国并产生持久的影响。

20 世纪 60 年代，朗格朗对当时的时代更迭和世界变化有着清醒而深刻的认识，他在《终身教育引论》中他提出了九类现代人面临的挑战，比如世界变化加快、人口增加、科技发展等，这些变化会给人类带来许多消极影响，让人过度追求物质利益而忽略精神发展，人性和道德也会受到物欲支配，从而引起严重的社会危害。为了应对这些挑战，朗格朗提出了"终身教育"这一思想，希望通过终身教育帮助现代人对抗这些挑战带来的消极影响。

世界更新变化，使终身教育成为时代发展的必然产物。经济飞速发展让人们的生活压力有增无减，如今人们物欲膨胀而精神世界却变得越来越空虚，传统的有时间和年龄限制的教育体系开始失灵，更具灵活性和适应性的教育模式应运而生。世界人口从 1970 年的 37 亿发展到 2023 年已有 80 亿，同时随着医疗技术的发展，人口寿命也持续地延长，这让教育的需求进一步增加。

此外，科技的发展日新月异，信息传播方式也在不断更迭，人们无时无刻不在接受信息的冲击，传统学校的课本知识难以适应科技的变革，对信息的理解、阐释、吸收和利用也需要个体养成一定的甄别能力，因此，"学会学习"和"终身学习"便成为现代教育的新目标。

朗格朗提出了这样的终身教育理论："终身教育包括了教育的各个方面、各项内容，从一个人出生的那一刻起一直到生命终结时为止的不间断地发展，包括了教育各发展阶段各个关头之间的有机联系。"只有贯穿人生命的全过程并且能够随着时代变化不断更新的教育才能解决现代人面临的诸多问题，终身教育政策的实施和发展在这时候就显得尤为重要了。一定程度上，终身教育理念的产生是时代发展的产物，它变被动学习为主动学习，让终身学习成为普遍的意识形态和生活方式，并进一步从根源上改变人们的思想和行为，筑牢社会的根基。所以说终身教育的提出和普及将是把握时代脉搏、推动时代向前的明智之举。

1965 年 12 月，联合国教科文组织举办的第三届成人教育国际促进会议上，朗格朗的提案——《关于终身教育》引起了大范围讨论。1970 年《终身教育引论》出版，且在国际上影响广泛，先后被译为 18 种文字，至今仍是终身教育理论的经典著作。《终身教育引论》引起了人们的深刻思考，国际上关于终身教育的思潮也由此涌现。

二、终身教育的推力与阻力：教育革新的"双刃剑"

朗格朗提到，"政治革命""受教育者的论争""国家发展及其问题"和"成人教育"四者对终身教育能否在一个国家普及有着重要影响。这四个要素对终身教育发展来说，都是"双刃剑"，能运用得好，它们将对终身教育产生"推力"，运用得不好又会成为"阻力"。

　　第一个要素是"政治因素"。"政治因素"指的是一个国家在进行政治变革后实行的教育政策。

　　如果一个国家在经过新政或者革命后，能够将终身教育作为教育政策中的重点进行推动，那么毫无疑问，"政治因素"就是终身教育普及道路的"推力"了。近代南斯拉夫和苏联就是很好的例子。南斯拉夫在解放后对教育事业十分重视，将发展教育作为政治改革和经济发展的积极因素，并把终身教育原则看作是联系各个教育部门的基本纽带和新教育法的基础。因此，南斯拉夫成了公认的应用终身教育原则的第一个国家。再说苏联，社会主义革命后，苏联青少年的课程内容与革命前大不相同，旧制度下文化和劳动相分离的局面不复存在了，文化与劳动有机结合，各种形式的政治、社会事业的发展受到重视，成人教育也得到了特别重视。虽然苏联在当时还没有明确提出终身学习的概念，但是革命给苏联教育尤其是成人教育带来的改变还是值得关注的。要知道，"政治因素"可以像以上两个国家一样，对终身教育和成人教育产生"推力"，但是也可能由于当局对终身教育的不重视而使终身教育发展面临"阻力"。

　　第二个要素是"受教育者的论争"。"受教育者的论争"就是指受教育者对实行终身教育改革的讨论和争取，也是终身教育能否在一个国家广泛传播的影响因素。

　　论争在任何领域都可以说是进步的发酵剂，在过去，无论是工人运动、妇女运动，还是关于有色人种、殖民地的问题，论争都是推进这些事件改变的重要因素。在终身教育的问题上也不例外，只有"发声"才能被"听见"，广大受教育群体对传统教育的弊端和缺陷进行讨论，对实行终身教育大力争取，这些来自受教育者的呼声就是促使上级政府重视终身教育问题的"推力"。当然了，受教育者如果不能自由发声，不去呼吁实行终身教育制度，甚至发出反对的声音，那也会成为终身教育发展的"阻力"。

第三个要素是"国家发展及其问题"。"国家发展及其问题"是指一个国家在其发展过程中对终身教育的重视程度，以及发展过程中存在的问题对终身教育实施产生的影响。

任何国家在建立现代文明社会的过程中都不可避免地需要依靠教育活动来培养组织管理和国家治理人才，如果缺少对教育的正确认识和大力支持就会产生消极后果。关于这一影响因素，朗格朗特别提到了发展中国家在终身教育投资方面存在的问题。许多发展中国家通过向发达国家借鉴经验，在中小学和大学教育上取得了良好成效，但是在终身教育发展方面却遇到了"阻力"。那是因为在本国经济和政治条件的限制下，发展中国家认为终身教育投资与其他形式投资相比，取得的收益与其投资额不成正比，因此往往在传统教育普及工作完成后就不再进行终身教育投资了。还有一些发展中国家，一方面倾向于走发达国家走过的成功的教育路径，另一方面又害怕丢掉传统力量会导致不良后果，因此对待终身教育问题举棋不定，最终让数量发展但质量落后成为本国教育难以突破的瓶颈。这些问题成为许多国家终身教育普及工作的"阻力"。发展中国家只有突破自身发展过程中存在的这些问题，才能化"阻力"为"推力"，推进终身教育在本国的普及。

第四个要素是"成人教育"。"成人教育"就是指过去几十年中成人教育的实施对终身教育的影响。

一方面，自成人教育实施以来，大批的工人通过"上夜校"

的方式提升了自己的工作技能，从而得到了更多的收入，提高了生活水平。获益的先例让更多成年人投入到学习中去，从这个角度来说，成人教育也为终身教育的发展做了铺垫，起了一定的"推力"作用。

另一方面，成人教育的授课方式仍旧以"学徒制"为主，没有脱离传统教学中"老师讲、学生听"的旧模式，知识传授仍旧是单向式的，严重忽略了成年人的特性和个体的差异，教育的重点仍是集中在获得知识而忽略对"完整的人"的教育，这对于终身教育的发展而言就是"阻力"了。

"一个人拥有一定的知识和技能后便可以终身应付自如，这种观念正在迅速过时并在消失之中"，朗格朗在20世纪六七十年代就已经预料到了这样一种发展情形。"一技傍身"就会有"铁饭碗"的时代已经不复存在了，终身学习才是自我提升的唯一选择，在终身教育发展过程中化"阻力"为"推力"，早日普及终身教育是国家和个人都需要为之努力的大事。

三、终身教育的目标：实现更美好的生活

朗格朗提出的终身教育的目标，是要"实现美好的生活或者从中汲取一切有益的东西，使人过一种更和谐、更充实、符合生命真谛的生活"。朗格朗提出的终身教育的目标可以从个体生活的不同维度进行探讨，一方面可以按照人的年龄从纵向发展的角度来看，另一方面可以通过梳理个体接受的各类教育从横向来进行理解。

按照人的年龄从纵向发展角度分析。"学习受年龄的限制"这句话，从生理学和心理学角度来看有一定的道理，因为过了一

定年龄之后，人逐渐走向衰老，对一些学科知识（如外语和数学）的掌握会变得困难，更别说学习舞蹈、乐器这些需要在幼年时期就进行训练的活动了。但思想懒惰的人却倾向于将年龄限制作为借口，实际上，许多教育活动，比如口语和文字的使用，不仅不会随着年龄增长而退化，反而会因不断使用而有所提高。教育的训练在整个人生中都占有一定位置，从儿童期到青少年期，再到中年期、老年期，每一个阶段都需要进行专门的教育训练，无论是专业技能的训练，还是心理和哲学方面的学习，这些复杂的训练应当伴随生命的全过程。

可对于绝大多数的人来说，教育只是意味着在学校内接受专门的授课、和专业的人员进行教学活动。成年后的人们因为对自己在未成年期受义务驱使而接受的学校教育形成了不好的印象，致使他们在拥有自主选择权的成年期拒绝接受成人教育。

因此，要想使教育贯穿个体的一生，并在个人生活的方方面面发挥作用，就要突破年龄和传统学校的限制，在终身教育过程中将各项人类活动联系起来，使教育对象能积极有效地参与每个年龄段的学习，实现终身教育帮助人们过更和谐、更充实、符合生命真谛的生活这个目标。

按照个体接受的各类教育从横向发展角度分析。人口激增和资源短缺带来的竞争让文凭和资格考试成为当前主要的人才选拔手段，传统中小学和大学教育下的考试制度以一种"完成就终止"的模式草率地区分出传统教育体制下的"成功者"和"失意者"，这样的教育机制只会破坏民主原则和机会平等原则，引起更多社会问题。终身教育所追求的是人们不断进取，形成有意识、有计划、有良好的物质和精神条件的生活状态，让教育起到帮助人们生活而非加剧不平等的作用。

终身教育应当贯穿个体成长的每个年龄阶段和生活的各个方面。

一是情感教育。复杂情境下人与人之间的交互常常有一定的模式和准则，同时也需要一定的想象力和创造性，伴侣之间、父母与子女之间、人与社会其他人之间的情感交往需要一定的指导和帮助，学会与他人的情感交流是让小家庭和大社会稳定发展的必修课，因此情感教育在一个人的终身发展中可以说是必不可少的。

二是职业教育。在个体的职业生活中能够不局限于工作本身，而是把劳动作为一种组织形式和出发点，在实践中以适当的方法广泛而深刻地认识社会的特点及问题，这在一定程度上就实现了职业与教育的结合，不仅符合终身教育的发展，也有益于个体的全面发展。

三是闲暇教育。闲暇时间开展各项活动与工作并存也是现代社会所倡导的生活形式。闲暇时间可以开展读书、散步、歌唱、绘画、参加体育运动、观赏赛事等各项活动，培养个性，扩大知识面，提高社会文化素质。因此，终身教育不是只追求个体在文化水平上的提升，发展爱好、强健体魄，使自己的闲暇时间充实并有意义，也是终身教育的重要内容。

公民的教育也是朗格朗针对发展中国家提出的终身教育的重要内容之一。数量众多且训练有素的公民是一个国家民主繁荣的前提，关心国家命运，有知识、有能力的公民在各种组织中正确履职是国家机器正常运转的关键。将公民教育作为终身教育中的重要内容，在知识与理解、技能与态度、价值与取向等各个方面培养公民，让公民在未来的生活中能够真正地行使权利、履行义务。建设一个将学习贯穿终身、使个体成长为全面的人、逐步实现教育民主化的社会，一个使公民更公平地分享消费品和文化资源的社会，一个能极大地丰富和改善公民的精神生活的社会，是朗格朗所期望实现的终身教育的最终目标。

22

《学会生存——教育世界的今天和明天》：以终身教育和建设学习型社会的理念促进教育革新

法国杰出的政治家、评论家、历史学家和传记作家——埃德加·富尔

埃德加·富尔（1908—1988）是法国第 139 任和第 144 任总理，杰出的政治家、评论家、历史学家和传记作家，曾于 1957 年、1963 年、1979 年三度访问中国。富尔在担任联合国教科文组织国际教育委员会主席一职时，便带领同事开始了全球教育问题的大考察，并于 1972 年 5 月向联合国教科文组织递交了《富尔报告》，即《学会生存——教育世界的今天和明天》（以下简称《学会生存》）。其中首次提出终身学习（lifelong learning）的概念，他指出："虽然一个人正在不断地接受教育，但他越来越不成为对象，而越来越成为主体"，因此，教育过程的重心必须发生转移，应当"把重点放在教育与学习过程的'自学'原则上，而不是放在传统教育学的教学原则上"。

《学会生存》通过回顾人类教育的发展历程，深入探讨和分析了世界范围内教育活动面临的挑战和问题，详细阐释了终身教育的深刻内涵和学习化社会的构建目标，并尝试提出了教育改革和创新的策略与途径。本书内容丰富，主题多样，对中国的教育工作者来说有很高的理论参考价值。

一、为什么要写这本书

1908 年 8 月 18 日，埃德加·富尔出生于法国埃罗省贝齐艾尔市，父亲是一名军医。富尔曾在巴黎东方语学校学习俄语，后转读法律，毕业后在巴黎操律师业。二战期间，富尔留在巴黎并加入激进党，积极参加抵抗运动，于 1943—1944 年加入阿尔及尔（阿尔及利亚首都）的法兰西民族解放委员会，1946 年当选为国民议会议员。1968 年"五月风暴"事件（即法国爆发的一场学生罢课、工人罢工的群众运动）后，他出任教育部长并在一年内对法国的入学制度进行了大刀阔斧的改革。1969 年富尔被迫下台，因为他的改革没有得到新任总统的批准。1972 年，基于对教育发展问题的思考和对全人类命运的关切，富尔起草并向联合国教科文组织总干事长提交了名为《学会生存》的报告。

富尔认为，教育是世界各国普遍认定、对人类发展有关键意义的重要议题，若想实现创造美好世界的目标，就要为未来做好这方面的准备。他指出现代社会中的教育存在诸多问题。

第一，社会上有一种普遍认知，人们觉得传统的教育体系曾历经时间的考验，因此只需要改良和调整它便可以长久沿用，然而随着时代变迁，针对传统教育体系的批评不绝于耳，年轻人对于强制性的教育模式和学校设置也极为不满并进行了公开的抵制。

第二，20 世纪 60 年代末，第三世界国家开始团结起来，这些国家普遍呼吁在教育领域确立新的国际秩序，这些国家的公民也期许能更广泛和更均衡地获取知识，因此第三世界国家纷纷照搬西方的教育民主化模式建立起本国的教育体系，即主张人人有权利接受教育，但是后来发现西方模式与他们的实际情况完全不符，原因是第三世界国家在教育方面的投资和财政预算是不对称的。

第三，由于缺乏权威性的评估，有些国家并未意识到自身教育体系存在的不足与壁垒，因此亟须有效地解决途径和良好的管理措施加以改正和破除。

对于这些问题，富尔的结论是：现代国家在考虑自身利益的同时也要增强国家之间的合作，各国不仅要考虑自身利益，也要有组织性地与其他国家交换文献资料和交流教育经验，以加速推进全人类教育事业的长足进步。富尔倡议在世界范围内建立国际共同体，他认为国家间应当尽量避免产生分歧和冲突，应将合作视为国际关系的基本走向。

对富尔影响最深的一个人，是法国著名的哲学家和教育学家卢梭。卢梭在他的政治著作《社会契约论》中最早提出了共同体的概念，这为富尔的国际共同体思想提供了深厚的理论基础。18世纪的法国，启蒙运动开展得如火如荼，资产阶级开始寻求权利与平等并要求掌握政权，卢梭作为启蒙运动的代表人物便喊出了"天赋人权"和"主权在民"的口号。他认为，社会契约一旦被缔结，就意味着每个人将自己的全部权利都转移给了"人民结合成的集体"（卢梭最初的共同体概念），那么个人服从集体意识也就等同于服从自己，人民就是共同体的主权者。然而这种思想有着明显的局限性，因为人数和能力是可以直观看出来的，但如果共同体缺乏明确的发展方向和有才能的领导者，就无法促进共同体的发展。那么如何才能既保证成员的思想独立性，又对共同体的前进方向做出正确的判断呢？

这个问题引起了社会学家们的思考，因此在启蒙运动之后，社会学框架下有关共同体的讨论开始不断涌现。1848 年，马克思在《共产党宣言》中指出，未来的人类共同体应该融入共产主义理想社会之中，不存在社会阶级的划分与对立，人们都可以顺应天性实现自由发展。1887 年，德国社会学家滕尼斯发表了《共同体与社会》一书，把共同体从社会概念中分离出来，共同体开始正式成为一个现代社会学意义上的概念。滕尼斯用共同体来表示建立在情感一致基础上的社会联系（即社会结构），以及富有人情味的生活共同体。富尔深受滕尼斯的启发，做出了通过建设国际共同体来推动教育发展的初步规划。在他的领导下，国际教育发展委员会自 1971 年 3 月工作之日起，在一年之内举行了 6 次会议，实地考察了 23 个国家，充分引用了教科文组织在长达 25 年间积累的大量思考与活动经验，研究了 70 多篇有关世界教育形式与改革的论文，终于在 1972 年 5 月完成了《学会生存》的报告。

二、核心问题：怎样培养"完人"

在富尔的阐述中，他提出要通过教育的方式来培养"完人"，即完善的人，以提高全人类的生存能力。富尔所谓的"完人"，广义上是指自身能将体力、智力、情绪、伦理等各方面因素都充分体现的人，该定义在后来的各个时期受到人道主义者们的追捧，也为世界各国教育事业的发展带来诸多启发。

富尔在《学会生存》中从两个角度说明了培养"完人"的原

因和必要性。

一是人的力量在不断扩大。英国教育学家和人道主义者朱利安·赫胥黎曾指出，人类应该积极地向着具备优秀品质的群体进化，而每个集体中的领导者则要时刻引导人类的进化过程朝着良好与正确的方向前进。富尔继承和发扬了赫胥黎的观点，在他看来，现代社会的人们已经拥有了丰富的知识来源和无穷的创造力，因此能够持续探索未知的新领域。换句话说，现代社会中的人通过知识获取和科学研究的方式，让自己改造自然的能力逐步得到提升，也让自己改变生存环境的影响力越来越大。人已经有条件与能力主宰命运，而发挥潜能和创造价值的前提就是让自己成为一个完善的人。

二是人在现代社会中可能会面临人格分裂的困境。富尔认为，社会阶层的划分引发了体力劳动与脑力劳动的对立，而为了满足教育科学化和教育专门化的需要，就会让品德规范及素质培养无法得到足够的重视，这对于实现人的全面发展是十分不利的。富尔最终的观点是，获得知识、表达思想和开展研究是人类发展过程的外在表现，而体格、情感与道德层面的提升则是实现人的全面发展的内在需求。

社会的进步与发展对人们提出更高的要求，发展越完善的人的社会适应性会越强。怎样才能培养"完人"呢？对此富尔提出了四点看法：教育者要秉持科学的态度，将科学分析问题的方法传授给受教育者；人类应勇于探索发现，积极地在工作过程中发挥创造力；人类要自觉承担社会责任和履行社会义务，提高自身素质修养；人类的情感、智力、道德因素缺一不可，都要得到均衡发展。

三、核心思想：开展终身教育与建设学习型社会

"学会生存"是富尔向教科文组织提交的报告中的关键旨意，而"学会生存"的对象就是整个人类。在生存能力提高之后，人类就要面对怎样推动文明进程和促进社会发展的问题。20 世纪 70 年代，在第三次科技革命的影响下，全球科学与技术水平不断提高，新的知识领域和活动形式开始涌现。基于对现实层面的思考，富尔提出了开展终身教育和建设学习型社会的理念。富尔建议各国在制定教育政策时将终身教育纳入考虑范围，因为人们只有通过接受教育和不断学习的方式，来更新自身的知识储备、锻炼和掌握多种能力，才能适应社会的飞速发展。在理想的终身教育体系中，每个人都能找到适合自己的前进方向，因为它提供的是遵循个体自然属性的教育。

确定了将终身教育作为教育基本原则之后，在讨论贯彻原则的途径时，富尔提倡建设学习型社会。他认为，学习型社会与终身教育具有密不可分的关系，甚至可以说"终身教育是学习型社会的基石"。美国教育学家赫钦斯在 20 世纪 60 年代首先提出了学习型社会的概念，他所谓的学习型社会，就是借助合理机制和有效手段来促进全民学习和终身学习的社会，基本特征是使全社会的公民都善于不断学习，从而形成积极良好的社会风气，核心内涵是全民教育和终身教育。如同坐标上的横轴和纵轴，全民教育和终身教育是关乎人类生存发展的两个重要维度。学习型社会的建设是时代发展和社会进步的必然结果，全社会的人只有不断学习，才能做好准备应对新的挑战。然而，学习型社会不是自然而然地形成的，而是人们根据社会发展的需要，努力建设出

学习型的家庭、组织、企业、社区和城市，从而组合构成学习型社会。

　　富尔指出，学习型社会中人的教育是最为重要的，教育活动的崇高价值是毋庸置疑的，除学校以外，包括政府机关在内的所有部门都必须担负起当地公民的教育任务。但不得不承认，受各国发展不均的限制，在世界范围内广泛建立学习型社会还是十分困难的。尽管如此，富尔仍然提出了一些可尝试的建议，包括明确国家和政府的职责分工、持续推动教育改革进程、制定符合实际情况的教育政策、因地制宜规划教学活动、增加教育机构和组织的数量、秉持开放包容的教育宗旨、推动教育管理体制的全面完善等。

23

《学校与社会》：
如何建设一所理想的学校

20 世纪影响最大的教育家——**杜威**

约翰·杜威（John Dewey，1859—1952）是美国人，在美国国内，他既是一位致力于教育改良的实践者，也是一位致力于社会改革的自由主义派人士。在全球范围内，杜威是公认的 20 世纪影响最大的教育家，日本、英国、法国、德国、俄国、土耳其、墨西哥等国的现代教育，都深受杜威思想的影响。他被世人誉为"今日的苏格拉底"。杜威的学术触角触及社会、政治、文化、艺术等各个领域，学术生涯后期的杜威多以社会活动家的身份自居，在美国学术界获得了极高的赞誉，他也是美国著名哲学家、心理学家、实用主义的集大成者、机能主义心理学和现代教育学的创始人之一。

胡适和陶行知都曾在哥伦比亚大学求学，同时师从杜威。当时杜威已年过半百，思想成熟，对胡适和陶行知的启发很大。杜威还曾到中国讲学，在两年多的时间里辗转数省，做了几百场演讲。他的真知灼见，让中国学子受益匪浅。可以说，近代影响中国教育思想最大者，杜威首屈一指。

杜威的《学校与社会》写成于 1899 年，是杜威影响最广泛、译本最多的教育学著作。这本书是杜威前期之作，其中观点鲜明，认为民主、科学、技术与工业化发展，已深刻地影响了社会的基本结构，学校必须随之作出有效的反应，才能推动社会的继续进步。这是杜威教育论的基础，这本书也可视为杜威教育理论的导言、教育思想的缩影。

一、为什么要写这本书

杜威于 1859 年 10 月 20 日出生在佛蒙特州的柏林顿城一个杂货商之家。杜威在典型的美国中产之家长大，年少时就读于公立学校。

1875 年，16 岁的杜威进入佛蒙特大学就读。杜威选择佛蒙特大学的原因是离家近，佛蒙特大学历史悠久，是美国建国以来的第 20 个学府，最初的八所公立常春藤大学之一。当时学校的规模很小，每年只招收 90 个学生，实行小班型、个性化的教学。杜威在佛蒙特大学四年，陆续修读了希腊文、拉丁文、数学、哲学、地质学、生物学、生理学等多门课程，推开了他走入学术世界的大门。

大学毕业后，杜威当过一段时间的教师。1882 年，杜威到刚成立不久的霍普金斯大学读研究生，选修哲学。霍普金斯大学创建于 1876 年，学校借鉴德国的教育理念，看重研究生的独立思考能力。在这里，杜威身处完全自由交流的学术氛围，迅速提高了自己的学术水平，短短的两年后，他就以《康德的心理学》为题顺利完成论文答辩，获得了哲学博士学位，具备了一位学术研究者所应有的素养。

随即，杜威受聘于密歇根大学哲学系。此后，杜威的一生几乎都在高校度过。在密歇根大学的 10 年时间里，杜威积累了丰富的学术研究经验。杜威不仅拔高了自己的哲学建树，而且开始有意识地进入心理学、教育学的研究领域。他发表了《心理学观点》《作为哲学方法的心理学》等论文，还编写了一本《心理学》教材。渐渐地杜威认识到，无论是研究哲学还是心理学，最重要的是为社会服务，解决现实问题，有了这样的认识后，他萌发了把哲学、心理学、教育学结合起来研究的设想。

1894 年，35 岁的杜威受聘于芝加哥大学，担任哲学、心理学、教育学系主任。杜威在芝加哥大学任教 10 年，完成了他从哲学家到教育家的转变。杜威在芝加哥大学任职期间同时开设了哲学俱乐部、教育学俱乐部，鼓励学术思想的自由交锋。杜威相信，真正的教育出自人的好奇心，而不是社会外在的压力。大学如此，中小学亦如此。在没有慌张和恐惧的环境中，人才能有自觉学习的兴趣。带着这样的理念，杜威开始致力于中小学教育的研究。

1896 年，杜威创立了闻名遐迩的芝加哥初等学校，后来也称杜威学校。对这所学校，杜威倾注了他大量的心血。学校招收 4 ～ 15 岁的儿童，最初只有学生 16 人，鼎盛期达到 140 人。杜威为学校拟定教育目标、组织教学计划，聘请合适的老师，进行了为期 8 年的教育实验。在教育实验的基础上，杜威把自己的思考凝结为多本论著，《学校与社会》就是这时期的代表作。

二、具体内容：学校即社会、教育即生活

杜威创办了芝加哥初等学校，他把这所学校视为"哲学、心理学、教育学的实验室"。在学校建立之初，杜威就写了《我的教育信条》，点明了教育的意义，即社会进步与社会改良的基本方法，这是杜威的教育宣言，立下了杜威教育学研究的标杆。在

此基础上，杜威摸索探求，他一方面努力回应现实教育问题，另一方面试图建构完善的理论体系，由此他完成了《学校与社会》。

《学校与社会》共8篇。前3篇是杜威对关心芝加哥初等学校的家长和社会人士发表的演讲稿，分别是《学校与进步》《学校与儿童生活》《教育中的浪费》；后5篇是杜威单独撰写的论文，分别是《初等教育心理学》《福禄培尔的教育原理》《作业心理学》《注意力的发展》《初中教育中历史教学的目标》。

这8篇文章讨论的具体内容要点如下。

第一，论学校与社会进步的关系。杜威指出："如果我们的教育对于生活必须具有任何意义的话，那么它就必须经历一个相应的完全的变革。"他强调在社会革新进程中，学校也要发展，而不能固守旧传统。在杜威看来，"社会是由一些循着共同的路线、具有共同的精神，并参照共同的目的而活动的个人聚集在一起形成的。这些共同的需要和目的，要求日益加强思想的交流和感情的和谐一致"。对于儿童来说，拥有的一切大多是从学校获得的。所以，杜威提倡新学校，认为新学校不是呆板地学习功课的场所，而是生动的社会生活的形式。新学校能引导、训练每个儿童成为社会的成员，让儿童提升能力、扩大见识、树立精神，在长大成熟进入社会后，才能建设和谐社会。

第二，论学校与儿童生活、儿童发展的关系。杜威反对旧学校中的旧教育，批评旧教育中消极地对待儿童、机械地使儿童集合在一起、课程和教学法的简单划一。这样重心在教师，而不是在儿童的教育模式，无疑是戕害儿童的。杜威提倡，学校要以儿童为中心，教育要顺应儿童的本能，组织有益于儿童生活、发展的活动。杜威将儿童本能分为四种：社交本能、语言本能、制作本能、艺术本能。通过教育的引导，四种本能可以形成四方面的兴趣：交谈的兴趣、探究的兴趣、制作的兴趣、艺术表现的兴趣。通过对儿童兴趣的培养，既满足了儿童交流倾诉、制造设计等欲望，也激发了这些欲望的积极意义，即锻炼儿童将来参与社会、改良社会的经验。

第三，论学校教育中的浪费问题。 在杜威看来，学校教育的浪费不是金钱、物质的浪费，而是导致"儿童在校时生命的浪费和以后由于在校时不恰当的和反常的准备工作所造成的浪费"。教育的浪费要从两方面来看：一方面是儿童在学校学习的死板知识，在社会上不能实际应用；另一方面是学校扼杀了儿童在校外获得的经验，在学校里的儿童和在学校外的儿童不像是一个人。这就是学校的隔离，学校是封闭不开放的，打算与世隔绝，强硬地按照学校的标准去改造儿童，一切为了学校的发展，而不是为了儿童的发展。这样进行的教育对儿童毫无益处，儿童只是教育流水线上的固定产品，没有生机、没有创新，更没有意义。

第四，论新、旧初等教育心理学。 杜威对儿童心理学的研究，扬弃了旧心理学，创建了新心理学。杜威认为旧心理学有诸多缺陷：旧心理学只把心理视为个人对外界接触的直接反应，新心理学则把心理学视为社会生活的有机组成部分；旧心理学认为心理结构是一样的，差别在于表现出来的内容与程度的不同，新心理学则认为心理结构有发展的过程和规律，绝不能对儿童心理、成人心理等同看待。

杜威分出了儿童的三个心理阶段：第一阶段从 4 岁到 8 岁，重视激发儿童的生活兴趣；第二阶段从 9 岁到 12 岁，注重锻炼儿童的思维能力；第三阶段与中等教育交界，开始注重培养儿童的社会经验。三个阶段要循序渐进，不能冒进超前。

第五，论福禄贝尔的教育原理。 福禄贝尔是德国教育家，致力于幼儿教育研究，是近代幼儿园教育体系的创建者。杜威认同福禄贝尔的自然教育原则，但对福禄贝尔的一些具体观点持异议。

杜威认为福禄贝尔提出的"通过游戏教育儿童"，如果游戏是教师主观设计的，那对儿童没什么益处。游戏应该是儿童的，而不是教师的。

杜威认为福禄贝尔设计的儿童教材过难，教育方法过于复杂，过犹不及，会引起儿童的反感，反弹出负面效果。

杜威认为福禄贝尔的教育带有过浓的宗教色彩，导致了无用的形式主义、无病呻吟般的象征主义，在杜威的教育思想中，这些都是要摒弃的。

第六，论儿童作业的设计与意义。杜威否定了旧教育中的作业，认为那只是刻意让儿童不吵闹、不淘气的生硬办法，比如机械地背诵课文、大量的数学运算等，浪费了时间，让儿童变成书呆子。真正的作业应该是让儿童"复演社会生活中进行的某种工作或与之平行的活动方式"，目的是让儿童适应进入社会的步骤，打好进入社会的基础。好的作业要在儿童的知识与能力间达到一个平衡点，先把知识转化为能力，再以能力继续巩固知识，知识以智慧为本，能力以实践为本，两者互相促进。而且，作业应该是有机连续的，就像用一块块骨头最后可以拼接成一副骨骼那样，要杜绝随机零散的影响，以有体系的作业让儿童积累出有效的经验。

第七，论儿童注意力的发展规律。杜威在儿童注意力方面指出了旧教育的弊端，包括两个方面的内容：一是强制要求同龄的儿童一定要有相同的注意力，没有顾及儿童发展的个性；二是机械地通过教师说教、实物教学进行儿童注意力训练，使用的教材也一成不变，没有顾及儿童的主观能动性。在杜威看来，这样的儿童教育比没有还糟。真正的教育不是灌输，而是启发，要启发儿童的兴趣、培养儿童的感情、激活儿童的注意力，让儿童自己去探求对生活、社会及自然的欲望，再引导儿童找到正确的答案。这个原则与孔子的"不愤不启，不悱不发"接近，就是要给儿童提供自己寻找兴趣、培养注意力的机会和空间，不是帮助儿童直接解决问题，而是帮助儿童学会发现问题和解决问题。

第八，论初等教育中历史教学的目标。这是一个专题问题。很多儿童讨厌上历史课，给历史课贴上了乏味、枯燥的标签。为什么会这样？杜威认为，历史课的失败在于盲目地知识灌输，无论儿童是否能理解、消化，如同填鸭一般地硬塞，引起了儿童的逆反心理。真正有效的历史课不是让儿童背诵历史人物、事件年表，而是为儿童展示历史的图景，让儿童体味历史的意义。杜威将儿童历史课分为三阶段：一是概括的历史论，让儿童理解历史记录的多是有意义的社会活动；二是具体的美国史及芝加哥城市史；三是欧洲史及世界史。

历史课教学的根本目的，是让儿童了解在前进的、动态的历史进程中，人对历史的推动作用，并能反思历史，以继续推动历史的发展。

三、核心问题：何为理想的教育

杜威所处的时代，正是美国政治、经济的巨变期。19 世纪90 年代至 20 世纪初的 10 年里，随着美国工业生产总值跃居世界第一，美国完成了从农业资本国家到城市化工业国家的转型。资本的原始积累给人们带来了巨大财富的同时，也带来了无尽的烦恼。金钱只能丰富物质，却让精神跌入空虚。一系列的社会矛盾被激化，如政治腐败、种族歧视、贫富差距等，连本应纯洁的儿童世界也被污染，传统的教育却根本无力解决这一切。

如何通过学校、通过教育来解决现实社会问题，这是杜威教育思想的核心。当时数量有限的公立学校、低水平的教师队伍、老旧的教育理念等，已明显跟不上时代发展的巨轮，杜威所考虑的，正是要推陈出新，大力改革，创造出一种更切合实际的新教育。

杜威在《学校与社会》中，大致从两个方面回应了学校、教育与社会的核心问题。

一方面，怎样才是完美的学校？ 完美的学校具有社会生活的全部含义。抽象地说，学校不是孤立于社会之外的组织，而是一个生气勃勃的社会机构。学校应该具有以下三个特点：学校为儿童提供了简化的社会环境；学校是处处有道德；学校是为学生考虑的。

只有在这样的学校环境中，儿童才能形成有用的习惯和经验，为社会生活做好准备。从具体课程上说，学校既要有提供基础知识的学科课程，如数学、历史等；更要有适合实践锻炼的活动课程，如园艺、烹饪、纺织缝纫等，将两者结合，儿童才能获得参与社会的能力。

另一方面，怎样才是理想的教育？ 理想的教育是为社会而教育。在理想的教育中，每个人都能挣脱狭隘的个人束缚，进入"人人为社会、社会为人人"的境界中去。有人可能会想，对幼小的儿童讲社会问题，未免太沉重了。但杜威认为，社会问题是不能逃避，也无须逃避的。在杜威设计的理想教育中，顺应儿童自然成长的规律，通过多种多样的学校活动，激发儿童的天性，让儿童自觉养成习惯、积累经验，从天性到习惯再到经验，即潜移默化地塑造了一个"社会人"。所谓的"理想教育"，就是以学生为主体、以学校为手段、以社会为目的。

在《学校与社会》之后，杜威又陆续撰写了《儿童与课程》《教育的情境》《教育上的道德原理》《教育上的兴趣与努力》《明日之学校》等，继续完善其教育理论体系。尤其是 1916 年撰写的《民主主义教育》，是他教育学研究的另一部巅峰之作，该书也将与哲学、心理学紧密结合的，贴上了鲜明的杜威标签的实用主义推向了高潮。

教育发展
的新方向

24

《后现代课程观》：
构建一种新的课程观

后现代教育之父——小威廉·E. 多尔

小威廉·E. 多尔（也译作小威廉姆·E. 多尔，1931—2017）作为课程理论的研究专家，近年来在教育学界很活跃，被誉为"后现代教育之父"。多尔生于波士顿，曾在波士顿、丹佛、巴尔的摩教书，后在约翰斯·霍普斯金大学获得了博士学位。之后，多尔进入高校任教，历任纽约州立大学奥斯威戈分校初等教育系主任、加州雷德兰兹大学师范教育项目主任、路易斯安那州立大学课程与教育学系教授、维拉·富兰克林与 J.R. 伊格斯捐赠基金荣誉教授。

出版于 1993 年的《后现代课程观》是多尔的成名作，也是多尔课程理论的奠基之作。多尔的理论根植于美国教育，这本书也可以称得上是美国课程理论研究的一大标志性成果。多尔在《后现代课程观》中，描绘了一幅后现代的课程蓝图，肯定了课程与教学的内在价值，突出了人的成长意义。

一、为什么要写这本书

在 20 世纪 80 年代末，多尔接受了后现代主义的思想，并开始将后现代主义的一些观点，融入他的教育学研究中。1987 年，多尔带着他的一篇《不稳定性课程》论文，参加了在华盛顿特区召开的美国教育研究协会年会，在与参会学者的交流中，在同仁们的建议与鼓励下，多尔萌生了将相关的课程理论研究写成一本书的构想，由此点燃了《后现代课程观》这本书创作的星星之火。

在美国教育学界，与后现代主义相关的课程理论研究，始于 20 世纪 70 年代，一马当先的是威廉·F. 派纳，他是美国国际课程研究促进协会（IAACS）的主席。1975 年，派纳出版了《课程理论化：概念重建主义者》一书，指出了美国现行课程与教学的多种弊端，并提出，要根据"课程"一词概念的原意，结合最新的哲学、心理学、社会学等思想，对课程进行"概念重构"，由此拉开了课程研究的大幕。

在西方，课程一词从古希腊文演变而来，原意是"跑马道"，后引申至教育领域，意思是"学习者学习的路线"。19 世纪，英国哲学家、教育家斯宾塞在一篇《什么知识最有价值》的文章中，将"课程"定义为"教学内容的系统组织"，也就是有目的、有计划地安排学习过程。渐渐地，"课程"成为教育学中的一个分支，关于它的研究，也就应运而生了。

关于课程的研究是五花八门的。其中，所谓的"课程观"，指的是对课程的基本看法，包括课程的本质、课程的价值、课程的结构、课程的实施、课程的效果等。派纳对课程的"概念重构"，实质上就是认为，课程观要与时俱进。在派纳的影响下，美国教育学界一度涌现出了多种多样的课程观，如大卫·雷·格里芬认为，课程的根本目的，是要树立"一个鼓动人心、激励意志、给众人一个共同的目标的理想"；再如，J.P.米勒提出了"整体性课程"，K.凯森提出了"批判的过程课程"，C.鲍尔斯提出了"后自由主义教育理论"等，这些都是围绕着课程观展开的研究。

多尔在研究过许多相关的理论后认为很多课程观都有这样或那样的不足，所以，他要对之前的课程观进行系统的研究。他同时受后现代主义的影响，于是采用了后现代主义观点和方法进行课程研究，提出了一种富有创造性、探索性和发展性的后现代课程观。

二、内容框架：现代主义与后现代主义、现代范式与后现代范式

我们一直享受着科学带给我们的红利。基于各种科学研究得来的科技成果，优化了我们的生活，让我们的生活更加舒适便利。更重要的是，我们已经习惯了用科学的观点，去理解世界、理解生活、理解人生。就像多尔在书中，引用了斯宾塞《教育：智力、道德和体力》中的一段话："为了直接的自我生存……依靠科学；为了完成抚养责任……依靠科学；为了形成良好的公民修养……依靠科学；为了欣赏艺术……依靠科学。"在斯宾塞看来，科学与社会生活密不可分；而在多尔看来，科学甚至成了现代人的一种精神迷恋。

当科学主导了现代社会，它的弊端也就慢慢地凸显了出来。多尔认为，科学变成了一种主义，控制了它自身之外的很多领域，如哲学、社会学、心理学、教育学领域等。美国人是如此崇拜科学，认为科学既能让人上天入地、征服自然，也能让人理性思考、改变社会。但在多尔看来，将科学高举在神坛之上，正是现代社会的异化。

尽管如此，科学还是裹挟着教育滚滚向前。在全球的教育中，学校在课程里教的、学生在学校里学的，在数量上最多的，在质量上最高的，就是科学知识，而且，大部分人对"科学是最重要的知识"这一点，深信不疑。多尔正是看到了科学主义对教育的控制，以及对课程与教学的影响，才引发了他的深入思考。既然以科学为主导是有偏颇的，那我们就应该反驳它。且多尔深受后现代主义的影响，而后现代主义本就蕴含着反科学。多尔认为，应该从后现代主义出发，消除科学主义对教育的负面影响。

在书中，多尔没有直接将科学与后现代主义对立起来，而是区分了现代主义与后现代主义。在多尔看来，科学是现代主义最显著的标签。

什么是现代主义？现代主义的特征是什么？现代与传统是相对的。关于传统与现代的分野，从时间上看，现代始于15世纪晚期，欧洲工业革命后，世界走入现代。从观念上看，以文艺复兴为分水岭，之前是神学至上，之后开始追求理性。现代主义颂扬的，正是人的理性精神。如果我们给现代主义下一个定义的话，那就是，"在本质上表现为理性启蒙精神，强调人通过对自然的理性把握和技术征服，而确证人的主体性的精神"。而对自然的理性把握和技术征服，依靠的就是科学。

什么是后现代主义？后现代主义的特征是什么？现代社会的

种种弊端，让很多人开始奋力呼吁，我们应该超越现代，进入后现代。从广义上讲，后现代主义带着批判的眼光，在很多领域，如自然科学、哲学、社会学、文学艺术等，去质疑现代主义；从狭义上讲，后现代主义是反对现代主义固化了的研究范式，如强调非理性思维，反对现代主义的理性思维；强调多视角、多元化，反对现代主义的单一化；强调不确定性、差异性，反对现代主义的普遍性等。

尽管后现代主义几乎可以算得上是精准击中了现代主义的弊端，但后现代主义提出的很多观点，在很大意义上是空想。迄今，我们仍生活于现代，依靠着技术，享受着科学。就像多尔打的比方那样，后现代主义是"迷人的想象王国"，我们去往那里，还有很漫长的路要走。

因此，多尔也没有大而化之地讨论现代主义、后现代主义与教育的问题，正如这本书的书名点明的那样，多尔直接从"课程观"的角度切入，分别讨论了在现代主义影响下形成的现代范式的课程观，在后现代主义影响下形成的后现代范式的课程观。

在多尔看来，现代范式的课程观是封闭的。这样的课程观，大力主张的是科学性，这主要体现在四个方面，即教学目标必须是精确、实用的；教学内容必须是普遍、客观的；教学过程是要预先设计的；教学效果是可以量化的。这样看起来头头是道，很有规律，也有可操作性，但这样的课程教出来的学生，就像是把原材料放在工业流水线上制造出来的产品。

多尔主张的后现代范式的课程观是开放的。相比于现代范式的死板，后现代范式有三个不同的主张：其一，反对课程的一切权威，不要将课程单一化，而要将课程多元化；其二，课程的模式，包括教学目标、教学内容、教学过程等，不是静态的稳定，而是动态的生成；其三，课程的教学效果，不是直线前进，而是螺旋式上升。在这样课程观的指导下，学生才能成为有自由思想的人。

三、主要内容：现代范式的"课程观"与后现代范式的"课程观"

"模体"这个概念在计算机领域比较常见，一般理解为在网络中反复出现的相互作用的基本模式。多尔在《后现代课程观》中借用了这一概念，提出"4R课程模体"，指的是一种内部因素相互作用的课程模式。多尔提出4R课程模体后，得到了大家的公认，后来，4R课程模体渐渐成为教育学中的一个专有名词。

本书第一部分共有两章。在第一章中，主要讨论了笛卡尔的方法论、牛顿的宇宙观；在第二章中，主要讨论了泰勒原理。

笛卡尔是16世纪至17世纪法国的哲学家、数学家。多尔总结了笛卡尔的方法论，将其分为四个要点：我们只能接受"清晰而显然"的真理；将要解决的问题分出尽可能多的部分，再各个击破；解决问题要按照从简单到复杂的顺序；解决问题之后要回顾，以确保没有遗漏。在多尔看来，笛卡尔的方法论"提倡清晰的定义、简化的方法和仔细的评价"，这正是现代范式课程方法论的基础，在课程中既有选定的教学目标和确定的经验知识，还有有效的课程组织和反馈的课程评价等。

牛顿是17世纪英国皇家学会会长，是著名的物理学家，被誉为"百科全书式的全才"。多尔于书中首先肯定了牛顿在物理学上的成就。牛顿寻求大千世界的规律，用各种抽象的、统一的公式，解释了宇宙现象。在多尔看来，牛顿的科学研究蕴含着因果预测性、线性序列性，这些渗透到教育观念中，就体现为现代范式课程观中推崇的进步的逐步性、发展的线性联系。通俗易懂地说，现代范式的课程观，要求课程是循序渐进的，教学要分年级阶段，在学习过程中，是不能随意跳跃的。

笛卡尔、牛顿都不是教育家，二人在各自领域的理论研究，对现代范式的课程观的意义，只在于方法上的启发。真正奠定现代范式课程基础的，是泰勒原理。

泰勒是美国教育家，被誉为"现代课程理论之父"。他在1949年出版了《课程与教学的基本原理》，这本书被誉为"西方现代课程理论的基石"。在这本书中，泰勒提出了"泰勒原理"，即课程观要回答四个问题：学校应该试图达到什么教育目标？要提供什么教学经验才能达到这些目标？如何有效地组织这些教育经验？如何确定这些目标是否达到？在多尔看来，"泰勒原理"有积极的意义，它创造了现代范式课程的模板，在很长一段时间内指导了教育实践。但同时，泰勒原理导致了课程的僵化。在时代发展的洪流中，课程观应该有新的改变。

第二部分共有四章，分别讨论了皮亚杰的生命系统、普利高津的耗散理论、布鲁纳的认识论，以及杜威与怀特海的过程思想。多尔认为的新改变，就是要建构后现代课程。

皮亚杰的生命系统。瑞士的皮亚杰，是近代著名儿童心理学家。多尔认为，皮亚杰因不满现代主义物理学的世界观，提出了自己的生物学世界观。皮亚杰认为，人的本质是开放的生命系统。在这个系统中，各个组成部分既是相互联系的，也是自主平衡的。联系是多元的，平衡是复杂的。所以，基于皮亚杰的生物学世界观，后现代课程观提倡课程的开放性。

普利高津的耗散理论。普利高津曾任比利时皇家科学院院长。

普利高津耗散理论的理论基石是混沌理论。20 世纪 60 年代，混沌理论产生于数学、物理学领域，与相对论、量子论一起，被称为 20 世纪三大科学革命。我们前面提到，牛顿认为宇宙现象是有序的、是可预测的，与此相反，混沌理论的观点是，宇宙现象是无序、不可预测的。可以说，有序的宇宙观肯定平衡，而无序的宇宙观否定平衡。由此，普利高津提出了耗散理论。耗散理论与平衡理论相对。平衡理论认为，万物具有平衡结构，在维持平衡结构的过程中，不需要任何能量或物质交换。在普利高津看来，平衡结构的前提是有序，而无序的宇宙具有的不是平衡结构，而是耗散结构。与平衡结构不同的是，耗散结构要通过与外界交换能量或物质才能维持。多尔认为，后现代课程观在混沌理论与耗散理论中得到的启发是，课程不应该强调平衡的有序，而应该强调耗散的变化，耗散的变化又是自组织的，所以，后现代课程的特点，也是自组织的，也可以说是自然而然的。

布鲁纳的认识论。布鲁纳是美国心理学家，他认识皮亚杰，也受到了皮亚杰思想的影响。布鲁纳提出的观点是，学习是人的认识过程，主观能动性非常重要。或者说，学习是一个主动完成认识结构的过程。多尔认为，后现代课程观要吸收布鲁纳的观点，强调课程的本质是互动的、个人的，而不是被动接受的、外在灌输的。

杜威和怀特海的过程思想。杜威是美国的哲学家、教育家，怀特海是英国的哲学家、教育家。杜威主张经验过程思想，怀特海主张有机过程思想。在杜威看来，人从反思中获得经验，而课程的目的就是激发经验。在怀特海看来，任何事物都是过程性的，课程也不例外。多尔将杜威、怀特海的过程思想结合起来，认为后现代主义课程，先要形成一个有机的整体，然后才能在多方面激发人的经验，让人在获得经验的基础上，再去认识自己、认识世界。

四、创新之处：4R 课程模体

这本书的第三部分，是全书的重中之重。在这一部分中，多尔先总结了后现代主义的课程概念，又提出了 4R 的课程观，这是多尔思想的精华。所谓"4R"，即丰富性（Richness）、回归性（Recursion）、关联性（Relation）和严密性（Rigor）。多尔对比了现代范式的课程与后现代范式的课程，指出了后现代范式的发展，主要有以下四点。

第一，现代范式的课程观是理论先于实践，也就是在没有进行课程之前，就已经预先规定了教学目标、教学内容、教学过程、教学效果等条条框框。后现代范式的课程就是要打破这些条条框框，一切从实际出发，根据不同的情况，发展新课程、创造新知识。

第二，在现代范式的课程中，教师是课程的实施者、控制者，教师与学生的关系是单向的；而在后现代范式的课程中，教师和学生同为课程的创造者、开发者，教师与学生的关系是双向的。当然，在课程中，教师与学生还是要分主次的，在多尔看来，教师应该是"平等者中的首席"。

第三，在现代范式的课程中，教的知识是确定的、不容置疑的；而在后现代范式的课程中，教的知识是启发性的，是希望引起学生自主思考的。多尔举了一个例子，在以往的数学课中，教师只教学生做题的方法、步骤，数学题有标准的答案，是否学会了知识就看做题正确与否，而做题正确与否则用标准答案一刀切。在后现代范式的课程中，教师在提供了数据、讲清楚了方法后，还会启发学生自主设计题目，讨论题目的合理性，以培养学生的创新思维。

第四，当前美国课程的评价标准，依然是现代范式的课程观的天下。评价课程的好坏，以评价教学效果的优劣为标杆，实质上是将学生分出了胜利者和失败者。学得好的学生，是教育的成功品，学得坏的学生，是教育的失败品。多尔非常抗拒这一点，他寄希望于后现代课程能有所改变。但他清醒地认识到，后现代范式的课程观最缺少的，就是一套理想的标准。所以在当前，要想从后现代的角度去考察评价课程，其实是不太可行的。

作为后现代课程大力的提倡者，多尔当然要想办法补足这些缺陷。他创新地提出了 4R 模体，试图以此作为后现代课程的标准。所谓 4R，指的是课程的丰富性、回归性、关联性、严密性。

丰富性是指课程的整体深度、课程意义的层次，课程内容的多种可能性或多重解释。也就是说，后现代范式的课程内容不是封闭的，而是开放的，随时都可以有新的内容补充进去。

课程的回归性，就是没有固定的起点和终点。在多尔看来，后现代范式的课程的回归性，体现在课程是一个不可分割的整体，课程的各部分可以任意组合，但殊途同归，都可以达到最终的目标。

多尔将关联性分为教育联系、文化联系。教育联系指有关课程的一切因素都互有联系，文化联系指课程与文化息息相关。总之，在多尔看来，课程是一个点，要发散性地与自身之外的任何一点，都建立起联系。

在 4R 中，多尔最看重的就是课程的严密性。在多尔的理论中，严密性是不确定性与解释性的完美结合，具有严密性，就可以避免后现代范式课程走向极端，陷入相对主义与唯我主义。

25

《现代教育学基础》：
日本教育学理论的入门之作

世界一流学府
——日本筑波大学教育学研究会

　　日本筑波大学成立于 1973 年 10 月，前身为东京教育大学。东京教育大学于明治 5 年（1872 年）创办，最初取名为东京师范学校，后相继发展为东京高等师范学校、东京文理大学，二战后实行新学制而改名为东京教育大学。筑波大学的诞生最早缘于 1961 年日本政府提出建立筑波科学城的设想，后此设想于 1970 年获得内阁会议通过，1973 年，建立筑波大学的法案通过，同年 10 月进行了日本有史以来最为彻底的大学改革，并以"开放性大学""教育研究的新计划""新型大学自治"为办学特色，创立了综合性的大学。筑波大学拥有三位诺贝尔奖获得者，入选日本超级国际化大学计划 A 类顶尖高校，是日本著名的研究型综合国立大学，世界一流学府。

　　《现代教育学基础》由筑波大学教育学研究会编，日文原版出版于 1982 年，中文译本由华东师范大学比较教育研究所的钟启泉教授翻译，共 535 页，约 40 万字，1986 年由上海教育出版社出版。尽管这是一本 40 年前编撰的教材，但其内容的丰富性、完整性、系统性，在当今也足以被称道。用主编松岛钧在中文版序中的话讲，这本教材是集中展现教育学的全貌于一书之中，以便读者一目了然地理解各研究分支的相互关联，而严整地构筑起来的教育学宝库。

一、本书的写作原则和特点

《现代教育学基础》的主编松岛钧在序中说，这本教材是以"整理归纳教育科学的最新成果，着重提供教育学的基础知识，以使读者打下将来深入研究的基础为宗旨而编撰的"。这可视为这本教材的编撰宗旨。此外，因为这本教材是集体编撰的，为保持体例上的一致性，松岛钧还提出了编撰的六大原则：针对现实的课题选材；提供教育学的基础知识；阐明问题的来龙去脉；展望国际动向；体现学际研究的特点；运用丰富的资料和统计。由此可见，这本教材兼具教科书、资料书、研究指南"三合一"的性质。

根据这样的编撰宗旨与原则，教材分为三大部分，即教育基础论、教育实践论、教育学的历史与研究法。在每部分下又分章节，章节下列小标题，以专题论述的形式，配以适当的资料，深入浅出地阐释了大量的教育学基础理论与问题。

第一部分，讲理论。首先考察教育问题与教育学的关系，然后就教育与文化、教育与社会、教育与发展、教育的目的、教育制度的传统与革新、教育的国际化、终身化等问题，从理论上阐述历史、分析现状、展望未来。

第二部分，讲实践。多以日本学校为对象，在理论阐述的基础上，从微观上抓住教育实践的现实问题，如课程编制、课堂分析、各科教学、道德教育、生活指导、教育评价等，进行更具体、更实际的考察。

第三部分，讲研究。一方面，先概括了欧美和日本教育学所经历的道路，再通过对教育学研究动向的阐述，提出了未来将要面临的问题。另一方面，概述了教育学的研究法，并力图提供原则性的见解。

此外，教材后还附有资料。其中包含日本的教育辞书、教育法令集、教育统计及调查报告书、国内外教育杂志一览、教育年表，以提供教育学研究之便。

教材在行文中，采取了正文和资料对照的方式。《现代教育学基础》这本教材的正文言简意赅，资料丰富翔实，两者的内容量几乎相当。正文与资料对照，既使得编写形式更活泼，也能说明教材中的观点都是有据可依的。资料中，有名词解释，如AGIL 图式；有引用他人著作，如英国洛克《教育漫话》；有罗列他人观点，如德国赫尔巴特"五段教学法"；有教育公文，如第十四届联合国大会通过的《儿童权利宣言》；有表格，如日本不同收入阶层之大学生的出身阶层；有统计图，如日本侨民子女各年度的演变；有分析图，如日本学制的演变等。

在每一章后，还列有研究指南。有的是参考文献，有的是内容总结，还有的提出了新的研究思路，具有很强的启发性。所以，这本教材不仅适用于攻读教育学的大学生阅读，而且适用于学校的教师、教育行政人员阅读，利于他们职业进修。

这本教材引人入胜之处在于其对日本教育遇到的疑惑、遭遇的困境的思考。如教育评价以考试为中心，唯成绩论，带来了无尽的教育焦虑。再如，义务教育推行多年，却依然不能解决青少年的道德问题，诸如这些。这也是如今摆在我国教育界面前的大问题。如何解决、如何改善，不是一时一地的，需要我们长期的思索，在日复一日的教育改革中努力。

二、教育史的理解：古代教育的兴起、近代教育的起源、现代教育的演进

《现代教育学基础》在第一部分的第二章、第三章，以时间为线索，讲解了教育在古代、在近代、在现代的发展。

古代的教育何以兴起？学校何以出现？一方面，古代社会的成人礼，代表一个人长大成人已可以独立进入群体生活，在履行个人义务的同时，也享有相应的权利。"成人礼"从其内容和意图来看，是对个体教育的强调。另一方面，人类社会随着文字的出现，经验和知识能够持续传承，为了掌握社会权利，贵族开始有意识地对子女进行专门培养，如亚述人让孩子学习算数，埃及人让孩子学习书法，这都是家庭教育的体现。

教育、学校的早期发展，还可以从城邦的民主政治、中世纪的宗教等角度考察。在雅典城邦，由于民主政治的盛行，演说、辩论作为必须掌握的学问，有了社会需求。在这样的情况下，被称为诡辩家的职业教师应运而生。他们纷纷开设讲席，如柏拉图的"阿加德米"学园，亚里士多德的"吕克昂"学园等，有偿教授公民家庭的孩子。到了中世纪的欧洲，教会则成了教育的主干力量，影响了教育的方式和内容。

近代的教育如何起源？近代教育的起源，一是欧洲的宗教改革，打破了神学的垄断，如 1561 年苏格兰公布的《学校及学院规则》，强调教育的内容不能全是宗教教义，要以教义问答书为中心，强化读写训练；二是国民国家的建立，国家为了培养人才，

把学校教育置于国家权力的统治之下，使教育开始向庶民下沉，如俄国叶卡捷琳娜二世女王时代，创办了免费的二年制小学。

近代教育发展出现了新的教育思想。比较有代表性的，如法国卢梭提出"儿童的发现"的观点，他认为，真正的教育在于使儿童的自然本性得到发展，这确定了近代教育的原理。又如，英国洛维特1837年起草的《宪章运动者的教育政策纲领》，提出了"受教育权"，此后，义务教育观发生了从强制教育到保护儿童的变化。还有，捷克的夸美纽斯在他的《大教育学》中，肯定了教育要借助学校的教学组织和班级教学制度，才能更好地实现。

现代的教育如何演进？ 一是新教育运动的持续展开。新教育运动最初起源于欧洲，在明治末年影响到日本，大正时期出现了新教育运动热。经过了昭和时期的低谷，二战后，日本走入现代教育，一直影响到现在。新教育运动的目标，就是要打破僵死的、孤立在社会之外的学校躯壳，把学校改革成适应时代要求的、社会与学习息息相通的、行之有效的培养人的场所。而新教育运动的特色，是强调"尊重儿童"，学校的主角从教师变为学生。

二是教育思想的自由平等。现代教育确定的两大基本原理，就是自由竞争和教育机会均等。而且，现代教育还明确了"受教育权"，不仅包括享受教育机会的权利，还包括对教育内容与方法的发言权、教育管理的参与权等。

三是教育方法的科学化。最典型的，就是教学新媒体的出现，从无线收音机，到电视、电脑、手机，再到今日的数字教学设备等，都深刻地影响了现代教育的发展。

四是教育的国际化。当代社会出现了很多国际教育机构，如联合国教科文组织，强调尊重人权，理解教育的差异性，并促进大中小学生、教师与研究人员的交往，以及教材、教育学术情报的多方面交流。

三、教育观的分析: 人与教育、社会与教育、
文化与教育

人的本质也是动物，是遵从生物学的一般法则的。但是与动物相比，动物在生存中直接起作用的能力，大多是先天赋予的，而人是在后天获得的。从生物学和教育学的双重观点来看，人的大脑中多种多样的神经元高达一百多亿个，这表明人在后天学习的巨大可能性。当然，人的学习要符合人的身心发展，这就是教育中要寻求的规律。

教育的目的，是使人在社会中成为更好的人。那么，要做好教育，还要分析教育与社会的关系。

在现代，教育越来越走向社会化，尤其是学校教育的普及，儿童到了一定的年龄，就要去学校上学。在学校教育中，弱化了家庭对儿童的影响，而强化了社会对儿童的要求。也可以说，学校担负着儿童从家庭到社会过渡的桥梁的作用。根据学校给出的评价，社会对接受了相应教育的人进行选拔和分配，由此完成教育对人的社会性塑造。

但是，扛着社会化的大旗进行教育，是有着明显弊端的。以日本为例，教材中指出，儿童因家庭出身不同，去的学校不同，教育机会不可能是均等的，所以在社会进行选拔与分配时，存在学历歧视；即使学生可以通过考试来改变现状，这样又将造成"考试地狱"，使教育变成了异化人，而不是优化人。

人与社会都被笼罩于文化之下。可以说，一个降生于社会的人，作为社会成员生存所必须掌握的生活能力和生活规则的种种

产物，就是文化的内涵。教育不能背离文化价值。所谓文化价值，通俗地说，就是创造、维系某种文化的人们，所共有及公认的观念。在文化价值的约束下，人们生活在社会中，便有了很多要遵守的规则。如仁、义、礼、智、信等，都可以称为文化观念，这些未必写进法律，但人人都不能违反。

全世界有很多种文化，文化与文化是有差异的。即使在教育走向全球化的今天，教育也要尊重文化的多元性，不能产生文化歧视。而对于不同的文化和教育而言，教育中要保留和传递的，都是文化中的精华。同时，教育也要担负起改革旧文化、创造新文化的重任，以促进文化的可持续发展。

四、教育学的基本理论：教育目的、教育制度

教育学理论的起点，是明确教育目的。在近、现代，对教育目的的讨论纷繁复杂，不同的教育学家因人、因时、因地，提出了形形色色的教育目的论。在本教材第一部分的第七章，便罗列分析了不同的教育目的论。

比如，德国的赫尔巴特，提出了"教育的唯一整体课题可以用道德这一概念加以恰当的表述"，也就是说，无论何种教育，教育目的中都要有道德意义。瑞士的裴斯泰洛齐，提出了"顺应自然，发展并形成人的心境、精神、技术诸能力和素质"。英国的斯宾塞认为，教育目的应当规定为使人掌握社会生活所必需的各种能力。德国的马克斯则认为教育的目的是缔造社会，因为近现代教育，本就是通过克服现实中的矛盾而产生的。

教育目的论之所以纷繁复杂，还是各教育学家对教育的认知

不同，或认为教育以人为中心，或认为教育以社会为中心，或认为教育以文化为中心等。

所谓培养目标，就是以最理想的人的形象为榜样，作为教育的追求。教育目的是形形色色的，培养目标也是五花八门的。比如，古代斯巴达教育的培养目标，是能够克服自身欲望，无条件地效忠祖国的人。从古代罗马的衰亡到 14 世纪前后的中世纪，以基督教为内核的教育的培养目标，是虔信上帝、怜悯他人的宗教人。文艺复兴运动后的教育，培养的目标是掌握丰富的人文古典教养的人。资本主义运动后的教育，培养的目标是有独立自尊的自由人。二战后，世界格局分出了自由主义国家和社会主义国家。笼统地说，自由主义国家的教育，追求能够使个人的尊严与独立同国家、社会的稳定与繁荣相协调的人；社会主义国家的教育，追求能够积极参加社会主义社会的建设，具有共产主义觉悟和高度教养的全面发展的人。

无论实现何种教育目的、确定怎样的培养目标，都要制定教育制度。对受教育者来讲，在不同年龄时期，要接受不同的教育，这些合起来，就构成了较为完整的教育制度。以日本为例，首先是家庭教育，父母是孩子的第一任老师，在日本的社会结构下，母亲在家庭教育中，充当了更重要的角色；其次是学前教育，如上幼稚园、保育所等；再次是初等、中等教育，在不同阶段，教育的内容、方法不同；最后是高等教育，尽管入学需要资格考试，但比起在很大程度上受国家掌控的初等、中等教育，高等教育明显具有自由精神。

现代教育制度具有两大特点，一是公共教育，二是终身教育。

公共教育。二战后，世界格局分出了自由主义和社会主义国家。但无论是在自由主义还是在社会主义国家中，现代教育制度都侧重于公共教育，也就是由国家来保障基本教育。

国家要对教育进行保障，首先要制定相应的教育法规，目的是让公共教育有法可依、有章可循。其次要设立教育行政部门，以公权力来组织公共教育。最后要设立教育财政部门，管理从国家到地方的公共教育经费。从这个角度讲，国家就是公共教育的指挥家。

有了国家的指挥，并不是说公共教育完全由国家控制。作为公共教育的主要结构，学校是有一定的自主性的。前面提到了高等教育的自由精神，以日本为例，日本的大学在一定程度上可以"学校自治"，一方面是"以自由的人格开展生气勃勃的教育"，另一方面是"独立地决定、运筹学校的教育计划、活动及有关事项安排"。

终身教育。1965年，联合国教科文组织在巴黎召开了国际成人教育促进委员会会议，时任联合国教科文组织教育局继续教育部长的保尔·朗格朗在总结的一篇文章《关于终身教育》中，提出了教育应该贯穿人的一生，才能让人获得持续的成长和发展。这在当时引起了强大的社会反响，之后，"终身教育"成了脍炙人口的教育学术语。

在日本，"终身教育"被习惯地称为"终身学习"，终身学习强调每一个人必须终身持续不断地学习。从个人的角度说，终身学习需要有自觉性、积极性，所以，要在学校教育阶段，培养学生终身自学的愿望，使学生掌握终身学习的能力和方法；从学校的角度说，尤其是大学，要具有开放精神，源源不断地向社会输出学习资源；从社会的角度说，要有相应的体制，如对职业人员的再教育，图书馆、博物馆的建设等。

五、教育的实践：教育课程与课堂教学

本教材以日本的"教育病"为切入点，讨论日本教育实践的诸多问题。所谓"教育病"，顾名思义，就是"源于教育的病，以及产生病的教育。同时也是教育中暴露出来的乱子"。比如，教育竞争造成的焦虑，差生的心理失衡导致的暴力、犯罪，过度教育带来的教育浪费等。尽管在近代教育体系内，对这些问题也有不少理论上的解释，但在教育实践的具体实施中，不仅结果不尽如人意，甚至较之前还出现了更大的偏差。

就理论而言，什么是教育实践？教育实践是向教育对象施以直接或间接的影响，以形成其人格的具体行为。具体来说，教育实践有三个特点：其一，教育实践要有一定的方法，不能脱离教育理论的指导。其二，教育实践依赖于实践者的主体性。也就是说，教育实践者是教育实践的主导者。教育实践者根据受教育者的具体情况，规定教育目标、内容和方法，做出符合各种具体情境的教育决策，并付诸实施。其三，教育实践既受社会、文化的制约，但同时也随着社会、文化的发展而发展。

教育实践既在学校教育中，也在家庭教育、社会教育中。但在现代教育中，讨论最多的，仍是占据主导地位的学校教育。关于学校的教育实践，要从两方面来看：广义上是教育课程的制定；狭义上是课堂教学的实施。

什么是教育课程？教育课程由何构成？教育课程就是学校教育的有意图的计划，以及其展开的过程；或是说，教育课程就是学校为学生准备的一切活动。教育课程由课堂课程与其他活动构成。课堂课程既要有相应的内容分类，还要有具体的、可行的计划，才能保证课堂教学的实施。

　　如何合理地开展课堂教学？ 第一，要明确教学目的。比如，在不同的教育阶段的课堂上，教学的目的是不同的。具体来讲，初级教育的目的，是向儿童提供基础经验或基本体验，以便为他们日后的发展奠定基础。中级教育的目的，则是锻炼受教育者的身体和心智，为他们继续学习开辟道路。第二，选用合适的教学原则，如兴趣原则、直观原则、个性化原则、社会化原则等。第三，准备课堂教学的各种因素，主要包括四个方面：一是教材。没有教材，很多课堂教学就是海市蜃楼。选择教材时，要注意教材的适用性，可以用三原理衡量：心理学选择原理，"能够迷住我的学生的心的是什么"，即兴趣；目的论选择原理，"我的学生需要什么"，即有用；价值论选择原则，"对我的学生来说，什么重要"，即价值。二是具体教学过程的制定。要根据不同的教学目的、教学内容，选择不同类型的教学过程。如系统学习的过程是，预备—提示—巩固—实践课的解决—检查；发现学习的过程是，抓住学习课题—提出假设—验证假设—确立假设—发展；范例学习的过程是，接触现实的根本的问题—课题的现象—洞察基础性知识的活动—经验的统合。三是教学方式的选择。教师和学生为了教与学而展开的活动方式，就是教学方式。选择了合适的教学方式，课堂教学才能得到事半功倍的效果。四是辅助教学媒体的选择。如幻灯片、音频、视频等于课堂教学的应用。但要注意，教学媒体的应用要适度，不能喧宾夺主。

六、教育的内容：自然与社会的教学、道德　教育与生活指导

　　《现代教育学基础》以二战后的日本教育为例，分析了多种

具体的教学内容，以及相应的教学方法。

关于自然认识的教学内容。就是通过开设理科教学，运用观察和实验等科学方法，对自然进行探究，培养学生认识自然的能力与态度。如对地球与宇宙的构成、自然界物质的基本构造及其物理化学性质、生物体的形成与生命现象等的认识，是培养一个人科学观的必不可少的内容。

关于社会认识的教学内容。作为社会存在的人，在认识自然的同时需要认识社会。这一类的教学内容，一是地理学，目的是培养学生对自然现象、社会现象的地理认识；二是历史学，通过让学生分析多种历史现象，归纳历史的规律，培养学生的历史意识；三是社会现象教学，通过对法律、经济学的讲解等，让学生掌握成为社会公民的基本素养。

关于道德教育。从内容上讲，道德教育要根据学生日常生活的特点，培养学生接受社会共同的行为方式和社会规范。而从方法上讲，道德教育分直接的道德教育和间接的道德教育。直接的道德教育以教授道德价值的知识为主；间接的道德教育，是在教学过程中乃至生活中向学生渗透道德价值，目的是培养学生解决道德问题的能力。但需要注意的是，间接的道德教育需要学生有相应的生活经验，还要有对此经验进行抽象的能力。所以，从这个角度说，对学生要先进行直接的道德教育，待到了一定的教学阶段后，再进行间接的道德教育。

关于生活指导。生活指导是以人的尊严为前提，培养学生根据自己的素质、环境与将来的出路，谋求自我实现的态度和能力而施以的指导。值得注意的是，在教育课程中，生活指导的内容并不单列，而是贯穿于各门学科教育之中。而家庭教育、社会教育对生活指导，也有极大的影响。

总结来说，这些具体的教学内容与相应的教育方法，构成了现代日本的立体化教育。而随着社会的发展，教育的内容也会随之变化。不单在日本，在全球范围内，对教育内容的分析、讨论与研究、建设，依然还是任重而道远的。

七、教育的评价：教育评价的意义对象、领域等

在整个教育实践过程中，教师地位的重要性是不言而喻的。可以说，没有教师，就谈不上教学实践。

一要确定教师的性质。狭义的教师就是站在教室的讲台上授课的人；广义的教师还包括在学校工作的其他人员，如学校的行政管理人员，像日本学校中的养护教谕、校务员、伙食管理员等。如果要给"教师"这个职业确定一个概念，那就是："通过特殊的教育或训练，掌握了业经证实的认识（科学或高深的知识），具有一定的基础理论的特殊技能，能按照来自非特定的大多数公民自发表达出来的每个委托者的具体要求，从事具体的服务工作，借以为全社会利益效力的职业。"

二要认识到教师工作的特点。从狭义上讲，教师工作的重心肯定是"教"，但"教"并不是单纯地传授知识，还包括引导学生的兴趣，发展学生的能力。其实，这对教师的要求是很高的。就像苏联教育家苏霍姆林斯基说的那样，要授予学生小小的知识火花，教师就得吸收整个光海。意思是说，教师要了解所教知识的整个体系，理解所教知识在整个知识体系中的地位与意义，才能适时、合理、恰当地将知识传授下去。再广义地讲，教师的工作还有很多其他侧面，如课下的家访、参与教研活动、参加职业进修等。

作为教师，终身学习还具有更深一层的特殊意义。那就是，研究和进修是作为教师的义务与权利，日本还有专门的《教育公务员特例法》，规定"教育公务员为履行其职责，必须不断致力于研究与修养"。详细点说，尽管目前大多数教师就读过师范院校，在知识、能力、素养上都达到了教师的基本要求，但教育是要与时俱进的，教师只有不断地学习进步，不断地去解决教育实践过程中的具体问题，才能使教育成为一汪活水，才能保持与时代一致的步伐。

在现代教育中，学校是教育实践的主要场所。学校具有半强制性质，一般来说，义务教育的初等、中等院校按照年龄，以学年分割。学年通常是一年，学年的等级，意味着依据教育目的制定的教育课程上的修业进度的等级。在同一所学校中，为了使学生更有效地掌握知识，往往将学生编成集体，以方便一起施教，这就是班级。班级也是开展课堂教学的最基础单位。

学校编制班级，优点是可以有效地规范教育实践，但同时也带来了很多不足，如班主任作用的放大、师生关系的固化、班级与班级的不必要竞争等。如果学生一直被束缚在班级内，教育实践就会变得模式化，学生就像学习的机器一样，上课下课，作业考试。所以，学校还要在必需的课堂教学外，开展更多的其他活动，如日本学校常有的俱乐部活动、学生会活动等。这些活动以兴趣为主导，目的是让学生德、智、体和谐发展，培养学生丰富的人性。

那么，怎样才是好的教师？怎样才是好的课程？怎样才是好的学校？这就谈到了教育的评价。

教育评价，就是系统地、有步骤地从数量上测量，或从性质上描述学生的学习过程与结果，据此判定是否达到了所期望的教育目标的一种手段，教育评价的对象大致可以分为以下几个：一是评价学生。教育评价最直截了当的目的，就是促进和改善学生的学习效果。比如通过测验或考试，评价学生对知识的接受与理解程度；通过论文撰写，评价学生的学习素养与思维能力；通过活动观察，评价学生技能等。二是评价课程与教师。教师在授课的过程中，是否真正地挖掘了人力、物力条件，收到了相应的教育成效，既要在课程教学实施过程中进行评价，也要在实施过程后进行评价，然后根据评价的结果，再去改进不足。三是评价学校。既包括对学校物质条件的评价，如校舍、学校用地、设施设备等，也包括对学校组织的评价，如教师的构成、学校管理的方式、各项制度的制定与实施等，甚至还包括对校风校纪、校园文化建设等精神内涵的评价。

教育评价的根本目的，是让教育进入良性循环，课程有更高的价值，教师和学校对学生有更多的关怀，培养学生接近完美的人格。可惜在具体的实施过程中，教育评价也被异化了，越来越被作为一种可怕的标尺，煽动着从社会到学校、再到家长、到学生的竞争心理。

26

《罗素论教育》：
纵观成长路径，探究现代教育的本质

"百科全书"式的思想家——伯特兰·罗素

伯特兰·罗素（1872—1970），20世纪最负盛名的英国哲学家。罗素在三一学院毕业之后，曾在剑桥大学、哈佛大学等高校任教。罗素的学术思想具有广泛的影响力，他不仅致力于哲学的大众化推广，同时对教育思想也有颇多的研究，他的许多教育思想、教育观念对后现代的教育改革有重要的价值，罗素是一个"百科全书"式的思想家。

罗素在教育学上作出的卓越贡献，使20世纪之后的教育学研究变得更为系统，例如他区分了儿童早期教育和品性教育等不同成长阶段的教育关注重点，为后续的教育工作者指明了研究方向。他在教育学上的研究心得、教育子女的实践经验，以及对自己早年人生经验的反思，开垦出了教育领域一块全新的"思想大陆"。

一、为什么要写这本书

《罗素论教育》于1926年在美国和英国同时出版。罗素声称，本书主要是为即将做父母的人写的。早在第一次世界大战时，罗素就开始关注人性的问题。《罗素论教育》是20世纪初欧洲重要的教育学研究著作，吸收了当时许多新思潮、新理论，但是本书并没有全盘肯定或者否定其中的任何一种观点，而是抽丝剥茧地分析，取其精华、去其糟粕。正因为本书对教育研究使用了客观又细致的分析方法，因此在出版后受到热烈追捧，一版再版，一度成为20世纪教育经典著作之一，而罗素本人也因此跻身20世纪最杰出的教育家行列。

二、开门见山　何为现代教育

在19世纪之前，英国教育家洛克以及法国教育家卢梭，他们关注教育改革与调整，思考的只是贵族阶层的教育，而作为一个普通农家的小孩，并不是教育关注的对象，所以最开始的教育其实是服务于贵族阶级的，那时的教育并不是每一个人都能享受到的社会公共服务，因此当时的教育不具有普遍性，不面向数量众多的普通公众，所面对的贵族阶层只是非常小的社会组成部分，无法构建出整个社会组成状态，所以最开始的教育自然就不具备相对的社会性。

所谓现代性的教育就是指由于社会的现代化发展，现代化视野被纳入教育改革之中，由此引发了教育的现代性改变，这个现代性改变是指整个社会开始注重个体平等的教育，而不是只关注某一个阶级的教育情况。

所谓教育的民主化，指的是由于生产力和个人社会材料（指生产能力的提高导致整体社会经济水平的提高，以及社会活动的活跃程度）的提升，普通人靠工业的发展解放了双手，他们在解决了社会的基本生存需求后，贵族阶层的教育理念开始向他们普及。在这里不难看出，当民主化的思想与普通大众受教育权相结合，就构成了真正意义上的"现代性"。以前由于社会生产力与经济条件的缺乏，无法实现普通阶层的全面教育，随着19世纪工业革命使社会生产力快速提高，人们的生活水平得到了改善，便开始将"现代性"这个概念引用于教育领域。在当时的人看来，教育是人类特有的现象，它是通过人类社会特有的产物——语言和文字来进行的。工业革命之后，部分教育从生产劳动中分离出来，担负起独立的社会职能（比如以前的学徒制教育是在劳动的基础上开展的学习，后来作为某种技艺转变成了具有系统性的现代学科），成为具有普遍性的、必要性的、专门传递社会生活经验和培育人的活动，最终目的是使受教育者社会化。

罗素认为，在整体社会的快速发展之下，教育类似于工业革命，是一个必然走向现代化的结果。工业革命解放了人类的双手，其中所蕴含的民主化思想的种子也埋在教育的土壤中，整个社会关于教育的思考是让教育踏入现代性的行列的原因，这不仅是教育的必要，也是人类发展进程的必要。至此，教育同生产力一起，跨入了现代性的社会。

在传统的古典教育中，教育是为了装饰、点缀人这个主体，是为了人的门面而存在的。文艺复兴以后，对于希腊文和拉丁文以及经典著作的学习，在旧时代的英国绅士阶层中成了主流的教育。当时的社会存在这样一种观点：教育的功用应该在古典环境中，汲取前人的智慧，陶冶情操、启发心智以及产生道德教育等功能，不应该过分强调其本身是否具有实用性。与此同时，随着科学的发展，实用主义出现并逐渐兴起，实用主义在教育领域与传统的古典教育展开了论辩，一些声音说："与其重视教育的装饰功能，不如重视教育的实用功能。"在当时这样的论调被称为教育现代性的另一种发展趋势。

在罗素看来，关于教育的装饰功能与实用功能的冲突，其实是古典教育与现代教育所关注的方向不同造成的，现代教育的实用性来源于对工业技术知识实用价值的认可，这是包含拉丁语、希腊语等学科的古典教育无法与它相比的。比如说，瓦特的蒸汽机让人从马车改乘火车，促进了世界各国间各领域的交流与人类社会的繁荣进步，但是手握一本拉丁语著作却无法有这样实际的改变。不过罗素也认为，虽然贵族化的理想教育已经不符合时代的发展，但是这并不意味着传统的古典理想教育不如实用的科学教育重要，在他看来，如果将教育的装饰功能及实用功能结合起来，二者可以共同促进人类自身的发展。古典教育的优点在于它具有愉悦人精神的功能，如果人类不知道如何陶冶自我的心灵，那么就算创造出无比丰富的物质文明世界，也不具备太大的意义。

在罗素的观点里，无论是教育的装饰性还是实用性，从现代性的教育的角度来看，都是必要的。人类不仅需要科学技术为社会带来进步，还需要诗歌艺术等来滋养人的心灵。所以，现代性的教育观点实际上以更加包容的姿态调和了古典教育与实用性教育这两种教育观点的冲突，而让教育更灵活，更能为人服务。

三、初发芙蓉　儿童品性教育

品性教育就是对人品质和性格的早期塑造。罗素的品性教育学说受精神分析学家弗洛伊德的深刻影响，即回到人的成长初期去分析个体的行为。他认为："品性教育主要说的是婴幼儿时期，如果处理得当，6 岁以前便能够基本完成。"罗素认为父母应树立正确的儿童观，面对儿童的时候像对待成年人一样，要尊重他们，任何时候都不能将孩子视为类似于宠物一样的玩物。罗素不光强调"人人平等"的概念，他还提到人是中性的，原本是一张干净的白纸，只是在成长过程中发生变化、被塑造成不同的人，是通过不同的教育与各自所处的环境而被引入了不同的方向，所以应当从婴儿期就展开对人的道德教育。这是因为新生儿具有快速学习的能力，虽然不能快速学会表达正确的语言与行为，但是这个阶段是人类接受教育的第一个阶段，不应当被忽视。

在婴儿期的习惯培养上，应当考虑健康和品性两个方面，罗素认为身体与心灵的健康并不矛盾，两者应当是共同发展的。首先，可以通过睡眠、饮食和排泄等活动来使婴儿养成按时行动的习惯，培养其健康生活的准则；其次，父母作为养育者，应该尝试培养婴儿时期孩子的自我娱乐活动并给予配合，强调孩子在自我活动当中建立独立性，这样做是为了让孩子以后在面对任何事情时不总是第一时间去求助他人。

在罗素的观察中，婴儿时期教育的主要困难是在对教育对象的忽视与溺爱之间寻求一个平衡，这个平衡是父母需要在与孩子的相处中逐渐学会的，不能溺爱孩子，也不能过于严苛，如果父母在对孩子早期的品性教育之中有意识地训练这一点，那么对于孩子后期的发展将会有非常大的帮助。

品性教育可以看作儿童成长路上的第一个需要训练的特性，父母作为养育者，在面对白纸一样的儿童时，所做出的每一个举动都是会被模仿与学习的，所以对于父母来说，在儿童早期时就能让其意识到什么是最基本的情感体验反馈，如果训练到位的话，就可以为儿童在接下来的社会化训练中打下坚实的基础。

罗素认为婴幼儿时期的品性教育要关注情绪状态的干预问题。罗素指出，由于新生儿在出生之后极易受惊吓，这种惊吓会集中并持续到第二年或第三年，接着会产生恐惧这样的情绪，产生的原因来自弗洛伊德所认为的"无意识状态"，是婴幼儿的一种本能行为。罗素认为，即使人类恐惧的本能来自先天，但是如果不经过成人的渲染，那么这样的恐惧就不会被放大。举个例子，我们小时候都惧怕猛兽，不光因为人对猛兽有先天的畏惧，也在于周围的大人在反复强调猛兽的可怕性，所以在幼儿教育中，成人应当让幼儿对危险的事情有一个合理化的理解，这样的理解在幼儿品性教育中尤其重要。成人应当避免让幼儿长期处于恐惧的情绪之中，要帮助幼儿消解并克服恐惧。罗素指出，恐惧会养成儿童怯懦的性格，并且会泯灭儿童的好奇心，这对其智慧的发展极其不利。

对此问题，罗素提出了以下具体的解决方法：利用其他儿童作为表率（比如幼儿的兄妹）；传授幼儿操作和控制物品的能力；在幼儿生病时，成人不必过分流露同情，要培养幼儿忍受疾苦的能力；向幼儿讲解科学道理消除由于无知带来的恐惧；成人应当为儿童树立表率。

恐惧是人类众多情绪当中的一种，儿童需要在成长过程中形成克服恐惧的能力，这样可以有效地保护儿童的好奇心，提高其对未知世界探索的欲望，促进儿童成长。

私心是与恐惧类似的情绪，也属于本能。罗素认为，人人都有自我利益，这是客观存在的，但是如果没有自我约束或者没有外界施压，那么人的私心就会不断地膨胀。所以，除了维护个人的合法利益之外，人的其他的自我行为，应当受到监管和审视。在儿童教育中，也应当向儿童传达这样的观点。罗素认为克制私欲的直接结果体现就是公正，一旦儿童理解了什么是公正，那儿童就会自然而然地明白如何克制私欲，这就类似于上公交车每个人都需要交钱买票，这样一种集体的公正行为告诉我们，不想付出金钱买票就是一种私欲的体现，但是集体的买票行为对抗了个人这样的私欲，进而促进公正。

罗素主张通过以下三个方面来促进公正：第一，不应当只向个别的儿童传授公正的观念，公正教育应当出现在儿童的聚集之处，必须是一个群体的行为活动，如果只有某一个人保持公正，而群体不具备共同的公正观念，那么公正教育也将荡然无存。第二，公正感并不是天生的，所以成人需要控制自我行为，在儿童面前表现出处事公平的原则，这样儿童才可以战胜自我的私欲、服从公正原则。第三，不应该通过道德说教来宣传公正的概念，这样会导致孩子产生反抗情绪，会让他们觉得公正也是在剥离自身的特性。

罗素对于儿童的公正教育是非常重视的。公正教育实际上是对儿童早期道德观念的初步培养，作为生活在社会群体中的人，不仅要面对自己不同情绪下的反应并学会积极地处理，而且要在成长过程中形成自己与社会主流道德观相匹配的基本素质。

四、物尽其用　发展智力功用

关于智力教育的主张。罗素认为，如果孩子在 6 岁之前已经受过良好的基础教育，那么进入小学后，学校应当把精力集中放在培养儿童的纯智力进步上，再结合 6 岁前的品性教育，将教育的功用完全发挥出来。其实，罗素认为品性的完美不应当成为教学的目的，但是人的某些品性对于教育以及求知是非常必要的，比如"好奇心""虚心""耐心"等，其中好奇心是最基本和最重要的。如果好奇心强烈并且目标正确，其余的品性便会随之而来。在这里我们不难看出，罗素认为孩童时期培养的良好品性是智力教育的基础，他认为任何知识的获取虽然有一定的难度，但是可以通过德行以及品质的训练加以获得。

智力教育的具体内容。罗素认为在儿童 14 岁以前，发现儿童身上具有某一学科的天赋应当是教育的目标之一，在早期应当对儿童进行"通才教育"，也就是让儿童全面地了解每一个学科，这样可以有针对性地开发儿童在其擅长领域的可能性，进而使教育功能最大化。罗素分别列举了不同学科所对应的教育目标。

罗素认为算术是一门在早期教育中非常重要的学科，因为算术具有两个方面的功能：一方面，算术具有实用的功能；另一方面，由于算术是一门表达基础逻辑的学科，比如加减乘除的运算法则，是需要学习者反复学习训练的，只有这样才能进入更加高级复杂的运算。算术这个学科所特有的性质可以让孩子明白，如果要获得某一种技能，那么就必须熟悉一些基础甚至是乏味的规则并反复训练。可以说，算术不仅在智力教育阶段能让孩子学会基本的计算技能，还可以培养孩子对学习的初步理解，让孩子明白学习是一件富有挑战性且需要付出精力的活动。

罗素还根据自己的教学经验提到了历史课的必要性，他认为孩童在 5 岁左右时成人就可以采取干预教学的方法让其学习历史，因为学习历史对于一个成长中的孩子来说就等于让他站在巨人的肩膀，可以培养他的世界观和历史观的形成，这对孩子将来的发展会有帮助。

智力教育的方法。在罗素的观念中，教育方法往往比具体教授的内容更重要。罗素认为，教育应当寻求一种既有抽象思维又饱含智慧的状态。在进行一些抽象复杂的学科教学时，以生物学为例，可以开展一些生物史的讲座，也可以讲解生物对科学研究和人的日常生活的影响及作用，教学者应当让学习者在学习过程中对该学科加以肯定，觉得学习是一件令人愉快的事情，而不是扼杀学习者的学习兴趣。罗素指出，学习应当是一个自然而然的过程，就和儿童吃饭睡觉一样，不应当是一个强迫的结果。学习本身也是儿童拥有的权利，不应当是儿童为了讨好大人而被迫去做的事情，教师和家长应当作为孩子的朋友，首先激发孩子学习知识的兴趣，其次给予支持与帮助，这样就会让孩子形成好的学习习惯，让教育成为带给孩子幸福快乐的事情，而不是痛苦的来源。

总的来说，教育的功用是在一个完备的机制下开展的，现代教育的制定者，应当开展与儿童合适的时期对应的教育活动，将教育的力量放到最大。而且，成人应当投入非常多的精力，关注并指导儿童的智力教育，走向一条正确的智力教育道路。

五、以人为本的大学教育理念

罗素从历史角度考察了英国大学在社会中的功能和意义。在历史的长河中，英国的大学教育主要经历了三个阶段：第一阶段是为了培养基督教学士的古典学院，主要学习古典经文（比如圣经），为的是培养能够理解并传递上帝"旨意"的人才；第二阶段演化到以培养绅士为目的，强调对贵族阶级修养以及品性的训练；第三阶段是在经历了工业革命之后，以培养实用性的、用以发展科学技术的现代人才为主。

由于英国一直以来延续的贵族政治系统，所以牛津大学、剑桥大学等著名大学依然以培养绅士为主要目标。在对英国大学教育三个阶段的发展进行分析研究之后，罗素从历史观出发，提出了自己的大学教育思想，也就是罗素提出的"个人本位"的大学教育目的。

那么，什么是"个人本位"？罗素认为，大学应该是培养高级实用人才进行纯粹学术研究的场所，而"个人本位"提倡的是尽可能地在大学里培养具有理想的个人学习者。在这里提到的"具有理想的个人"指的是具有活力、勇气、敏感和智慧这四种理想品质的个人。活力可以激发人们对世界的兴趣，提高人们面对困境时的抗压能力；勇气是人们采取行动的催化剂，可以让人充满动力；敏感可以使人产生自我审视的能力，保持相对理想的状态；智慧则可以为人们指出正确光明的道路。

如果一个高等学府能够培养出具有这四种品质的人，那么在这样的人组成的社会中，感到不快乐的人一定会是少数，大部分人可以在一群有理想的人组成的理想社会之中过着一种幸福美好的生活。罗素在表达"个人本位"的时候，实际上是把大学教育这个代表国家最高教育水平的场所的目的给清晰地表达出来了，也就是，培养理想优秀的年轻人是教育的重要目的。

罗素还提到，大学教育应当具有相对民主和公平的选拔制度。

一战结束后，英国大学的高等教育逐步趋向民主化，开始对普通公众开放，但是罗素却对这样全盘开放的民主化大学教育持怀疑态度，他认为大学教育是社会的高等教育，如果在一个物质和财富都缺乏的社会里，让每一个人都接受大学教育是不现实的，因为大学教育的对象是具有科研能力和科研精神的研究型人才。大学教育应当进行适当的分类，比如研究型的大学不教授如何操纵火车这样的应用性技术，而应当教授火车建造的理论知识，或是如何让火车跑得更快的知识；应该在一些学习技术的场所比如技校，传授应用技术。

罗素认为，大学教育的民主化应当具体问题具体分析。他并不认为每一个人都应当参加高水平的科研活动，因材施教才是一个有效的措施，社会培养最优秀人才的资源是有限的，而教育工作者应当利用这种有限的教育资源尽可能地培养出各个领域最合适的人，而不是一锅端式地让每一个人都接受同一类型的大学教育。

关于进入大学的选拔标准，罗素认为，应当以学习者个人的才能和智力为标准，要摒弃传统贵族教育中以社会地位和经济实力来划分并选择人才的方法，比如面对一个家庭情况不好但具有科研能力的学生时，政府应当提供相应的资金支持，帮助这样的人进入大学学习。

27

《技术时代重新思考教育》：
在时代转变中重新思考教育

美国教育学和心理学领域的开创者和奠基人
——阿兰·柯林斯

　　阿兰·柯林斯（Allan Collins，1937—　）是美国西北大学教育与社会政策学院的荣誉退休教授、美国国家教育科学院院士，也是情境学习、认知学徒制等多个领域的开创者和奠基人。合著者理查德·哈尔弗森（Richard Halverson）也曾在西北大学任职，现在是美国威斯康星大学领导与政策分析学院的教授，他在"基于实证的教学领导力"方面有着较高的成就。

　　英文版的《技术时代重新思考教育》出版于 2009 年，书中描绘了一幅新颖的未来教育蓝图，即使时隔多年，这本书在教育领域依旧具有极高的价值。中译本出版于 2013 年，是《21 世纪人类学习的革命》系列译丛中的一本。这一译丛由华东师范大学的学习科学研究中心团队组织翻译，目的是向国内学者介绍学习科学领域的前沿信息。

　　学习科学的英文是 Learning sciences，顾名思义，这是一个研究"学习"的领域，柯林斯本人就是该领域的开创者之一。美国西北大学也是这个领域的学术重地，它开设了世界上第一个学习科学专业。学习科学形成于 20 世纪 90

年代，如今已是一个生机勃勃、引人注目的跨学科研究领域，其重要性也被教育研究者和实践者所公认。

一、为什么要写这本书

　　陈家刚副教授（中央编译局比较政治与经济研究中心主任）在《技术时代重新思考教育》中译本的译者前言中，讲述了他与作者柯林斯的一段往事。在本书还未正式出版的时候，陈教授有幸对柯林斯进行了访谈。在访谈中，柯林斯主动提到他和哈尔弗森正在撰写此书。他告诉陈教授，数字技术正在对学校以外的社会产生巨大而深刻的影响。他说："人们使用数字技术，可以在任何时间、任何地点，学习任何知识。然而，在学校内部，数字技术却被边缘化了。除了计算机课，学生的大部分学习是在没有计算机的环境下进行的。因此，教育决策者和改革者应该重新思考教育。"访谈结束后，柯林斯还主动将尚未出版的书稿赠给了陈教授，陈教授有幸成为此书最早的读者之一。

　　《技术时代重新思考教育》英文版出版后不久，就被华东师范大学的学习科学研究中心选为《21世纪人类学习的革命》系列译丛中的一本，并由陈教授主持翻译工作。柯林斯和哈尔弗森知道后非常高兴，并在翻译过程中给予了很大的支持。在中文版序中，两位作者提到，原书是为美国读者撰写的，但其主题却是具有全球普适性的。他们坦言，数字技术的发展要求人们重新思考教育。但这种思考也需要经过很长的一段时间，才能完全融入人们的日常观念。因此，本书具有前瞻性和变革性，它的读者群体是所有的教育研究者。

二、核心观点：充分考虑数字技术的不足，积极发挥数字技术的潜能

历史的演变告诉我们，每一次新技术的出现都引发了社会变革，进而促使教育进入新的时代。但社会变革的过程并不是那么顺利的。纵观教育发展的历史，学校教育系统在建立之初，受到了很多人的抵制。家长们认为，应该让孩子在家里接受教育，而不是去学校。当时，校长和教师们担心，学校让孩子太依赖于纸张和钢笔，都不知道怎么在石板上写字，怎么削铅笔了。但大势所趋，学校比学徒制更符合当时社会的需求，最终赢得了胜利。同样，数字技术的出现要求学校做出转变，不一样的声音也随之而来。

一些人热衷于数字技术。他们认为，数字技术已经在商业和娱乐领域产生了变革性的影响，而这样的影响也必然会发生在教育领域。目前，学校教育依旧高度依赖黑板、纸笔、书本，这些都是 19 世纪的技术，但是学校培养的却是 21 世纪的学生，这就好比教学生骑自行车，却希望他们以后能够驾驶宇宙飞船。因此，教育需要变革，要让学生做好准备，来适应这个快速变化的世界。而数字技术能够重塑教育，运用数字技术的学习是随时的、有互动性的。学习内容可以由多媒体呈现，根据学生的水平，循序渐进地展开。学生可以定制自己的学习内容，也可以制作作品进行分享，并从他人的意见中进行反思。

另一些人对数字技术则抱怀疑的态度。他们认为，在学校里使用数字技术要花费大量的金钱，同时，还要投入很多精力，去制定并实施相应的管理制度。他们认为，电脑毕竟不是人，很多学习内容还是需要教师去教的，并且，一些家庭也无法提供相应

的财力和能力的支持。更重要的是，数字技术重塑的教育提倡个性化、自主性，这与当前学校教育强调的统一性、权威性背道而驰。面对具有革新性的数字技术，为了不影响传统的教学，学校要么直接拒绝数字技术，要么选择容易吸纳且不会对现有课程结构和教学组织产生影响的数字技术，要么就是将数字技术边缘化，只设置计算机课这样的专门课程。

柯林斯和哈尔弗森认为，数字技术和学校教育之间的不协调确实是存在的，教育必须改变以适应新的时代也是正确的。数字技术能让学习变得更有趣，知识变得更易得，也吸引了更多商业资金的投入。学生可以根据自己的需要，在任何场所、任何时间，选择各种途径，以多样的方式进行学习。比如，在坐地铁去学校的路上，学生可以用手机听一则英文新闻，用 App 背几个单词。放学回到家，学生可以用手机将做错的题逐个拍照，再用便携式的打印机将错题打印出来，制作成错题集，进行复习和反思。假日，学生可以打开网页，浏览虚拟博物馆，了解古今中外的历史与趣事，还可以"近距离"观看位于地球另一端的艺术作品。

但是，使用数字技术也加重了因贫富差距而产生的对学生学习的影响。同时，定制化的出现也可能让学生过于关注想要学的内容，而忽略了其他内容。此外，数字技术赋予学生更多学习的自主权，学生们不再像从前一样，只学习由教师教授的统一内容。当所学内容的差异越来越多时，学生们的观点也会越来越多样。一些人因此担心整个社会的凝聚力会减弱，社会可能会因此变得不太稳定。但如果继续将数字技术排斥在学校教育的核心内容之外，无疑是在自掘坟墓。两位作者指出："我们并不是要将现有的学校打碎重建，而是对当前学校系统的某些部分进行重塑、融合或是淡化。"为此，他们提出了以下三项应对之举。

第一，实施"基于实作的评价"，也就是评价具体的实用技能。这些技能可以是学术技能、一般技术和技术技能。国家可以围绕高校不同专业的具体要求，规划出一套技能认证体系。如果学生想要成为医生，他就需要有数学、化学、生物学、心理学的大学水平读写能力等方面的技术证书。如果学生想要从事旅游业，他就需要有文学、地理、历史、心理学、资源管理、日程规划等方面的技术证书。

第二，"设计新的课程"。新的课程根据学生的目标和兴趣设计，而不是学生的年龄。学生在更为复杂、真实的环境中，长时间地围绕某个主题学习，从而形成深入的理解。可以使用数字技术模拟出难以观察到的自然现象或历史演变过程，让学生更好地理解内容。数字技术也可以成为可视化工具和分析工具，帮助学生进行深入的探究。数字技术还可以用于组织、管理学习资源，为学生提供互动的平台。

第三，"用新的方法实现公平"。数字技术的发展为公平的实现提供了更多的途径。一些学校的老师已经开始自己制作微视频、运营公众号，将知识以碎片化的方式推送给学生。如果学生在课堂没有听懂，家长又没有能力为他提供补习的机会，他就可以通过观看这些资源进行学习。

很多人都说数字技术是一把"双刃剑"。数字技术热衷者和数字技术怀疑者正是站在不同的角度，看到了这把剑的两面。在时代的浪潮中，直接舍弃这把剑显然是不明智的，但不加思考地使用这把剑也是不妥当的。我们要做的是，在充分考虑数字技术不足和缺陷的基础上，积极地将数字技术应用到教育中，发挥出它的潜能。

三、主要结论：在时代转变中重新思考教育

柯林斯和哈尔弗森支持一种新的教育愿景："为社会中的每一个人提供新的教育资源，激发人们利用这些资源的动机。"为了实现这个愿景，我们不能孤立地反思教育，而要考虑社会、教育和学习之间的关系。在本书的第十章，两位作者从七个方面详细阐述了"应该如何重新思考教育"这一问题。

第一，要重新思考"什么是学习"。在"终身教育时代"，我们不能再狭隘地将学习约束在学校围墙之内。如果继续重申学习等于去学校上课，那么在数字技术的影响下，学校外的"学习"会越来越多、越来越新颖，而学校内的"学习"则维持着原貌，两者之间的对比会越来越鲜明。

第二，要重新思考"学生的学习动机"。目前学校在提升学生内在学习动机方面是不怎么成功的，这是因为学校需要在一定的时间内，将统一的内容教给所有学生，不论学生是否感到"无聊和厌烦"。而数字技术则提供了如何激发学习动机、让学习内容更加有活力的方向，学生可以成为学习的主导者，教师也可以转变角色，成为辅助者。

第三，要重新思考"什么内容才是重要的"。过去人们不得不记住大量信息，因为"书到用时方恨少"。但在信息时代，知识爆炸性增长，单纯地用人脑记住所有知识是不现实的，也是不必要的。比起记住所有知识，学生更应该知道如何获得想要的知识，并且评价获得的知识是否具有可信度。此外，数学作为数字技术的核心基础，也是一个重要的领域，但是学校不应将太多的时间花费在教学生如何进行数学计算上，而是应该将大部分时间用在培养他们的数学思维上。

第四，要重新思考"职业是什么"。现在，想要一份工作做到老，是不太可能的。即使不换工作，工作内容也时常会出现变化。这就要求年轻人具有更强的适应性，能够不断地重塑自己。柯林斯就曾在华尔街当过审计员，也曾在科技公司就职。哈尔弗森也曾是小学历史教师，还做过学校的管理者。他们都有过读学位、工作、再读新的学位的循环经历，从而让自己有胜任新工作的能力。

第五，要重新思考"如何从学习过渡到工作"。在一个人可能从事多份职业、多次进出职场的时代，国家需要用创造性的方式帮助公民在学习和工作之间进行过渡。有意思的是，两位作者建议我们的教育要回到"学徒时代"。我们可以建立起类似大学就业指导中心的机构，针对高中生、职校生、成年人的具体情况和需求，提供职业指导。

第六，要重新思考"教育领导"。目前，教育领导者要面对的是政治和技术的双重挑战。领导们既要引入数字技术，也要知道数字技术的局限性。在学校内部，教育领导者既要研究如何让数字技术发挥作用，也要将学校外的资源整合到学校的学习环境中来。

第七，要重新思考"政府该做什么"。数字技术的出现，加深了不同社会阶层之间的鸿沟。富有的家庭可以为自己的孩子购买更多的技术产品和服务。因此政府需要在更大的范围内，发挥其配置和调度资源的作用，为贫困家庭的孩子提供更多获得学习资源的机会。

教育与社
会的联结

28

《国家精英》：
名牌大学如何进行精英群体的再生产

当代法国最具国际性影响的思想大师
——皮埃尔·布迪厄

皮埃尔·布迪厄（Pierre Bourdieu，1930—2002）是当代法国最具国际性影响的思想大师之一，1930 年出生于法国贝恩亚，曾任巴黎高等研究学校教授，法兰西学院院士，2002 年去世。布迪厄的研究视域非常开阔，从人类学、社会学、教育学到历史学、语言学、政治科学、哲学、美学和文学，他都有所涉猎。布迪厄的国际性学术影响力在 20 世纪 80 年代后期急速上升，进入 90 年代后，其影响力势头非但未减，反而后劲十足。当今国内外学术界，无论是政治学、社会学、教育学等学科的学术研究都绕不开布迪厄。

《国家精英》出版于 1989 年，是布迪厄最负盛名的社会学代表作之一。在本书中，布迪厄运用独特的社会学方法，分析了法国教育体制之间的关系，揭示了作为法国领导阶级原动力的文化资本的重要作用，从而描绘了国家精英的进化历程。

一、为什么要写这本书

法国高等教育的独特之处在于，它至今仍然奉行着不同于欧洲各国乃至全世界的两套人才培养体系，即存在"大学"与"大学校"两个泾渭分明的并行教育系统。也就是说，法国的高等教育主要由大学和大学校（也就是布迪厄书中所说的"名牌大学"）这两类机构实施。

巴黎大学是欧洲最早的大学之一，被称为"大学之母"，英国的牛津、剑桥都是以它为参照发展起来的。巴黎大学最初起源于宗教神学院，后来随着启蒙运动和社会民主运动的发展，成为世俗化的高等教育中心，并逐渐演变为综合性大学。1968 年法国爆发学生运动，学生们走上街头占领学校，抗议政府干涉高等教育。学生运动后，法国的高中生只需通过高中毕业会考而不必经过"高考"即可注册就读大学。

大学校是法国大革命期间的产物，被拿破仑所支持和倡导，为专门培养各个领域的专业性人才而设立。在法国人眼里，"大学校"才是真正培养精英的地方。纵观近一两个世纪的历史，法国的国家首脑、行政领导、企业高层和思想文化界的大师几乎都出自法国几所最负盛名的大学校。所以大学校不仅拥有无可比拟的学习条件，而且从用人制度、市场规律到观念习俗来看，法国人日后的"大学校"情结仍将随处可见，不在那个国家生活的人很难体会到。并且，"大学校"实行异常严格的考试与录取制度，淘汰率极高。

尽管大学校是大部分法国人梦寐以求的学习圣地，但是只有少数人可以进入其中求学，大学教育才是法国高等教育的主体。普通大学学生人数占大学生总数的 80% 以上。法国的大学不设专门的入学考试，学生只需要通过高中毕业会考即可被招收。法国的高中毕业会考既是对高中毕业生学业水平的检验，又是高等教育的入学资格考试，这一考试的合格率为 60% ～ 70%。但是，法国大学校的招生选拔流程则异常严格。根据布迪厄的描述，会考中的优胜者也就是那些有机会进入大学校学习的学生，还要经过两轮筛选才有可能脱颖而出。这些优胜者要通过自己中学教育机构的首轮筛选，选出本中学最好的学生参加优等生会考。这一轮筛选的通过率，经学者研究认为只有 10% 左右。通过首轮筛选后，他们又要用两年时间准备应对大学校的入学考试，然后再通过相关评审委员会的进一步选拔，才有机会拿到梦想高校的入场券。名牌大学校在这一轮筛选的录取率只有 10% 左右。通过两个 10% 的比例，我们可以看出，法国人获取进入名牌大学校学习机会的难度是非常大的，需要过五关斩六将，经过层层筛选。

既然进入名牌大学学习困难重重，那么究竟是哪些人最终获得了名牌大学的入场券呢？布迪厄对这个问题进行了追踪研究。他统计了 1966 年至 1986 年法国全国中学优等生会考优胜者的社会出身差异，发现如果以父母职业作为社会出身的标准，那么优胜者的社会出身结构具有很大的稳定性。优胜者中父亲职业为教师的比例，从 1966 年的 15% 上升到 1986 年的 24%；父亲职业为高级管理人员的比例，从 1966 年的 27% 上升到 1986 年的 40.5%。与此同时，优胜者母亲职业占比变化趋势与优胜者父亲职业占比变化趋势相同。很明显，在法国社会中，无论是教师还是高级管理人员，都不属于社会的底层，而属于法国社会的中上层阶级。布迪厄还研究了优胜者的地域分布特征，发现优胜者中有更多的人来自法国首都巴黎。所以，布迪厄认为，从优胜者的出身和家庭地位来看，优胜者主要来自法国社会的富裕阶层和精英阶层，并且通过 20 年的跟踪研究发现，法国名牌大学中的学生出身存在阶级固化的倾向，也就是名牌大学中家庭出身更好的学生所占比重越来越大。

阶层固化是指各阶层之间的流动受阻的现象。对于整个社会和国家来说，固然需要精英来担当社会发展和国家强盛的大任，但是阶层固化却会带来严重后果：一是由于缺乏公平的竞争、选拔和退出机制，来自弱势群体的社会精英无法跻身社会中高层，获得相应的政治和经济地位；二是大量把持优势社会地位的强势集团子弟，他们追求的目标就是维护自己的既得利益，甚至不惜牺牲国家利益，这很可能将整个国家和社会拖入危险的境地。

布迪厄的研究发现，不仅是对 20 世纪 60 年代以来法国推行的教育民主化运动的无情打脸，也让他陷入了深思和忧虑：法国高等教育日益严重的阶级固化很可能让法国社会陷入严重的动荡之中。因此，他想探究为什么法国的高等教育呈现出阶级固化的发展趋势？这背后的原因是什么？如何解释法国高等教育领域存在的这一现象？这一系列的问题萦绕在布迪厄的心头，并推动着他要通过自己的学术研究给出这些问题的答案。

二、核心问题：名牌大学如何进行精英群体的再生产

布迪厄认为，经济社会因素是决定一个人能否上名牌大学的关键因素，资本主义社会把教育作为实现社会平等的手段，完全

是一个骗人的谎话。实际情况是，法国貌似公平并具有形式平等的教育体制不仅没有填平社会各阶层之间的鸿沟，更没有促进各阶层的广泛流动，反而促进、稳固了或者确切地说是再生产了这种社会不平等。正式的名牌大学，成为法国中上层阶级进行精英再生产的场所，并且通过名牌大学这样的教育机构实现精英群体的不断复制和再生产，让原本就处于优势阶层的人的子女可以继承并保持他们的社会地位，并且这种继承与保持具有隐秘性。

为什么通过名牌大学进行精英再生产具有隐秘性呢？这是因为要想获得进入名牌大学就读的资格，是对法国所有的适龄青年进行的统一选拔性考试。这种选拔性考试是强调公平的，即对所有人一视同仁，通过就是通过，没有通过就是没有通过。但这些选拔性考试看似面向所有人开放，看似是学生个人天赋和努力程度的竞争，背后实际上是学生所处家庭、所处阶层的竞争。这是因为参与竞争的学生起跑线是不一样的。那些上层阶级的孩子，除了受家庭氛围的耳濡目染外，还有机会接触各种其他阶层孩子接触不到的资源，这在无形之中开阔了他们的眼界、增强了他们的竞争力，这就使得选拔性考试更有利于精英阶层子弟。他们将自身所处的富有阶层可得的有形或无形的学习资源转化成自己的天赋品质，保证他们在竞争中处于优势地位。比如，布迪厄调查发现，中等管理人员和小学教师的儿子，他们从六年级（法国的中学教育第一年为六年级，以后依次为五年级、四年级……直至毕业班。其中中学第一阶段为 4 年，也就是从六年级到三年级。完成第一阶段的中学学习之后，学生可以选择进入职业教育，或者继续接受普通教育，进入中学学习的第二阶段。中学第二阶段为 3 年，也就是二年级、一年级和毕业班，完成之后学生就进入高等教育阶段）起就进入了公立中学，而且很早就听人谈起过中学优等生会考。而数学和物理学科上的优胜者，他们中的绝大多数人来自社会地位更高的家庭。以上事实说明，来自更高社会地位家庭的学生可以更早地接触关于大学资格考试的信息，并且能够在相关学科的学习过程中占据优势。

当精英阶层子女通过入学考试进入名牌大学校后，他们就完成了精英再生产的关键一步。这是因为，进入名牌大学校就意味着可以享受更加优质的教育资源、获得更加广阔的平台、拓展更高质量的校友资源。而且名牌大学校校友之间历来存在抱团取暖的现象，这些都在很大程度上保证了精英阶层的孩子在步入社会后，不跌出原有的精英阶层。从这个意义上来说，名牌大学并没有发挥其促进阶层流动的作用，反而成为阶层固化的场所和机构。

三、核心思想内容：惯习、资本、场域与名牌大学校的精英再生产

在布迪厄的社会学理论建构中，"惯习""资本"和"场域"是其三大核心学术关键词，《国家精英》这本书即从惯习、资本和场域三个方面来分析名牌大学校是如何再造国家精英的。

第一，"惯习"。"惯习"是布迪厄社会学理论最重要的概念之一，也有人翻译为"习性"。简单来说，惯习指的是行动者在外在的社会规则、内在的人生经验共同作用下，形成的"人们后天所获得的各种生成性图式的系统"。惯习是一个社会阶级或等级群体所共有的无意识的观念、特定的思维和共同的文化。在《国家精英》这本书中，阶层之间的文化屏障主要是由不同阶层之间的惯习构成的，惯习促使了"精英群体"的形成。

精英群体和普通大众之间的区隔其实是一种人为设置的屏

障，这种屏障非常明显地体现在名牌大学的学生和普通大学的学生之间。要想拿到名牌大学校的入场券，需要过五关斩六将。这样的选拔制度就设置了一种人为的屏障，将进入名牌大学校就读的精英学生和普通学生区分开来。考试制度作为一条神奇的选拔边界，使精英与普通人之间的差别得以神化，并公开得到人们的认同。同时，被录取者开始认同自己的特别并转变信仰，从而将自己抛入支配阶层的惯习中。

精英群体内部也存在差异和区隔。布迪厄将名牌大学校的教师对学生的评语收集起来，以此来研究教师评语和学生家庭出身之间的关系。布迪厄研究发现，学生的家庭社会地位越高且学生学习成绩越好，教师给的评语就越好。同时，在分数相同或者接近的情况下，家庭社会地位越低的学生，教师评价他们就越严格、越不委婉。这种学业评价其实是带有某种偏见的，布迪厄认为这种偏见与惯习有关。出身中下阶层的学生有其特有的阶级秉性，即便他们进入精英学校，努力融入精英圈子，他们行为处世所表现出来的原有阶级的惯习依然很明显。在精英群体内部，等级差异不会消除，支配阶层的惯习居于统治地位，下层阶级新晋的精英只能向支配阶层的惯习看齐。名牌大学校一方面制造新的精英，另一方面以不平等的方式对待这些新贵们，这就让后者不自觉地成为"同谋"，进而使阶层之间的文化屏障变得更加牢固。所以，高等教育过程中的不公平总是以较为隐秘的形式呈现，大学校总在平等的假象下不断强化现有的社会统治秩序。

第二，"资本"。资本理论是布迪厄社会学说的经典理论之一。布迪厄认为，资本主要可以分为三种类型：经济资本、社会资本和文化资本。

经济资本顾名思义，与金钱有关，布迪厄认为经济资本可以直接转换成金钱，且这一转换过程是以私人产权为制度前提的。

社会资本，通俗来说可以理解为关系、人脉，即一个人在社会交往过程中形成的关系网络，就是他所拥有的社会资本。

文化资本简单来说就是指人从小到大接受的教育，人的知识和技能，人的综合文化气质等。

布迪厄指出，文化资本又有三种具体的储存形式。

第一种是"具身化的文化资本"，比如人们从小到大在生活中、学校里学到的各种知识，很多都储存在了脑海中，内化为自己的人生经验，这种就属于具身化的文化资本。

第二种是"客体化的文化资本"，比如书籍报刊等印刷品、影碟唱片等数字文化产品，这些物品中凝结了人类的知识成果，因此属于客体化的文化资本。

第三种是"制度化的文化资本"，比如人们参加司法考试通过之后获得的证书、毕业之后拿到的毕业证，这些文凭、职业资格证书等被各类社会机构广泛认可的标志，都是制度化文化资本的具体体现。

布迪厄认为，经济资本可以通过代际传承下去，社会资本可以通过关系网的融合得以加强，但是，文化资本却不能通过馈赠、买卖或交换进行传承。由于文化资本无法直接进行继承交换，文化资本的传承就需要通过家庭教育和学校教育来完成。

因此，文化资本的获取一般有两种途径，第一种是通过年幼时期家庭氛围的耳濡目染而获得；第二种则是在较晚的时期通过系统的、速成的学习而获得。且文化资本的获得通常在人生的初期就开始了，那些出生于上层阶级家庭的后代往往拥有丰富的文化资本，他们自幼就受到主流社会的文化习俗、行为习惯、社交礼仪等的熏陶，从而在日后的学业竞争中具有得天独厚的优势。

布迪厄在书中指出："那些拥有丰富的文化资本的家庭的后代更是得了先天之利……文化资本的传承无疑成了资本继承性传承最好的，也是最隐秘的方式。"可见，这些拥有丰富文化资本的学生，进入名牌大学校深造之后，他们的文化资本优势将会得到进一步加强，从而形成强者愈强、弱者愈弱的马太效应。总之，在名牌大学校中，社会优势阶层的子弟通过教育选拔制度，顺利地进行了文化资本的再生产，从而促使他们优势阶级地位得以保持。

第三，**"场域"**。"场域"是布迪厄《国家精英》中的核心概念之一，在布迪厄的理论分析框架中，惯习、资本和场域是密不可分的。布迪厄指出，在高度分化的社会里，社会是由一个个相对独立的小世界组成的，这些大量的小世界都有自己相对独立的逻辑和运行空间。由于这些不同的小世界的存在，社会也因此分为一个个不同的"场域"。比如，当你在家的时候，你的家庭就构成了一个场域，在这个场域里有你和父母的关系、你和配偶的关系、你和子女的关系等。

布迪厄在《国家精英》中分析了法国高等教育场域中的分化，这种分化主要体现在名牌大学和普通大学之间，以及名牌大学内部。

一是名牌大学和普通大学之间的分化。在《国家精英》这本书中，布迪厄用"大门"和"小门"分别指代高等教育机构场域的对立，大门里面是巴黎高等师范学校、国家行政学院、巴黎高等商学院等最著名的大学校，而小门里面是普通大学的文理学院、技术学院等普通高校。通过对 84 所高校学生的社会出身等材料的分析，布迪厄发现"大门"内超过 60% 的学生来自统治阶级家庭，毕业后将从事高薪酬的工作，有着光明的前途；而"小门"里大约有三分之二的学生来自中下阶层家庭，职业前景一般，甚至将在逐渐衰退或贬值的部门或行业工作。调查数据表明，在法国的高等教育里，不同学校之间的等级分化与学生家庭的社会等级分化有较强的正相关关系。

二是名牌大学校内部的分化。中国人常说"术业有专攻"，在法国名牌大学场域中，这句话体现得非常明显。以巴黎高师为代表的名牌大学是科学和知识的代表，在法国学术圈中占据重要地位；而以国家行政学院、巴黎高等商学院为代表的名牌大学是经济与政治的代表，在法国经济界、政界影响力巨大。虽然法国的名牌大学都是在培养国家精英，但不同的名校培养出来的精英所服务的阶层是不一样的。比如，巴黎高师如今主要培养教学与科研人员、法国思想界的精英，为统治阶级内部文化资本相对富有的阶层服务，而巴黎高等商学院则主要为经济资本相对富有的阶层服务。因此，在法国名牌大学内部，精英群体的再生产也存在场域的划分。

29

《意识形态与课程》：
知识如何造成社会结构与社会不平等

批判教育学派代表——迈克尔·W.阿普尔

迈克尔·W.阿普尔（Michael W. Apple，1942—　）是美国威斯康星大学麦迪逊分校教育学院教授、著名教育理论家，被视为"批判教育学"的代表人物。他曾担任美国教育研究会副主席，荣获美国教育研究会终身成就奖。作为 20 世纪 70 年代美国新马克思主义教育哲学的创立者和最早在北美倡导批判教育运动的领军人物，阿普尔还被誉为"世界上致力于批判和民主教育的最为杰出的学者之一"。他在教育领域的学术成果对各国的教育系统有着极为深远的影响，代表作有《意识形态与课程》《民主学校》《官方知识》《长久的革命》《教科书政治学》《国家与知识政治》《教育的"正确"之路》等。

出版于 1979 年的《意识形态与课程》是阿普尔教育理论中最具代表性的著作。这本书与《官方知识》一起被国际社会学联合会评为 20 世纪最有影响力的教育著作，被认为是西方教育史上最重要的经典之一。同时，这本书的社会影响也超越了一般的学术著作，因为书中所反映的对于自由、公平、民主的学校教育的渴望以及对现实教育体系中不平等本质的揭示，具有很强的现实价值。此书对中国的教育体系亦有诸多借鉴意义，因而这本书包括作者阿普尔教授本人在中国受到广泛的欢迎。

一、为什么要写这本书

迈克尔·W.阿普尔生于 1942 年，有着犹太人的血统，他的父亲是一名印刷工人，同时也是工人阶级中的激进派知识分子，他的母亲也是政治活跃分子，是反种族主义运动的领导人，信仰共产主义。

阿普尔一家生活在美国的帕森斯市，这是一个位于美国东北部的没落的工业城市，当时整个城市充斥着阶级冲突和政治斗争的氛围，美国共产党人的第一次罢工就爆发在这里。因此，工人阶级、共产主义的理念和斗争很早就对阿普尔产生了深刻影响，迫使他对自己、对社会、对周遭的一切进行深入的反省与思考，也正是因为有这样政治性极强的家庭背景和成长环境，阿普尔很早就开始关注社会问题，并且养成了批判性思维。

阿普尔一家住在帕森斯市的贫民区，家庭极为贫困，因此阿普尔不得不一边工作一边学习。他读本科时基本上是一边做卡车司机和印刷工，一边完成学业。在本科期间，阿普尔还曾经担任过中小学教师，积极参与教育实践和民权运动，甚至成了当地教师工会的主席。在学习、教学、工作、参与社会运动的过程中，阿普尔实际上被逐渐卷入当时美国政治、文化、教育的斗争之中，并在斗争与实践中不断深化着自己对现实问题的理解，逐渐形成了自己的理论。童年时贫困的经历也让阿普尔很早就希望通过改革教育机构和教育课程来实现教育公平，改变底层人民的生活状况。

1967 年，阿普尔获得教育学学士学位，并顺利进入哥伦比亚大学攻读课程与哲学。阿普尔天资聪慧，学习能力极强，仅仅用了 3 年的时间就完成了哥伦比亚大学硕士和博士阶段的学习，毕业后留在哥伦比亚大学担任讲师。1970 年，阿普尔正式加入威斯康星麦迪逊分校，并成为该校教育学院的教授。除了在学校参与一线的教学工作之外，阿普尔还致力于教育学的学术研究，对课程、教学、教育政策等方面的议题进行了深入的研究与思考，积极开展以教育为核心议题的国际交流。可以说，阿普尔的一生都在为底层人民能享有教育平等而发声，为推动美国和全球的教育发展作出了巨大贡献。

阿普尔教育理论的诞生与当时的时代背景有密切的关系。二战期间，美国大量青壮年被迫参军，国内劳动力紧张，经济发展受到严重影响，再加上战争所造成的社会不稳定，学校数量、学校规模直线下降，整个教育系统停滞不前。二战后，美国想凭借自己强大的军事实力和经济实力称霸世界，但又陷入美苏冷战的紧张局势中，复杂的国际环境间接地引发了一系列社会问题，其中就包括共产主义在国内被压迫、社会运动频频冲击美国社会秩序等，整个社会处在动荡之中。此时一些评论家、媒体、学者开始批评美国当时的教育制度，认为美国之所以在两极争霸中面临苏联的巨大压力，其中很重要的原因就在于教育制度的落后和国家对教育的不重视，他们认为教育制度在一定程度上决定政治、经济、军事等领域的竞争优势，因此教育问题开始在美国国内受到广泛关注。

从 20 世纪 70 年代开始，原有的战后资本主义经济格局逐渐被打破，美国的黄金时代结束，开始面临严重的经济滞胀和失业危机，国内经济发展遭受重创，在国际社会中的地位岌岌可危。

在此背景下，美国急切地希望通过教育推动科技创新，进而重新夺回政治和经济发展优势。人们相信，只要实行强有力的教育改革，就有希望扭转当时不利的局面，也正是在全社会的期待下，美国政府开始实行一系列教育改革。但显然，这些教育改革并没有能够真正改变社会不公平的现状，反而加剧了阶级、种族之间的不平等。教师和学生开始将考试成绩视作评估教育成果的唯一标准，教育的分层越来越显著，来自中下层劳动阶级家庭的学生越来越难以获得优质的教育资源，也越来越难通过教育实现阶层跨越。

面对种种现实，美国学术界开始对教育和国家之间的关系展开一系列讨论，希望通过搭建教育与政治、经济、文化之间的桥梁为教育改革提供理论支持和行动指南，同时也希望通过对当时教育现状的批判推动教育公平的发展。阿普尔也在这样的时代背景下，从成为教育领域的学术新星开始，就一直在为美国的教育改革和课程改革提供政策建议，一生都在为改变底层弱势群体的教育状况贡献自己的力量。《意识形态与课程》就是在这样的背景下应运而生的。

二、思想根源："新马克思主义"理论、再生产理论、符号互动论以及批判理论

《意识形态与课程》的理论创新在很大程度上是建立在几个重要的理论基础之上的，包括"新马克思主义"理论、再生产理论、符号互动论以及批判理论。

"新马克思主义"理论。"新马克思主义"理论是 20 世纪出现的，这种理论将马克思主义的基本原则与人类现代哲学的思

想相结合，注重意识形态与国家权力的分析。《意识形态与课程》这本书中的很多核心概念和理论都是建立在"新马克思主义"理论成果之上的，包括德国哲学家、经济学家、社会学家马克思的意识形态理论、意大利共产主义思想家葛兰西的霸权主义理论、英国马克思主义文化批评家雷蒙德·威廉姆斯的"选择性传统"以及法国哲学家阿尔都塞的"国家机器"，这些理论和概念都为阿普尔在教育上的研究和分析提供了思想基础。

再生产理论。再生产理论主要指的是美国经济学家鲍尔斯和金蒂斯的"经济再生产"理论和法国社会学家布迪厄的"文化再生产"理论。鲍尔斯和金蒂斯的"经济再生产"理论建立在马克思主义的基础之上，认为经济基础决定上层建筑，因而教育系统中的关系应当与社会经济中的劳动分工和阶级关系相对应，教育中的等级和权力结构最终是为了给社会中不同的职业层次提供相应的劳动者，而学生的教育背景也与他们的社会经济地位挂钩。而布迪厄的"文化再生产"理论则强调学校作为一种场所，在传承和再生产文化的同时，实际上也再生产了不平等的社会结构。他认为学校中流行的文化往往是社会中上层阶级的文化，这种文化内容使得处于社会下层的阶级在竞争中处于劣势，而教育系统却将这种实质上的社会不平等掩盖为学生天分、能力所造成的差异，使得教育的不公平合理化。这两种再生产理论对阿普尔的教育理论产生了深刻的影响，在《意识形态与课程》的理论描述中也能够清晰地看出作者对再生产理论部分观点的认同和借鉴。

符号互动论和批判理论。符号互动论认为学校和教育过程本质上就是参与者之间以符号为媒介的社会互动过程，这一内容就被阿普尔用来研究学校内师生的互动关系。而批判理论则认为意识形态能够通过一种隐秘的形式影响人们的日常生活，文化的传播操纵着大众的意识形态，最终使得工业社会成为霸权社会，这对阿普尔在教育中逐步认识并开始分析"霸权"这一概念提供了引导。

三、核心特点：强烈的政治取向、批判取向 和实践取向

《意识形态与课程》这本书有三大核心特点，即强烈的政治取向、批判取向和实践取向。这三大特点反映了阿普尔本人对教育议题的迫切关注以及对教育实践的深刻理解。

强烈的政治取向。之所以说阿普尔的政治取向强烈，是因为他把教育中特定的课程知识和课程改革，从一个技术性的问题转变为不同权力集团围绕官方知识和合法性知识的政治斗争。这样强烈的政治性体现，本质上源于阿普尔课程文化观的思想根源，尤其是"新马克思主义"理论对阿普尔的影响。

强烈的批判取向。阿普尔在本书中不仅批判了当时教育体制的不合理性，同时在根源处还对普遍异化的资本主义社会进行了批判。他认为课程问题不仅是技术问题，还是社会问题、政治问题，学校和教育中存在的不平等只不过是社会权力关系和阶级关系异化的产物。阿普尔的批判精神不止于此，他还对在此之前的重要理论进行了批判，其中主要是对结构功能主义和再生产理论的批判。

强烈的实践取向。阿普尔认为当前的社会需要构建更加动态的课程教学，需要让教育更加民主，因而他的教育理论始终强调课程教学实践的意义，他个人也积极地活跃于政治活动和一线教育工作，希望通过教育政策改革和教育实践逐步践行民主教育的

理念。因此，阿普尔试图通过《意识形态与课程》这本书揭露课程知识背后的本质，但其最终目的还是为实现教育实践的民主化奠定理论基础并提供行动指南。

四、核心思想：课程的意识形态特征与阶级权力斗争

《意识形态与课程》这本书的核心思想蕴藏于阿普尔的课程文化观中，这种观点认为，课程的内容并不是客观中立的，课程本身具有很强的意识形态特征，因而教育在本质上并不是客观中立地作为传递知识的过程，而是被深深嵌入权力关系与政治活动之中，课程和更普遍的一些教育问题也因此总是陷入阶级、种族、性别和宗教冲突的历史沼泽之中。

当我们试图认识课程或教育时，我们就必须将它们与权力之间的关系纳入考量范围，更具体地说，是应当将对课程的分析放在政治、经济、文化等因素与课程之间的关系中进行考察。

阿普尔认为，教育在社会经济领域充当再生产不平等的工具，并且正在通过一种隐性的形式再生产意识形态，使得统治阶级不必再以显性的控制机制来实现对社会的控制。这里所谓显性的控制机制，在阶级社会中往往指的是通过强制的手段剥夺、控制某一个群体的政治经济权利，即霸权形式。阿普尔认为这种霸权已经逐渐渗透到人们的意识之中，即渗透到"我们日常看到和接触到的教育、经济、社会现实和我们对于常理的理解"之中。他认为霸权在这里已经成为一个"意义的、实践的、有组织的集合体"，同时也是"一个中心的、有效的、起支配作用的生活意义、价值和行为系统"。

　　在阿普尔看来，学校不仅"加工"个体，同时也加工知识。教育机构本质上已充当文化和意识层面的霸权机构，也就是说，教育机构本身并不是中立的事业，而是阶级社会中运行阶级关系的经济再生产和文化再生产的权力机构，同时也是文化与经济再生产的加工机构，其最终目的还是为当时统治阶级实现其政治目的服务的。在这里，阿普尔着重强调了文化再生产与经济再生产之间的关系，并认为二者之间的关系是建立在意识形态霸权基础之上的。

　　那么，统治阶级为什么如此青睐这种意识形态层面的霸权呢？这种霸权又是怎样借助课程知识来实现其功能的呢？针对这一问题，阿普尔提出了他对课程知识与意识形态之间关系的认识。他认为课程知识本身就具有强烈的意识形态特性，其本质就是在特定历史阶段和特定机构中，被特定的阶级或群体视为合法的知识。这些知识反映了当时统治阶级的价值、理念、偏好，是这一群体意识形态的集中体现。学校通过储备、分配、再造这种隐性的意识形态来实现文化、经济、政治的再生产和分配，进而实现统治阶级对于整个社会的控制。这种隐性的控制弥补了显性控制机制的弊端，使学校在不知不觉间成了统治阶级控制社会的重要场所。学校在这一过程中能够根据统治阶级的利益需要来筛选和过滤特定的知识，使得最终在学校得以传播和保存的知识带有严重的阶级性和价值取向，而这些知识又最终传递给学生，这就初步实现了整个文化与经济不平等的再造过程。

　　因此，学校的课程本质上是不同阶级、种族、性别、宗教等群体之间权力斗争和妥协的结果，统治阶级可以凭借意愿赋予某个群体文化资本，也可以剥夺另一个群体的文化资本，这些文化资本和课程知识被不均匀地分配到社会各个阶层，最终目的是形成统治阶级所希望看到的社会权力结构。

在此基础上，阿普尔还提出了"潜在课程"的概念。他认为"学校里的潜在课程似乎是适合于维持这个社会统治阶级意识形态霸权的唯一形式"，这里的"潜在课程"指的就是"学校里传授的、教师的目的或目标陈述中并不经常谈到的、暗含的、但有效的规范和价值观"，这些规范和价值观在个体早期的教育和生活中被着重强调，逐渐渗透到个人的价值观念里，最终成为被社会大众广泛接受的社会原则和社会规范，从而让人们不知不觉间实现统治阶级的利益，并帮助他们实现对社会的控制。

总而言之，当课程被纳入意识形态的分析中时，隐藏在其背后复杂的阶级关系便呼之欲出了。课程问题也不再只是教育层面的技术性问题，而是政治性问题、意识形态问题，是被裹挟在政治、经济、文化之间复杂关系之中的价值性问题。课程是主流文化的体现，而学校则为这一过程提供了条件，它一方面将不同的知识分配到不同的群体之中，另一方面又依靠这种知识上的差异将人们分配到社会经济的不同结构之中，为社会广泛的不平等提供了合法性。

30

《再生产》：
教育背后的运行机制

法国最具国际性影响的思想大师
——皮埃尔·布迪厄

皮埃尔·布迪厄（Pierre Bourdieu，1930—2002）是法国著名的社会学家、人类学家、哲学家，同时也是法国当代最具国际影响力的学者之一。他曾担任巴黎高等研究学校教授，欧洲社会学研究中心主任，法兰西学院院士。布迪厄的研究涵盖多个领域，跨越多个学科，具有百科全书式的研究风格，开创了一系列社会科学领域的理论思想，其中就包括文化资本、场域、惯习、符号暴力等今天在人文社会科学领域有重要影响的诸多概念。他的代表作有《区隔：品味判断的社会批判》《实践理论概要》《文化生产的场域》等。

《再生产》合著者 J.-C. 帕斯隆，是当代法国社会学家，跨学科杂志《调查》的负责人，主要著作有《社会学推理》《社会学词语》，与布迪厄还合著《继承人》等。

《再生产》属于教育社会学著作，再生产理论就是学校教育不平等的一种社会学理论，它的主要贡献者除了布迪厄（文化再生产理论），还有巴蒂斯（语言代码理论）和吉登斯（不平等再生产）等人。这本书首次出版于 1970 年，系统地阐述了布迪厄等人对资本主义教育系统本质的看法，解释了教育活动和社会再生产背后的运行机制，同时也是布迪厄文化资本理论和符号暴力理论在教育领域的延伸，对于当代的社会分层、教育不平等、权力关系等诸多领域的研究具有重要意义。

一、为什么要写这本书

1930 年，皮埃尔·布迪厄出生于法国南部比利牛斯山区贝亚恩的一个普通家庭。读书期间，由于布迪厄是来自农村的寄宿生，穿着打扮不如其他学生入时，说话也带有浓重的加斯科涅口音，因此时常被同学们嘲笑。这段学校经历使得布迪厄很早就明确地知道了自身的社会地位，他将这种社会地位与他受教育的经历联系在一起。显然，青少年时期的求学经历对 20 世纪 60 年代后布迪厄关注教育和文化产生了深远的影响。

不过，尽管来自农村地区，但布迪厄在学术领域很早就展现出了天赋，他于 1951 年被巴黎高等师范学院录取，攻读哲学专业。1955 年毕业之后布迪厄曾短暂任教一年，但很快便在年末前往阿尔及利亚服兵役。在阿尔及利亚，布迪厄获得了在阿尔及尔大学人文学院任教的机会。在此期间，他收集了大量素材，出版了一系列关于阿尔及利亚的著作。在阿尔及利亚的经历使布迪厄看到了传统社会与现代世界的对立，感受到了这种对立对于个体的影响，这些观察为布迪厄之后的创作提供了宝贵的素材和灵感。

布迪厄的学术研究始于早期针对家乡贝亚恩地区和阿尔及利亚的民族志研究，但在回到法国后他的研究逐步进入社会学领域。1960 年，布迪厄返回法国，担任当时法国知识界领袖雷蒙·阿隆的助手，之后被提名为欧洲社会学中心主任，在中心供职期间，布迪厄开始将研究重心放在教育、艺术文化、方法论这三大领域。

当然，除了个人的经历，当时整个资本主义社会的巨变与学术界的文化转向萌芽也促成了《再生产》这本书的诞生。

教育之所以成为布迪厄等人学术研究的核心问题，与当时法国的社会环境紧密相关。1968年法国爆发五月学生运动，布迪厄等人认为，这次运动主要是因为学生与年轻教授对战后法国高等教育过度膨胀的不满。高等教育的过度膨胀意味着学位过分贬值，大量新的教席被扩充，大学毕业生和年轻教授日益无产阶级化，因而引发了严峻的社会问题和教育危机。

20世纪60年代开始，随着资本主义的迅猛发展，科学技术的创新与进步日益加快，科学、艺术、教育、文化、道德、意识形态等诸多领域同之前的资本主义社会产生了一次巨大的断裂，西方社会逐渐步入了一个新的阶段，即贝尔等资产阶级学者定义的"后工业社会"，文化形态也被利奥塔等后现代理论家称为"后现代社会"。这一新的资本主义历史阶段强调文化与知识作为关键性资源对于整个社会发展的重要意义，具体表现为劳动力向服务业转移，更多的脑力劳动逐步取代大规模的体力劳动，白领阶层在社会中的比例逐步增加。围绕知识与创新的新兴社会突出了新的生产方式与新的发展方向，但同时也蕴藏着资本主义国家的社会危机，这就是法兰克福学派理论家哈贝马斯提出的晚期资本主义困境。

无论是贝尔、利奥塔，还是哈贝马斯，这一时期的理论家都开始积极关注资本主义社会中的非经济问题，尤其是文化领域的困境，从经济研究向文化研究的这一转变后来被称为文化转向运动。文化成为当时资本主义社会理论研究的焦点，同时也是人文社会科学探讨的核心议题。中国的著名学者肖俊明在其著作《文化转向的由来》中就指出，"文化转向"虽然发生在20世纪80

年代和 90 年代，但其萌芽可追溯到 20 世纪 60 年代，即正处于结构主义思潮的黄金时期。布迪厄的学术生涯一直深受结构主义思潮和文化转向运动的影响。20 世纪 60 年代，布迪厄凭借其精致的结构主义分析在法国学术界取得巨大声望，并通过著作翻译本的传播在英语国家逐渐获得肯定，《再生产》就是在这一时期诞生的作品，其充分反映了当时以文化为核心议题的结构主义理论家从资本主义社会文化的角度，对当时的资本主义社会进行剖析与解读的过程。

二、核心概念：符号暴力与文化资本

《再生产》一书中有两个核心概念，就是符号暴力和文化资本。

符号暴力是一种通过语言构筑已知事物的能力，在布迪厄的理论中，语言之间的权力关系就是符号暴力。在这种关系中，语言充当了权力的工具和媒介，并在潜移默化中形成一种"看不见的、沉默的暴力"。区别于身体暴力，符号暴力往往表现为不同阶级、不同群体之间的权力差异，且并不像身体暴力那样显示出明显的体力上的强加和压迫。相反，符号暴力往往能够使施暴者和被施暴者之间达成某种共识，被施暴者往往意识不到符号暴力的存在，但却被禁锢于拥有更大社会权力的团体所制定的社会规范之中。符号暴力通过对符号进行破坏、扭曲、篡改或贬低，试图对相关的意义、价值观念、文化、政治或宗教信仰进行否定、抵制或破坏。

布迪厄和帕斯隆在本书中谈及的另一个重要概念就是文化资本。布迪厄在其著名论文《资本的形式》中，便将资本划分为三种类型，即经济资本、社会资本、文化资本。布迪厄和帕斯隆认为文化资本的传承深受家庭和学校的影响，经济富足的家庭更容易将一部分经济资本转化为文化资本，而经济窘迫的家庭则没有能力为子女提供足够的文化资本，这就会使不同家庭背景的学生之间形成文化资本的不平等鸿沟。文化资本的差距让下层阶级在学校和社会中更不容易被认可，也更难取得成功。

三、核心思想：符号暴力理论与文化再生产理论

在布迪厄和帕斯隆的著作和理论中可以很明显地看出，研究社会如何运转是他们一直追寻的一个学术大问题，而从教育和文化层面出发提出同样的问题，就形成了本书中所阐述的教育再生产过程。

布迪厄认为，要想探索资本主义社会教育系统的本质，就必须将教育同阶级、权力、不平等、社会分化等概念联系到一起，从布迪厄有关教育的早期著作《继承人》和《再生产》，再到《学术人》和《国家精英》，布迪厄将着眼点放在社会不同阶级在初等教育—中等教育—高等教育这个教育系统中各个阶段所包含的不同的符号暴力形式，并指出了教育如何通过控制文化资本来实现对社会地位的支配，即教育的社会控制功能。

布迪厄和帕斯隆在《再生产》中想要传达的核心思想，就蕴含在以此为基础的符号暴力理论和文化再生产理论之中。

布迪厄认为，"那些用于建构社会现实的名称，同这些名称所表达的社会现实一样，都是政治争夺的关键筹码"。社会中的阶层分化与社会不平等，更多的不是来源于身体性的强制力，而是来自某种符号统治的形式，布迪厄称之为符号暴力，这一概念系统化后就形成了《再生产》这本书所阐述的核心理论：符号暴力理论。

布迪厄和帕斯隆认为，我们身处的社会充满了阶级的差异与分化，而政治行动就是建立在对于这种社会分化正当性的追求之上的，即政治活动希望使阶级分化变成一种自然现象而被人们视为理所应当。统治阶级借由这种非强制力来实现统治目的并维护统治地位的方式，实际上就是符号暴力的方式。基于这种符号暴力运转的系统能够使政治系统自我运作，并周而复始地维持统治阶级的特权，实现统治阶级的利益。

语言是权力和行动的工具，是一种统治形式。基于对法国教育系统的阐述，两位作者将论述重心放到战后法国社会中存在的教育分化与阶级再生产上。在那样一个精英系统中，无法取得优异成绩的学生会被系统淘汰，他们不仅需要承担被社会边缘化的后果，还会被认为这种后果是其天然能力和努力不足造成的。反之，依托于家庭背景和阶层出身的文化资本优势，统治阶级的子女在学校教育系统中往往能够取得学业成功，并最终奠定其社会经济地位，这一个过程本质上是教育和文化再生产的过程。

教育就经由一种符号暴力的方式实现了文化的再生产。一旦教育过程中形成的文化资本受到制度的认可，不同阶级学生之间在学业上的差距就会以学位、文凭等形式影响其进入劳动力市场的竞争力，从而将文化资本的差异转化为社会等级的差异，维系了统治阶级所认可的社会结构，实现了从文化再生产到社会再生产的过程。显然，再生产的阶级秘密被隐藏在了某种看似公平竞争的幕布下，并获得了合法性。在学校和社会中处于弱势的群体由于承认了这一合法性而无法意识到自身失败的真实原因，也就是社会和文化的原因，而只能将一切归于自己不够努力或天赋有限，造成了悲剧的阶级命运。这一过程在代际之间循环往复，文化资本从父母传递到子女，形成了相对固化的社会结构，加剧了社会的不平等。